# CONTENTS

# INTRODUCTION

*Buongiorno Italia!* is a course for beginners in Italian. It is based entirely on conversations and interviews with Italians filmed and recorded on location in Italy.

The aim of the course is to get you to understand and to use simple colloquial Italian. You'll be able to cope with situations like buying things, asking the way, making travel arrangements, or ordering a meal, and you'll also learn the language needed for telling people something about yourself, for talking about your family and work, and for exchanging views and information generally.

The complete program consists of the following components:

- video cassettes
- audio cassettes
- this book
- a text-workbook
- notes for teachers
- a Teacher's Guide

**IMPORTANT!**

*Buongiorno Italia!* is based on a BBC television and radio series. Throughout this book reference is made to "TV" and "radio" because this program was originally presented in both media. The various related situational dialogs, which are part of the BBC TV and radio presentations, can be covered by students without having access to the existing BBC films (available on video cassettes) or the radio broadcasts (available on audio cassettes).

Furthermore, it should be noted that not all the sections marked with "radio" and "TV" are recorded on the audio cassettes. The accompanying Teacher's Guide lists all the sections recorded on the audio cassettes.

In the video cassettes and on the recordings you'll see and hear Italian people going about their daily lives and talking about themselves.

Gianna Andreoli

Maddalena Ceino

For television the BBC filmed in Stresa, which is on Lake Maggiore in Northern Italy, and also in Orvieto, in Central Italy. The programs include conversations illustrating the language we want you to learn to use as well as documentary film showing different aspects of Italian life.

5

For the radio program the BBC team went to Orvieto and to Vicenza, in the region of Veneto. The recordings made form the core of each chapter. There are also explanations, quizzes and exercises so that you'll have a chance to practice aloud what you've learned. Gianna Andreoli was the interviewer in Vicenza; Maddalena Ceino and Walter Cerrone helped in Orvieto.

**The book**
Each chapter contains: the texts of conversations and interviews included in the television (video cassettes) and radio (audio cassettes) series; explanations and notes on the language; information about Italy; plenty of exercises. There are also sets of reading passages based on the documentary content of the television series and, at the back of the book, a reference section with a short grammar, a pronunciation guide, a key to the exercises and a glossary.

**Audio cassettes**
The accompanying cassettes contain pronunciation practice printed in the Teacher's Guide, a selection of the conversations printed in this book and exercises for you to take part in. By using these regularly you should become thoroughly familiar with the basic course material and with the sound and rhythm of the language.

**Text-workbook**
The text-workbook is an essential component in teaching *Buongiorno Italia!* as a course of study in conjunction with the video cassettes.

**Teacher's Notes**
The Teacher's Notes include suggestions on how the material can be expanded, by means of various activities and class practice.

**Teacher's Guide**
The Teacher's Guide is particularly important for teachers who will not have access to the TV program (available on video cassettes). The guide contains the text of the pronunciation sections on the cassettes, a list of the recorded conversations (printed in the book) and the answers to the conversation exercises recorded on the cassettes.

**Some hints on using "Buongiorno Italia!"**
It is worthwhile bearing a few points in mind when learning a foreign language.
Everyone learns in a different way and at different speeds. So there is no set time to spend with the course each week, but it is suggested that at the very least you watch video cassettes (if available) and listen to the recorded material for each chapter on the audio cassettes.
If you can't say or understand very much at the beginning, don't worry, it's quite normal. With patience and, above all, persistence, you'll find yourself remembering and understanding more and more, and so you'll be able to speak more. But the best way to learn to speak a language is through practice.

# 1 BUONGIORNO!

## HOW TO ASK FOR SOMETHING

> Each chapter starts with a series of texts. These are conversations, interviews and scenes from daily life recorded in Italy for the television and radio programmes. They are meant to illustrate the basic structures and vocabulary of Italian. You'll need to look some of the words up in the glossary at the back of the book, but the texts are followed by translations of the less obvious phrases. Between some of the texts you'll find brief notes aimed to help you build up your Italian bit by bit.

**RADIO  1**

On the terrace of a café in Vicenza, Gianna and a friend ask the waitress for a black coffee and a cappuccino.

| | |
|---|---|
| *Cameriera* | Buongiorno. Prego? |
| *Gianna* | Buongiorno: Un caffè e un cappuccino. |
| *Cameriera* | Allora, un caffè e un cappuccino. Va bene. |
| *Gianna* | Grazie. |

| | |
|---|---|
| buongiorno! | *good morning!, good afternoon!* |
| prego? | *what would you like?* |
| allora | *so, right then* |
| va bene | *fine* |

> To ask for something in a café you can simply name it:
> **un caffè e un cappuccino**
>
> To thank people, say: **grazie**

**RADIO  2**

In Orvieto, Maddalena drops into a bar for a mid-morning coffee and a pastry. She goes to the cashier first.

| | |
|---|---|
| *Maddalena* | Buongiorno. |
| *Cassiere* | Buongiorno. |
| *Maddalena* | Una pasta e un cappuccino. |
| *Cassiere* | Una pasta e un cappuccino . . . settecento. (*she pays*) Grazie. (*Maddalena goes to the counter, helps herself to a pastry and asks the barman for a coffee*) |
| *Maddalena* | Scusi, un cappuccino . . . |
| *Barman* | Va bene. (*passing her the sugar*) Ecco lo zucchero. |

> To attract someone's attention say: **scusi**
> To say please: **per favore**

7

Nearer lunchtime, Gianna asks the owner of a little local bar for a glass of white wine.

| | |
|---|---|
| *Signora* | Buongiorno. |
| *Gianna* | Buongiorno. Un bicchiere di vino, per favore. |
| *Signora* | Bianco o rosso? |
| *Gianna* | Bianco. *(the wine is poured )* Grazie. |
| *Signora* | Prego. Centocinquanta. |
| *Gianna* | *( paying )* Cento . . . cinquanta. |
| *Signora* | Grazie. |

prego   *that's all right, not at all*

Mr and Mrs Sala go to their favourite **bar-ristorante** in Someraro, a small village above Stresa, for a coffee and a glass of white wine. The owner, Maria Cardini, attends to them.

| | |
|---|---|
| *Maria* | Buongiorno. |
| *Sig. Sala* | Buongiorno, signora. |
| *Sig.ra Sala* | Buongiorno. |
| *Maria* | Desidera? |
| *Sig.ra Sala* | Un cappuccino, per favore. |
| *Maria* | *(to Mr Sala)* E lei? |
| *Sig. Sala* | Un bicchiere di vino. |
| *Maria* | Bianco o rosso? |
| *Sig. Sala* | Bianco. |
| *Maria* | Va bene. Grazie. |
| | *( She returns with the coffee and wine )* |
| *Sig. Sala* | Grazie, signora. |
| *Maria* | Prego. |

desidera?   *what would you like?*
e lei?   *and for you?*

While waiting for a train, Walter and a friend go to the station buffet for a beer and an orange squash.

| | |
|---|---|
| *Cassiere* | Buonasera. Dica. |
| *Walter* | Buonasera. Una birra e un'aranciata. |
| *Cassiere* | Sì. Novecento. |
| *Walter* | *( paying )* Grazie. *(goes to the counter)* Per favore, una birra e un'aranciata. |
| *Barman* | Subito. |

dica   *yes?, what can I do for you?*
subito   *right away*

A visit to the zoo in Stresa can be quite tiring. Mariella, her daughter Paola and son Mario go to the café for a tea with milk, a non-alcoholic aperitif and a beer.

| | |
|---|---|
| *Cameriera* | Buongiorno, signori. |
| *Mariella* | Buongiorno. |

| | |
|---|---|
| *Cameriera* | Desiderano? |
| *Mariella* | Un tè, per favore. |
| *Cameriera* | Al latte o limone? |
| *Mariella* | Latte. |
| *Cameriera* | Latte. *(to Paola)* La signorina? |
| *Paola* | Un bitter analcolico. |
| *Cameriera* | *(to Mario)* Il signore? |
| *Mario* | Una birra, grazie. |
| *Cameriera* | Una birra. Benissimo. |
| | *(She returns with the drinks)* |
| *Mario* | Grazie. |

desiderano?    *what would you like?*
al latte o limone?    *with milk or lemon?*
benissimo    *certainly, right*

---

RADIO          7  The most convenient place for making a phone call is often a bar, **un bar**, or café, **un caffè**, whether you're having a drink or not. After ordering for herself and a friend, Gianna asks the barman if they've got a phone.

| | |
|---|---|
| *Barman* | Buongiorno, signora. |
| *Gianna* | Buongiorno. |
| *Barman* | Desidera? |
| *Gianna* | Un cappuccino e una birra. |
| *Barman* | Un cappuccino e una birra? Va bene. |
| *Gianna* | Scusi, c'è un telefono qui? |
| *Barman* | Telefono? Sì, là in fondo. |
| *Gianna* | Grazie. |
| *Barman* | Prego. |

c'è un telefono qui?    *is there a phone here?*
là in fondo    *down there, at the end.*

---

RADIO          8  This time Gianna asks for the toilet.

| | |
|---|---|
| *Gianna* | Buongiorno. |
| *Barman* | Buongiorno. |
| *Gianna* | Un caffè, per favore. |
| *Barman* | Sì. |
| *Gianna* | C'è una toilette, per favore? |
| *Barman* | Sì, è lì. |
| *Gianna* | Grazie. |
| *Barman* | Prego. |

è lì    *it's (over) there*

> To ask if there's a phone you can use:
> **scusi, c'è un telefono (qui)?**
>
> To ask if there's a bank in the vicinity:
> **scusi, c'è una banca qui vicino?**

At his hotel just outside Stresa, Giovanni asks the porter if there's a phone he can use.

| | |
|---|---|
| *Giovanni* | Scusi, c'è un telefono qui? |
| *Portiere* | Sì, è lì. Prego, s'accomodi. |
| *Giovanni* | Grazie. *(he goes to the phone booth)* |

prego, s'accomodi    *please go ahead*

And Alberto wants to know if there's a bank nearby: the nearest is in the centre of town, right behind the church.

| | |
|---|---|
| *Alberto* | Buongiorno, scusi, c'è una banca qui vicino? |
| *Portiere* | Sì, in centro. Ce n'è una proprio dietro la chiesa. |
| *Alberto* | Grazie. Buongiorno. |
| *Portiere* | Buongiorno. Arrivederla. |

ce n'è una    *there's one*
arrivederla    *goodbye*

At her hotel in town, Iria asks if there's a chemist's nearby: there's one immediately after the church.

| | |
|---|---|
| *Iria* | C'è una farmacia qui vicino? |
| *Portiere* | Subito dopo la chiesa. |
| *Iria* | Grazie. Buongiorno. |
| *Portiere* | Buongiorno, signora. |

In Vicenza, Gianna also needs to find a bank, so she stops and asks a passer-by.

| | |
|---|---|
| *Gianna* | Scusi, c'è una banca qui vicino? |
| *Passante* | Sì, c'è una banca in Corso Palladio. |
| *Gianna* | Grazie. |
| *Passante* | Prego. |
| *Gianna* | Buongiorno. |
| *Passante* | Buongiorno. |

Now she asks if there's a supermarket nearby.

| | |
|---|---|
| *Gianna* | Scusi, c'è un supermercato qui vicino? |
| *Signore* | Sì, ce n'è uno in Piazzale Roma. |
| *Gianna* | Grazie. |
| *Signore* | Prego. |

In a travel agency on the lake front, Paola asks for a guidebook and a map of Stresa.

| | |
|---|---|
| *Paola* | Buongiorno. |
| *Liliana* | Buongiorno. |
| *Paola* | C'è una guida di Stresa? |

| Liliana | No, una guida di Stresa, no. *(showing her one of Lake Maggiore)* C'è questa sul Lago Maggiore che comprende anche Stresa. |
| Paola | E una piantina? |
| Liliana | Sì, eccola. |

| | |
|---|---|
| questa | *this one* |
| che comprende | *which includes* |
| anche Stresa | *Stresa too* |
| eccola | *here it is* |

---

## ALLORA . . .

> This section is a summary of the basic items of Italian that have appeared in this chapter's texts: it's what we'd like you to learn. The exercises are based on this section too, so it's worth spending a bit of time on it.
>
> The **Vocabolarietto** is a list of the new words we think are most worth learning, and **Parole e usanze** will give you a little more information on words and usages. At the end of each **Allora . . .** section, there is a reference to further grammatical explanations at the back of the book. But these are purely optional, and you won't need to have read the explanations in order to do the exercises.

---

## VOCABOLARIETTO

| | | |
|---|---|---|
| un caffè | una pasta | una banca |
| un cappuccino | zucchero | una chiesa |
| un tè { al latte / al limone | | una farmacia |
| un bicchiere | un albergo | |
| | un bar | un telefono |
| di vino { bianco / rosso | un ristorante | una toilette |
| | un supermercato | |
| una birra | un'agenzia | una guida |
| un'aranciata | di viaggio | una piantina (map) |

**To ask** for something and say please:

un | cappuccino, caffè, | **per favore**

una | birra, pasta, | **per favore**

**per favore** can be left out, especially if you've got rather a lot to say:
un caffè e un cappuccino

or you can say it first:
**per favore**, una birra e un'aranciata

**To say** thank you:   **grazie**

> Nouns in Italian are either masculine or feminine. Most nouns ending in −**o** are masculine; many nouns ending in −**a** are feminine. Some nouns ending in −**e** are masculine, some are feminine.

**To attract** attention:   **scusi**

**To ask** if what you're looking for is here, or nearby:

scusi, **c'è** | un telefono **qui?**
           | una banca **qui vicino?**

> **un** is used with *masculine* nouns, **una** with *feminine* nouns; **una** becomes **un'** with *feminine* nouns that start with a vowel.

**Want to know more?** See **Grammatica** 1, 18, 19; 51; 79

---

## PAROLE E USANZE

**Buongiorno** and **buonasera** are used to say both *hello* and *goodbye*. **Buongiorno** is used till around mid–afternoon, after which people say **buonasera**. (When about to go to bed you say **buonanotte**)

**Arrivederci** and **arrivederla** are only used to say *goodbye*. **Arrivederla** is more formal than **arrivederci** and is generally used with someone you barely know or with whom you feel you should be, or would like to be, particularly polite.

**Prego**, which literally means *I pray*, is used in a number of situations. In reply to **grazie** it means *don't mention it* or *not at all*. And it's also used to say *can I help you?* **Prego** or **prego, s'accomodi** means *please do*, *help yourself* or *do sit down*.

**Va bene** means *fine, certainly, all right, OK*. You'll often hear a waiter or barman say **va bene** after you've ordered or asked for something.

**Signore** is used in much the same way as *sir* in English (before a name it's shortened to **signor**). **Signora** and **signorina**, on the other hand, are used much more frequently than *madam* or *miss*. They are the normal way of addressing a woman or young lady.

In writing, **Signor** (*Mr*) is usually abbreviated to **Sig.**, **Signora** (*Mrs*) to **Sig.ra** and **Signorina** (*Miss*) to **Sig.na**. There is no equivalent of *Ms*.

---

## VITA ITALIANA

> This section tells you more about Italian life and customs and gives information you'd find useful on a trip to Italy.

## Al bar

Italian bars serve soft drinks, coffee and snacks as well as alcoholic drinks. People tend to mill around the counter and often there aren't many tables to sit at. So for a more relaxed drink you go to a café.

Un bar sul lungo-lago, Stresa

In big cities and places where there are always a lot of people around, you won't get served unless you first pay at the cash desk. You'll get a receipt, **uno scontrino**, which you then take to the counter and tell the barman what you want. It's usual to leave a tip when doing so – a 50 or 100 lire coin.

You might prefer to sit down and be served by a waiter or waitress, in which case you pay when you've finished – and it may cost you rather more than standing at the counter.

**BAR TORINO**
*400*
*350*
TOTALE *750*

### Un caffè o un cappuccino?

Coffee-drinking is as much a ritual as tea-drinking is in Britain. **Un caffè** is two mouthfuls of strong black coffee; **un cappuccino** is the same amount of black coffee, but served with hot frothy milk.

You can have black coffee in a variety of ways: **un caffè lungo** is a black coffee with extra hot water; **un caffè doppio** is double the amount of strong black coffee; **un caffè ristretto** is a very small (one mouthful!) but very concentrated black coffee. For breakfast you can have **caffelatte**, mild black coffee with hot milk. And in the summer months you can always have refreshing cold coffee: **un caffè freddo** or **un cappuccino freddo**. On the counter the sugar, **lo zucchero**, is served loose, in a large metal bowl with a flap lid, and you help yourself with the long-handled spoon provided.

**Un bitter, un amaro, o un bicchiere di acqua minerale?**
**Un bitter** is a type of aperitif; **un bitter analcolico** is similar but contains no alcohol. **Un amaro**, on the other hand, which actually means *bitter* in English, is an after-dinner liqueur made from herbs. It can be pretty strong, particularly some of the locally made varieties. It's often called **un digestivo**, 'something to help you digest your meal', and most brands claim to have medicinal properties.

## PROVA UN PO' . . .

> These exercises have been written to give you a chance to see how much you've learnt so far. Don't worry if you don't get all the answers: the key at the back of the book is there to put you right. And if you still can't work things out, re-read the **Allora . . .** section, or glance back through the texts. Every fifth chapter or so you'll find special revision exercises, and for these the key will tell you exactly where to brush up on anything you got wrong.

1   One and only one of the words listed will fit appropriately into each of the blanks. Can you complete the sentences?

1   Scusi, c'è un ......... qui?
2   Un cappuccino e una ........., per favore.
3   Scusi, c'è ......... farmacia qui vicino?
4   Un ......... di vino ......... e un caffè, per favore.
5   Scusi, c'è una ......... qui vicino?
6   Un bitter e un' ........., per favore.
7   Sì, signora, c'è un' ......... in centro.
8   Scusi, c'è una ......... di Stresa, per favore?

| |
|---|
| pasta |
| banca |
| bicchiere |
| aranciata |
| telefono |
| una |
| guida |
| agenzia di viaggio |
| bianco |

2   You've just arrived in a town and you're very thirsty. Stop a passer-by and ask if there's a bar in the vicinity.

*You*        ......................., .......................?
*Passante*   Sì, ce n'è uno dietro la banca.
*You*        .......................
*Passante*   Prego.

You've found the bar; say hello to the barman and then ask for a beer.

*Barman*     Buongiorno.
*You*        .......................
*Barman*     Desidera?
*You*        ......................., .......................

| | |
|---|---|
| *Barman* | Subito. Ecco una birra. |
| *You* | ................................. |
| *Barman* | Prego. |

Now call the barman back and ask if there's a bank nearby.

| | |
|---|---|
| *You* | ......................., .......................? |
| *Barman* | Sì, ce n'è una proprio qui, in Corso Roma, subito dopo il supermercato. |
| *You* | ................................. |
| *Barman* | Prego. |

3    Complete this conversation using the words listed on the right.

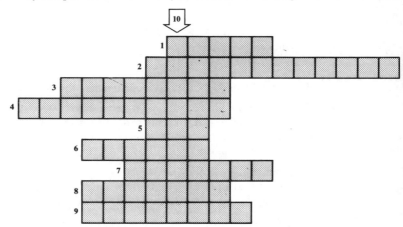

| | |
|---|---|
| *Barman* | Buonasera. |
| *Cliente* | Un te, per favore. |
| *Barman* | Al latte o limone? |
| *Cliente* | Lim, grazie. |
| *Barman* | Va bene. |
| *Cliente* | Scusi, c'è una banca qui vicino? |
| *Barman* | Sì, ce n'è una qui dietro, in Piazza Garibaldi. |
| *Cliente* | grazie |
| *Barman* | Prego. |

Piazza
una
qui
grazie
limone
c'è
tè
o
scusi

4    Try this puzzle: all the words you need are in this chapter's *Vocabolarietto*.

**Clues**

You'll need to find a ............... if you want:

1  money
2  to do some shopping
3  to ring someone up
4  to eat
5  a drink

6  to worship
7  a town plan
8  a bed for the night
9  aspirin

If you've got it all right, the vertical column numbered 10 will give you a common greeting or goodbye.

# 2 DOV'È?

## HOW TO ASK WHERE SOMETHING IS

RADIO      1

**1** Gianna is looking for a bar with a phone so she stops a passer-by . . .

| | |
|---|---|
| *Gianna* | Scusi, c'è un bar qui vicino? |
| *Passante* | Sì, ce n'è uno lì, sulla sinistra. |
| *Gianna* | Grazie. |
| *Passante* | Prego. |
| *Gianna* | Buongiorno. |
| *Passante* | Buongiorno. |

sulla sinistra    *on the left*      *destra - right*

---

TV      2

**2** . . . Iria wants to know if there's a market in Stresa . . .

| | |
|---|---|
| *Iria* | Scusi, c'è un mercato qui a Stresa? |
| *Portiere* | Sì, signora, ogni vénerdì. |
| *Iria* | E dov'è? |
| *Portiere* | Qui vicino, in Piazzale Cadorna. |
| *Iria* | Grazie. |

ogni venerdì    *every Friday*
dov'è?    *where is it?*

---

TV      3

**3** . . . and Paola asks the travel agent where the boat station is.

| | |
|---|---|
| *Paola* | Scusi, dov'è l'imbarcadero? (marina) |
| *Liliana* | L'imbarcadero è qui a cento metri a sinistra, in fondo alla piazza. |
| *Paola* | Ho capito, grazie. Buongiorno. |
| *Liliana* | Prego, buongiorno. |

*100 m*

a sinistra      *on the left*
in fondo alla piazza      *at the far end of the square*
ho capito      *I see (I've understood)*

L'imbarcadero
di Stresa

To ask where something is:

|                | il mercato?     |
|----------------|-----------------|
| scusi, dov'è   | l'imbarcadero?  |
|                | la stazione?    |

Maddalena is looking for the Orvieto Tourist Office, **l'Azienda di Turismo**.

| Maddalena | Signora! Signora, scusi! |
| Signora | Sì? |
| Maddalena | Dov'è l'Azienda di Turismo? |
| Signora | Non è qui; è in centro, vicino al duomo. |
| Maddalena | E' lontana? |
| Signora | No. Da qui è cinque minuti a piedi. |
| Maddalena | Grazie. |
| Signora | Prego. |

| non è qui | *it isn't here* |
| duomo | *cathedral* |
| cinque minuti a piedi | *five minutes on foot* |

To ask if it's far (from here):

|   | lontano  |            |
|---|----------|------------|
| è |          | (da qui)?  |
|   | lontana  |            |

Carlo asks the way to the Conference Centre, il **Palazzo dei Congressi**, in Stresa.

| Carlo | Scusi, signora, dov'è il Palazzo dei Congressi? |
| Signora | Giù di qui, la prima a sinistra, poi la seconda a sinistra, e il Palazzo dei Congressi è subito lì sulla destra. |
| Carlo | E' lontano da qui? |
| Signora | No, due passi. |
| Carlo | Grazie, signora. Buongiorno. |
| Signora | Prego. Buongiorno. |

*[handwritten: after]*

*[diagram with: la terza (third) | A SINISTRA ← → A DESTRA | LA SECONDA (2nd) | LA PRIMA (1st)]*

| giu di qui | *down here* |
| poi | *then* |
| due passi | *very near (two steps)* |

*[handwritten: la prima (strada)]*
*[handwritten: al primo semaforo (light)]*
*[handwritten: alla prima rotondo - round about]*

Sometimes you need transport to get somewhere. The station at Orvieto is outside the town, at Orvieto Scalo, as Maddalena finds out from a policewoman.

| Maddalena | Scusi, dov'è la stazione? |
| Vigilessa | E' ad Orvieto Scalo. |
| Maddalena | E' lontana? |
| Vigilessa | Sì, abbastanza, ma c'è l'autobus. |

*[handwritten: but]*

| | | |
|---|---|---|
| *Maddalena* | Dov'è la fermata? *(where is the stop?)* | |
| *Vigilessa* | E' proprio qui. | |
| *Maddalena* | Grazie. | |
| *Vigilessa* | Prego. · | |

abbastanza     *fairly, quite*
proprio qui    *just here*

Near Stresa, there's a cable car that takes you up the mountain. Marco and Fabio ask about it at the tourist office.

| | |
|---|---|
| *Marco* | C'è una piantina di Stresa, per piacere? |
| *Raffaella* | Sì . . . *(giving him one)* Ecco. |
| *Marco* | *(looking at the map)* Scusi, dov'è l'Alpino? |
| *Raffaella* | *(pointing)* Qua. |
| *Marco* | E la stazione della funivia? *(cable)* |
| *Raffaella* | All'Alpino qua, e a Stresa, a Stresa-Lido. |
| *Fabio* | La stazione è lontana da qui? |
| *Raffaella* | A piedi? |
| *Fabio* | Sì, a piedi. |
| *Raffaella* | Dieci minuti circa. |
| *Marco* | Grazie. Arrivederci. |
| *Raffaella* | Arrivederci. |

per piacere              *please*
qua                      *here*
stazione della          *cable car*
    funivia                 *station*
dieci minuti circa      *about ten minutes*

The **Teatro Olimpico**, the work of the architect Palladio, is one of Vicenza's most famous tourist attractions. Gianna wants to go there and interview some of the visitors.

| | |
|---|---|
| *Gianna* | Scusi, dov'è il Teatro Olimpico? |
| *Passante* | Sempre dritto, la prima a sinistra. |
| *Gianna* | E' vicino? |
| *Passante* | Circa trecento metri. |
| *Gianna* | Grazie. |
| *Passante* | Prego. |

sempre dritto ▪ *straight on*

There was to be a performance of Sophocles's *Oedipus Rex* that evening and in the theatre gardens Gianna discovers members of the cast as well as tourists.

| | |
|---|---|
| *Gianna* | Scusi, come si chiama? |
| *Signore* | Paolo Lelli. |
| *Gianna* | Di dov'è? |
| *Signore* | Di Firenze. |
| *Gianna* | Ah, in Toscana! E' qui per lavoro o in vacanza? |

| | |
|---|---|
| *Signore* | Per lavoro. |
| *Gianna* | Grazie. |
| *Signore* | Prego. |
| *Gianna* | Buongiorno. |
| *Signore* | Buongiorno. |

è qui per lavoro   *are you here for work*
o in vacanza?   *or are you on holiday?*

To ask someone's name:  **come si chiama?**
and where they're from:  **di dov'è?**

RADIO          10

| | |
|---|---|
| *Gianna* | Scusi, come si chiama? |
| *Signora* | Maria Castagneti. |
| *Gianna* | E di dov'è? |
| *Signora* | Piacenza. |
| *Gianna* | Ah, in Emilia! E . . . è qui in vacanza o per lavoro? |
| *Signora* | In vacanza. |
| *Gianna* | Grazie. |
| *Signora* | Prego. |

RADIO          11

| | |
|---|---|
| *Gianna* | Scusi, signora, come si chiama? |
| *Signora* | Be', io sono Luisa Spinatelli. |
| *Gianna* | Di dov'è? |
| *Signora* | Di Milano. |
| *Gianna* | E' qui per lavoro o in vacanza? Per lavoro? |
| *Signora* | Per lavoro, sì. |
| *Gianna* | Grazie. |
| *Signora* | Prego. |

be' . . .   *well . . .*
io sono   *I am*

RADIO          12

| | |
|---|---|
| *Gianna* | Scusi, signore, come si chiama? |
| *Signore* | Mi chiamo Marco Bragadin. |
| *Gianna* | E' di Vicenza? |
| *Signore* | No, sono di Venezia. |
| *Gianna* | E' qui in vacanza o per lavoro? |
| *Signore* | No, sono qui in vacanza. |
| *Gianna* | Grazie. |
| *Signore* | Prego. |

mi chiamo   *my name is*
sono   *I am*

Another way of asking someone's name is: **il suo nome?**

The producer of the television programmes, Maddalena Fagandini (Anna) interviewed some of the people who live and work in Stresa. First, she spoke to Liliana Borroni, a local girl who runs a travel agency.

| | |
|---|---|
| *Anna* | Il suo nome, per favore? |
| *Liliana* | Liliana. |
| *Anna* | E il cognome? |
| *Liliana* | Borroni. |
| *Anna* | E' di qui, di Stresa? |
| *Liliana* | Sì, sono di Stresa. |

cognome    *surname*

Giacomo Carioli is the manager of the local tourist office. He comes from Novara, the provincial capital.

| | |
|---|---|
| *Anna* | Buonasera. |
| *Sig. Carioli* | Buonasera, signora. |
| *Anna* | Il suo nome, scusi? |
| *Sig. Carioli* | Sono Giacomo Carioli. |
| *Anna* | E qual è il suo lavoro qui? |
| *Sig. Carioli* | Sono il direttore dell'Azienda Autonoma di Soggiorno e Turismo di Stresa. |
| *Anna* | Lei è di qui, di Stresa? |
| *Sig. Carioli* | No, io sono di Novara. |

qual è il suo lavoro?    *what's your job?*
lei    *you*

> To ask a child his or her name: **come ti chiami?**
> and where he or she is from: **di dove sei?**

Here Anna is talking to a couple of 11-year-olds in the local secondary school. Antonio lives in Stresa, but comes originally from Vicenza.

| | |
|---|---|
| *Anna* | Ciao! Come ti chiami? |
| *Antonio* | Antonio Mazzetti. |
| *Anna* | Sei di qui, di Stresa? |
| *Antonio* | No. |
| *Anna* | Di dove sei? |
| *Antonio* | Di Vicenza. |
| *Anna* | Di Vicenza. |
| *Antonio* | Nel Veneto. |
| *Anna* | Nel Veneto. Ma Vicenza è lontano. |
| *Antonio* | Sì. |
| *Anna* | Però abiti a Stresa. |
| *Antonio* | Sì. |

nel Veneto    *in the Veneto region*
però    *but*
abiti    *you live*

Stefano comes to school every day from Binda, a nearby village.

| | |
|---|---|
| *Anna* | Ciao! Come ti chiami? |
| *Stefano* | Stefano Ricci. |
| *Anna* | Tu sei di qui, di Stresa? |
| *Stefano* | Be', sono di una frazione di Stresa. |
| *Anna* | Come si chiama? |
| *Stefano* | Binda. |
| *Anna* | E' lontana, Binda? |
| *Stefano* | No, due chilometri. |

| | |
|---|---|
| tu | *you* |
| una frazione | *a small village ( see p. 25 )* |
| come si chiama? | *what's it called?* |

**STRESA**

1 Municipio
2 Imbarcadero
3 Piazza Cadorna
4 Scuole elementari
5 Chiesa di S. Ambrogio
6 Palazzo dei Congressi
  e Azienda di Turismo
7 Stazione Funivia Stresa-
  Alpino - Mottarone
8 Stazione Ferroviaria FS
9 Collegio Rosmini

(i) Hotel Regina Palace
(ii) Grand Hotel et des Iles Borromées
(iii) Hotel Bristol
(iv) Speranza Hotel du Lac
(v) Hotel Milano au Lac
(vi) Hotel Villa Aminta

Lago Maggiore

## ALLORA . . .

## VOCABOLARIETTO

| | | |
|---|---|---|
| la piazza | l' autobus | il minuto |
| il mercato | la fermata | il metro |
| il duomo |   dell'autobus | il chilometro |
| il teatro | la funivia | |
| l'Azienda | la stazione | italiano |
|   di Turismo | l'imbarcadero | inglese |
| | | scozzese |
| il lavoro | il nome | gallese |
| la vacanza | il cognome | irlandese |

**To ask** where something is:

| dov'è | il mercato? |
| | la fermata dell'autobus? |
| | l'Azienda di Turismo? |

and to ask if it's far:

| è | lontano | (da qui)? |
| | lontana | |

> When talking about only one of something, *the* is **il** with most masculine nouns, **la** with feminine nouns and **l'** with all nouns beginning with a vowel, whether masculine or feminine.

You might be told it's on the right or the left:

| è | qui | a/**sulla destra** |
| | li | a/**sulla sinistra** |

which street to take:

| **la prima** | a destra |
| **la seconda** | a sinistra |

or how far it is (from here):

| | due passi | |
| è a | cento metri | (da qui) |
| | cinque minuti | |
| | due chilometri | |

**To ask** where someone comes from: **di dov'è** (lei)?

or if someone is a local inhabitant: (lei) **è di qui?**

> **lei**, *you*, isn't strictly necessary: here **è** means *you are*, and is sufficient on its own.

To the question **è di qui?** you may be answered:

| sì, | |
| no, non | sono di qui |

**To tell** someone where you are from:

| | Venezia |
| (io) **sono di** | Londra |
| | Birmingham |

> **io**, *I*, isn't necessary: here **sono** means *I am* and is sufficient on its own.

or to give your nationality:

| (io) **sono** | italiano, –a; tedesco, –a; americano, –a; |
| | inglese, scozzese, gallese, irlandese, francese. |

> An Italian is **italiano** for a man, **italiana** for a woman; if your nationality ends **–e** like **inglese**, then there's no change whether you're a man or a woman.

You may be asked your name: **il suo nome?**

or what you're called: **come si chiama?**

You can simply state your name, or say

| **sono** | + your name |
| **mi chiamo** | |

**Want to know more?** See **Grammatica** 3; 34, 36; 65, 67; 72, 73; 77, 79

| (lei) **è di qui, di Stresa?** | *are you from here, from Stresa?* |
|---|---|
| (tu) **sei di qui, di Stresa?** | |

In English there's basically only one way of addressing somebody but in Italian there are two: the **tu** form, used with family, friends and children, and the **lei** form, which is used with everyone else.

The words **tu** and **lei** are often left out, but other words show which form is being used:

| (**lei**) | di dov'**è**? | come **si** chiama? |
| (**tu**) | di dove **sei**? | come **ti** chiami? |

Young people always use **tu** amongst themselves whether they've met before or not, and in recent years there's been a tendency to use **tu** much more widely. But when visiting the country, it's probably safer to use **lei** unless invited to use **tu** by Italians.

**Ciao!** This is for saying hello or goodbye to someone with whom you're using **tu**.

## VITA ITALIANA

Il palcoscenico, Teatro Olimpico, Vicenza

### Andrea Palladio

Vicenza is the city of Andrea Palladio (1508–80), one of the great architects of the late Italian Renaissance. In England Inigo Jones was greatly influenced by him and admiration for his work gave rise to the 18th-century Palladian movement.

Palladio's designs are based on Greek and Roman architecture and Vicenza contains many fine examples of his work. Among the best known is the *Teatro Olimpico*, built to his designs between 1580 and 1584 on the model of the theatres of antiquity. It is the best surviving example of a Renaissance theatre; the stage has a remarkable permanent painted set representing a piazza and streets in ancient Thebes which cleverly uses perspective to give an impression of depth.

THE
*Regions*
OF
*Italy*

V.lle d'AOSTA
Aosta
PIEMONTE
Torino
Milano
LOMBARDIA
TRENTINO-ALTO ADIGE
Trento
VENETO
Venezia
FRIULI-VENEZIA GIULIA
Trieste
Genova
LIGURIA
EMILIA-ROMAGNA
Bologna
MAR LIGURE
Firenze
TOSCANA
Ancona
Perugia
UMBRIA
MARCHE
L'Aquila
LAZIO
Roma
ABRUZZI
MAR. ADRIATICO
MOLISE
Campobasso
MAR TIRRENO
Napoli
CAMPANIA
PUGLIA
Bari
Potenza
BASILICATA
SARDEGNA
Cagliari
N
O E
S
CALABRIA
Catanzaro
Palermo
SICILIA
MAR. IONIO

MAR. MEDITERRANEO

24

**The regions and provinces of Italy**
Italy is divided into twenty regions. These often correspond to ancient
political divisions, some of which go back to Roman or even pre-Roman
times (eg Tuscany, Latium, Campania) and many correspond to natural
divisions of the land (eg Sicily, Sardinia). Each region has its own capital
and the ones mentioned so far are Veneto (cap. Venice), Emilia-Romagna
(cap. Bologna) and Tuscany (cap. Florence). Vicenza is also in Veneto,
Stresa is in Piedmont and Orvieto is in Umbria.

Each region is divided into a number of provinces, which are named
after the main towns. Stresa is in the province of Novara, Orvieto in the
province of Terni and Vicenza is the capital of its own province.

The smallest administrative unit is the **comune**, which can range in size
from a large town to a country village.

An outlying hamlet of a **comune** is called a **frazione**. In the mountains
above Stresa, for instance, there are several hamlets, **frazioni di Stresa**:
Binda, Vedasco, Someraro, Levo, Gignese.

Number plates on Italian cars include two letters which show you in
which province the car is registered, e.g.:

| MI | (Milano) | FI | (Firenze) | NO | (Novara) |
|----|----------|----|-----------|----|----------|
| NA | (Napoli) | GE | (Genova) | PR | (Parma) |
| BO | (Bologna) | VE | (Venezia) | PI | (Pisa) |
| TO | (Torino) | VI | (Vicenza) | PG | (Perugia) |

Rome allows itself the full word: **R**oma.

**Orvieto Scalo**
The railway station serving a provincial town may well be some distance
away, especially if the town is on top of a hill. This is the case at Orvieto,
where the station is known as Orvieto Scalo, 'the place where you get off
for Orvieto'. Such outlying stations often attract hotels, restaurants,
small factories, etc., around themselves to form quite a sizeable suburb.

---

## PROVA UN PO' . . .

1 From the answers on the right can you work out the questions?

| *Domande* | *Risposte* |
|-----------|------------|
| 1 Scusi, ................................? | Il duomo è giù di qui, la prima a sinistra, in fondo alla piazza. |
| ................................? | No, a due passi. |
| 2 Scusi, Dove è la st.? | La stazione è a Orvieto Scalo. |
| e lontana ? | Eh, sì, a circa tre chilometri. Ma c'è l'autobus. |
| Dov'è la fermata ? | La fermata è proprio qui, sulla destra. |
| 3 ................, ................? | Il Teatro dell'Opera è in centro, vicino al duomo. |
| ................................? | No, cinque minuti a piedi. |

*(handwritten note: "down here" near "giù di qui")*

**2** It's your first trip to Rome and you don't know your way around. How would you ask people for the information you need?

1 First thing in the morning you need some money. Any bank will do.
2 Now for a coffee and something to eat, but you can't see a bar from where you're standing.
3 In the café you decide to call your friend Clara. But you can't see the phone, so ask the waiter.
4 On the phone Clara asks you to meet her at the Caffè Greco. Ask her where it is.
5 She tells you it's near the Piazza di Spagna. Ask her if it's far.
6 Apparently you've got to get a bus; ask the waiter where the bus stop is.
7 You get off in the Piazza di Spagna. No sign of the café. Ask where it is.
8 You've found it at last. Why not have another coffee while you're waiting for Clara?

**3** If you follow the directions on the map below, where do you end up?

1 Sempre dritto, la prima a destra ed è subito lì sulla destra. *Albergo*
2 Sempre dritto per il Corso Cavour, la seconda a sinistra poi la prima a destra, ed è proprio lì sulla destra. *Teatro*
3 Dritto qui, la prima a destra, in fondo alla piazza. *Stazione*
4 La prima a sinistra, poi a destra, subito dopo il duomo, sulla sinistra. *Turismo*
5 E' proprio qui sulla destra. *Autobus*

**4** Ask for the following, using **Scusi, c'è . . . ?** or **Scusi, dov'è . . . ?** depending on what you're looking for.

1 l'Albergo Venezia
2 un bar qui vicino
3 il Teatro Olimpico
4 l'Azienda di Turismo
5 una toilette qui

6 la stazione
7 Corso Palladio
8 il bar Gigi
9 una banca qui vicino
10 una piantina di Vicenza

# 3 QUANTO COSTA?

## BUYING THINGS AND ASKING THE PRICE

Villa 'La Rotonda', Vicenza

Gianna is buying <u>entrance tickets</u> for Palladio's **Rotonda** in Vicenza.

| | |
|---|---|
| *Gianna* | Scusi, quanto costa il biglietto d'entrata? |
| *Bigliettaio* | Cinquecento lire. |
| *Gianna* | Allora due biglietti, per favore. |
| *Bigliettaio* | Mille. *(Gianna pays)* Grazie. |
| *Gianna* | Grazie. |
| *Bigliettaio* | Prego. |
| *Gianna* | Buongiorno. |
| *Bigliettaio* | Buongiorno. |

In a shop she sees an umbrella she likes, so she asks the shopkeeper the price.

| | |
|---|---|
| *Gianna* | Scusi, quanto costa questo ombrello? |
| *Negoziante* | Costa ventitremila. |
| *Gianna* | E questo? And this |
| *Negoziante* | Ventitremila anche questo. |
| *Gianna* | Grazie. |
| *Negoziante* | Prego. |

23.000

questo   *this, this one*

| To ask the price | of one thing: | quanto | costa? |
|---|---|---|---|
| | of more than one: | | costano? |

27

At Liliana Borroni's travel agency in Stresa, Paola buys a guide book and some photographs; the map of the town is free.

| | |
|---|---|
| *Paola* | Quanto costa la guida? |
| *Liliana* | La guida costa tremila lire. |
| *Paola* | E la piantina? |
| *Liliana* | La piantina è ~~gratuita~~ *gratis*. |
| *Paola* | E queste fotografie? |
| *Liliana* | Queste costano millecinquecento lire le grandi, e mille le piccole. |
| *Paola* | (*choosing the small ones*) Prendo queste. *I'll take these* |
| *Liliana* | Va bene. |
| *Paola* | Quant'è? |
| *Liliana* | Tremila la guida e mille le fotografie. |
| *Paola* | Va bene. (*pays*) |
| *Liliana* | Allora, mille, due, tre, quattromila. Grazie. |
| *Paola* | Buongiorno. |

L.1.500

L.1.000

| | |
|---|---|
| le grandi | *the large ones* |
| le piccole | *the small ones* |
| prendo queste | *I'll have these* |

> To ask how much it all comes to: **quant'è?**

At a tobacconist's, Marco buys some postcards to send to friends in Britain.

*cartolina — one postcard*

| | |
|---|---|
| *Marco* | Buongiorno. Queste due cartoline e due francobolli per la Gran Bretagna, per piacere. *two postcards*   *stamp* |
| *Tabaccaio* | Si. (*giving Marco two stamps*) Ecco a lei. |
| *Marco* | Quant'è? |
| *Tabaccaio* | Allora sono: trecento lire i francobolli e duecento lire le cartoline . . . cinquecento lire in tutto. |
| *Marco* | (*giving him a thousand lire note*) Grazie. |
| *Tabaccaio* | (*giving him the change*) Cinquecento di resto a lei. Grazie mille. |
| *Marco* | Arrivederci. |
| *Tabaccaio* | Buongiorno, grazie. |

| | |
|---|---|
| sono | *it comes to (they are)* |
| in tutto | *in all, altogether* |
| grazie mille | *many thanks* |

In Vicenza, Gianna also buys some postcards and stamps at a tobacconist's. But is she being sold the right stamps?

| | |
|---|---|
| *Gianna* | Buongiorno. |
| *Tabaccaio* | Buongiorno. |
| *Gianna* | Quanto costano le cartoline? |
| *Tabaccaio* | Cento lire l'una. *I'll have* |
| *Gianna* | (*choosing the cards*) Allora, mi dà queste due cartoline e due francobolli per la Gran Bretagna? *then, give me - - - - -* |
| *Tabaccaio* | Allora, due da cento e venti . . . |

| | |
|---|---|
| *Gianna* | Sì. |
| *Tabaccaio* | *(giving her the stamps)* Ecco a lei. |
| *Gianna* | Quant'è? |
| *Tabaccaio* | Quattro e quaranta in totale. |
| | Quattrocento e quaranta lire. |
| *Gianna* | Ecco mille lire. |
| *Tabaccaio* | Quattrocinquanta, cinquecento, e cinquecento . . . mille. Grazie. |
| *Gianna* | Prego. |
| *Tabaccaio* | Arrivederci, buongiorno. |
| *Gianna* | Buongiorno. |

| | |
|---|---|
| l'uno, l'una | *each* |
| in totale | *altogether* |

---

> To ask someone to give you something: **mi dà . . . ?**

TV       6  At her hotel, Iria asks the porter for her room key.

| | |
|---|---|
| *Iria* | Buonasera. |
| *Portiere* | Buonasera, signora. |
| *Iria* | Mi dà la chiave, per favore? |
| *Portiere* | Sì, signora. Quattrocentododici . . . ? |
| *Iria* | Sì, grazie. *(he gives her the key)* Buonasera. |
| *Portiere* | Prego. Buonasera, signora. |

RADIO       7  In the market in Orvieto, Maddalena asks the price of fruit and vegetables. First tomatoes and pears . . .

Orvieto: il mercato in Piazza del Popolo

| | |
|---|---|
| *Maddalena* | Scusi, quanto costano i pomodori? |
| *Fruttivendolo* | Trecento. |
| *Maddalena* | E le pere? |
| *Fruttivendolo* | Cinquecento. |
| *Maddalena* | Grazie. |
| *Fruttivendolo* | Prego. |

Then bananas at another stall . . .

| | |
|---|---|
| *Maddalena* | Scusi, quanto costano le banane? |
| *Fruttivendolo* | ( *pointing to two qualities*) |
| | Queste mille e cinque, e queste mille e tre. |
| *Maddalena* | Grazie. |
| *Fruttivendolo* | Prego. |

This time she buys something: three pears, a grapefruit and a kilo of apples.

| | |
|---|---|
| *Fruttivendolo* | Buongiorno, signora. |
| *Maddalena* | Buongiorno. |
| *Fruttivendolo* | Cosa voleva? |
| *Maddalena* | Tre pere. |
| *Fruttivendolo* | Tre pere. Uno, due . . . e tre. Va bene così? |
| *Maddalena* | Sì, e anche un pompelmo. |
| *Fruttivendolo* | Benissimo. Allora, va bene così, uno solo? |
| *Maddalena* | Sì, uno solo. |
| *Fruttivendolo* | Benissimo. Va bene così, signora? Altro? |
| *Maddalena* | Un chilo di mele. |
| *Fruttivendolo* | Benissimo. Subito, eh! Allora, un chilo di mele. Uno, due . . . (*continuing to put them in the pan of the scales*) basta così, signora? |
| *Maddalena* | Sì, grazie. Quant'è? |
| *Fruttivendolo* | Allora sono (*adding up*) cinque e cinque . . . sono mille e ottocento. Mille e otto. |
| *Maddalena* | Grazie. Buongiorno. |
| *Fruttivendolo* | Buongiorno. |

| | |
|---|---|
| cosa voleva? | *what would you like?* |
| va bene così? | *is that all right?* |
| uno solo? | *just one?* |
| altro? | *anything else?* |
| basta così? | *is that all?* |

500
500
800
£1.800

In Stresa, Paola buys some fruit at one of the greengrocer's on the market square. She enquires about the prices first.

| | |
|---|---|
| *Fruttivendolo* | Buongiorno. |
| *Paola* | Buongiorno. Quanto costano le mele? |
| *Fruttivendolo* | Ottocento . . . e mille e cinque. |
| *Paola* | Mi dà un chilo di queste? (*he serves her*) E le arance? |
| *Fruttivendolo* | Le arance, mille e due, e mille e cinque. |
| *Paola* | Mezzo chilo di queste. E un pompelmo. |
| *Fruttivendolo* | E un pompelmo. |
| *Paola* | E le fragole quanto costano? |
| *Fruttivendolo* | Le fragole tre e cinquanta e quattro e cinquanta. |
| *Paola* | Mi dà due cestini di queste? (*he serves her*) Quant'è? |
| *Fruttivendolo* | Le mele, ottocento; arance, seicento; fragole, novecento; pompelmo, trecento: duemilaseicento. |
| *Paola* | Ecco . . . (*she pays*) Grazie. |

| | | |
|---|---|---|
| arancia | *orange* | |
| mezzo chilo | *half a kilo* | |
| pompelmo | *grapefruit* | |
| fragola | *strawberry* | |
| cestino | *punnet* | |

## ALLORA . . .

### VOCABOLARIETTO

| | | |
|---|---|---|
| la mela *apple* | il cestino *punnet* | l'ombrello *umbrella* |
| la pera *pear* | il chilo *kilo* | la borsa *handbag* |
| l'arancia *orange* | il mezzo chilo *½ kilo* | la chiave *key* |
| la banana *banana* | la cartolina *postcard* | il biglietto *ticket* |
| la fragola *strawberry* | il francobollo *stamp* | quanto . . . ? *How* |
| il pompelmo *pineapple* | la fotografia *picture* | la lira |
| il pomodoro *tomato* | | il resto - *change/rest* |
| francese *French* | questo *this* | |
| tedesco *spanish* | grande *large* | la Gran Bretagna |
| | piccolo *small* | *great Britain* |

**To ask** for *this . . . , please:*

> **questa** cartolina,
> **questo** cestino, │ per favore

or for *these . . . , please:*

> **queste** due cartoline,
> **questi** due cestini, │ per favore

**You can also ask** for something by saying:

> **mi dà** │ una borsa,
> due biglietti, │ per favore?
> queste cartoline,

> When talking about more than one of something, the endings of
> nouns change: most masculine nouns end in −**i**, many feminine
> nouns in −**e**.

**To ask** the price of one thing:

> **quanto costa** │ **il pompelmo?**
> **la guida?**

or of more than one:

> **quanto costano** │ **i pomodori?**
> **le banane?**

> The words for *the* also change: **il** becomes **i** and **la** becomes **le**.
> For all forms of the words for *the* see p 249.

31

To give more information about what you want:

| Mi dà | il cestino<br>la fotografia | piccolo<br>piccola | grande | ? |
| --- | --- | --- | --- | --- |
| Mi dà | i cestini<br>le fotografie | piccoli<br>piccole | grandi | ? |

> Adjectives ending –e (like **grande, inglese, scozzese, francese**) do not have separate masculine and feminine forms.

When buying things by weight, you say:

| un chilo<br>due chili | **di** | mele, per favore<br>pere, per favore |
| --- | --- | --- |

When buying stamps, you can state the destination:

| un francobollo<br>due francobolli | **per** | la Gran Bretagna, per favore<br>la Francia, per favore |
| --- | --- | --- |

or, if you know it, the value:

| tre francobolli<br>un francobollo | **da** | centocinquanta (lire), per favore<br>duecento (lire), per favore |
| --- | --- | --- |

And when you've bought several things, you can ask what it all comes to: **quant'è?**

**Want to know more?** See **Grammatica** 3, 4; 8; 20, 22; 24, 25, 27, 29; 72

---

PAROLE E USANZE

People often quote prices without adding the word *lire*: **queste mele costano millecinquecento**. And the price itself is often quoted in a shorter form: the words **cento** (and sometimes **mila**) are left out and replaced by **e**, *and*.

| | Full form | Short form |
| --- | --- | --- |
| 350 | trecentocinquanta (lire) | tre e cinquanta |
| 420 | quattrocentoventi (lire) | quattro e venti |
| 1.200 | milleduecento (lire) | mille e due |
| 2.500 | duemilacinquecento (lire) | duemila e cinque |
| 6.800 | seimilaottocento (lire) | sei e otto |

In writing, the full form is written as one word.

| | |
| --- | --- |
| You'll have noticed by now that there are many ways in which you'll be asked what you want . . . | **Prego?**<br>**Cosa voleva?**<br>**Dica!**<br>**Desidera?** |
| . . . that there are various ways in which you'll be asked if you want anything else . . . | **Altro?**<br>**Basta così?**<br>**Va bene così?** |
| . . . and that when you're handed something, goods or money, you'll often hear: | **Ecco (a lei)!** |

Remember that **c** and **g**, followed by **a**, **o** or **u**, have the hard sound of the English *c* as in *cat*, or *g* as in *got* (see p 247):

    ban**ca**        bian**co**        alber**go**

In the plural, an **h** is added in writing to indicate that the hard sound is maintained:

    una ban**ca**        un vino bian**co**        un grande alber**go**
    due ban**che**       due vini bian**chi**     due grandi alber**ghi**

Without the **h**, **c** followed by **e** or **i** sounds like the English *ch* in *chat*:

    arriveder**ci**        farma**cia**        **ce**ntro

and **g** sounds like the *g* in *gin*:

    a**ge**nzia        **Gi**no        **Ge**nova

## VITA ITALIANA

### Lire italiane

Italy uses banknotes of the following denominations:

The coins in current usage are:

The written symbol for **lira** or **lire** is £; the official abbreviation is **Lit.** (lire italiane) or just **L.**

33

The metric system is used in Italy and the basic unit of weight is the gram, **il grammo**. For everyday purposes, the weights you'll need to know are:

| | |
|---|---|
| 100 g – 1 etto |
| 200 g – 2 etti |
| 300 g – 3 etti |
| 400 g – 4 etti |
| 500 g – 5 etti |
| 600 g – 6 etti |
| 700 g – 7 etti |
| 800 g – 8 etti |
| 900 g – 9 etti |
| 1.000 g – 1 kg |

**un chilo (1 kg)**   or **1.000 grammi** equivalent to 2.2 lbs.

**mezzo chilo**   or **500 grammi** equivalent to 1.1 lb.

**un etto**   or **100 grammi**, which comes to just under $3\frac{1}{2}$ oz, so it's the nearest equivalent to a British $\frac{1}{4}$ lb.

### Sale e tabacchi

The manufacture and sale of tobaccos, **tabacchi**, in Italy is a monopoly of the state – **un Monopolio di Stato**. All Italian cigars, cigarettes and tobaccos are made in state factories and all foreign brands are imported by the state. A tobacconist, **un tabaccaio**, trades under licence from the government and his shop, **la tabaccheria**, is marked by a sign carrying a large white T on a black background. Postage stamps, **francobolli**, also a state monopoly, can be bought at a tobacconist's and there's usually a postbox, **una buca delle lettere**, just outside the shop. At times when postage rates keep going up, tobacconists can have trouble knowing what to charge. But don't think you've got a special deal if you're charged less for your stamps at one tobacconist's than at another – the recipient may be charged 'postage due'!

Another state monopoly is salt, **il sale**, which is sold under the same licence. Some of the older tobacconist shops still display the sign: **Sale e Tabacchi**.

Tobacconists also sell revenue stamps, **marche da bollo**, and sheets of specially stamped paper, **carta bollata**. These are required by law when writing wills, contracts and statements. A written statement to the police, about an accident or loss for instance, should be made on stamped paper.

## PROVA UN PO'...

1   Can you fill in the gaps with the correct form of the words given in the brackets?

1   Mi dà due cestini _grandi_ di fragole, per favore? (*grande*)
2   Vicenza è una provincia _italiana_ (*italiano*)
3   Le fotografie _piccole_ costano mille lire, le _grandi_ costano millecinquecento. (*piccolo, grande*)
4   Ci sono sempre molti turisti _inglesi_ a Venezia. (*inglese*)

5 Il Valpolicella e il Chianti sono due vini _rossi italiani_
(*rosso, italiano*)
6 Quanto costa _questa_ borsa? (*questo*)
7 E _questo_ ombrello? (*questo*)
8 Mi dà una birra, per favore?
Sì, signore. Desidera una birra _italiana inglese irlandese tedesco_? (*italiano, inglese, irlandese, tedesco*)

2 One and only one of the items mentioned in the list on the right fits each space. Can you complete the sentences?

1 Quanto costa un cestino di ..............?
2 Due .............. per la Gran Bretagna, per piacere.
3 Quanto costa questa ..............?
4 Queste tre .............., per favore.
5 Mi dà una bottiglia di .............., per favore.
6 Due chili di .............., per favore.
7 Un .............. da centocinquanta, per favore.
8 Quanto costa il .............. d'entrata?

vino rosso
pomodori
biglietto
fragole
francobollo
borsa
cartoline
francobolli

3 Ask the price of these items:

Example: **Quanto costa questa guida?**

1 .............................? 5 .............................?
2 .............................? 6 .............................?
3 .............................? 7 .............................?
4 .............................? 8 .............................?

Now can you select the appropriate answer for each of the questions you have just asked?

a Questa è gratuita.
b Queste costano mille lire al chilo.
c Quarantamila.
d Questi costano 800 lire al chilo.
e Questo costa 20 mila lire.
f Questo? 200 lire.
g Costano cento lire l'una.
h 400 lire al cestino.

**4** Can you sort out this dialogue between a customer and a tobacconist? The customer starts.

*Cliente*
① Buongiorno.
Grazie. Quant'è?
④ Allora, queste tre e tre francobolli, per favore.
Grazie. Buongiorno.
No, per la Francia.
② Quanto costano le cartoline?
Ecco mille lire.

*Tabaccaio*
Per l'Italia?
E 250 di resto.
Buongiorno. Desidera?
Cento lire l'una.
Settecentocinquanta in tutto.
Grazie a lei. Buongiorno.
Allora, tre da centocinquanta.

**5** You're in the market one morning, buying tomatoes and some fruit. Take your part in the following conversation:

| | |
|---|---|
| *You* | *(Say hello to the greengrocer)* |
| *Fruttivendolo* | Buongiorno. Desidera? |
| *You* | *(Ask him to give you a kilo of tomatoes)* |
| *Fruttivendolo* | Va bene. *(he weighs them)* Ecco un chilo. |
| *You* | *(How much are they?)* |
| *Fruttivendolo* | Seicento lire al chilo. Altro? |
| *You* | *(How much are the apples?)* |
| *Fruttivendolo* | Costano ottocento e mille al chilo. |
| *You* | *(Ask him to give you a kilo of these)* |
| *Fruttivendolo* | Subito. Altro? |
| *You* | *(Now ask him for a grapefruit)* |
| *Fruttivendolo* | Uno solo? Va bene. Ecco a lei. Altro? |
| *You* | *(No, thanks. What does it come to?)* |
| *Fruttivendolo* | Allora, i pomodori seicento, le mele ottocento, il pompelmo trecento . . . mille e sette in tutto. |
| *You* | *(You give him a 2.000 lire note)* |
| *Fruttivendolo* | E trecento lire di resto. Grazie. |
| *You* | *(Say goodbye and wish him a good day)* |
| *Fruttivendolo* | Buongiorno. |

# 4 BUONO, BUONISSIMO!

## HOW TO SAY YOU LIKE SOMETHING

> To say something's good, or extremely good:
>
> è | buono ...,     buonissimo
>    | buona ...,     buonissima

RADIO     1

On Thursday and Saturday mornings, Orvieto's open air market buzzes with life and what first catches Walter's eye is the roast whole pig, **la porchetta**.

| | |
|---|---|
| Walter | Buongiorno, signora. |
| Signora | Buongiorno. |
| Walter | E' buona questa porchetta? — *entire pig* |
| Signora | Buonissima, buonissima! *very good* |
| Walter | E quanto costa al chilo? |
| Signora | Settecento lire all'etto, settemila lire al chilo. |
| Walter | Grazie. |
| Signora | Prego. |

all'etto   *per 100 grams*

> To say something's lovely ..., but expensive:
>
> è | bello, ma è caro
>   | bella, ma è cara
>
> and maybe a bit (too) expensive!
>
> è un po' (troppo) | caro!
>                | cara!

RADIO     2

Gianna is in a leather shop in Vicenza, when an expensive looking leather bag catches her eye.

| | |
|---|---|
| Negoziante | Buongiorno, signora. |
| Gianna | Buongiorno. |
| Negoziante | Prego? |
| Gianna | Quanto costa questa borsa? *luggage / purse* |
| Negoziante | Questa borsa costa centoquattordicimila. |
| Gianna | E' di pelle? *leather, skin* |
| Negoziante | Tutta vera pelle, signora. |
| Gianna | *(studying the bag)* Sì, è bella, mi piace ma ... è un po' troppo cara. |
| Negoziante | *(offering another one)* C'è questa che costa novantottomila. |
| Gianna | *(spotting another that might be cheaper still)* E questa? |
| Negoziante | Questa borsa costa settantaduemila. |
| Gianna | *(picking it up and examining it)* Bella, è spaziosa, sì, è pratica. Sì, mi piace. Quant'è? *spacious — practical* |
| Negoziante | Settantaduemila. |

L114.000

L.98.000

L.72.000

37

| Gianna | Sì, la prendo, grazie . . . Ecco, *(paying)* cinquantamila, sessanta, settanta . . . , mille, duemila. Va bene? |
| Negoziante | Grazie, signora. |
| Gianna | Buongiorno. |
| Negoziante | Arrivederla, grazie. Buongiorno. |

| (vera) pelle | *(real) leather* |
| pratico | *practical* |
| la prendo | *I'll take it* |

> | To say you like | one thing: | **mi piace** |
> | | more than one: | **mi piacciono** |

TV     3

In a shoe shop in Stresa, Carla tries on a pair of brown shoes she's seen in the window. Although they are a bit expensive, they're very comfortable and she decides to have them.

| Carla | Buongiorno, signora. |
| Negoziante | Buongiorno, signora. Come sta? |
| Carla | Bene grazie, e lei? Vorrei un paio di scarpe, come quelle in vetrina. |
| Negoziante | Sì? Mi vuol far vedere? |
| Carla | *(pointing to brown shoe on display)* Quella lì, quella marrone. |
| Negoziante | Sì, signora. Che numero, signora? |
| Carla | Trentasette. *(they're brought and she tries them on)* Sono comode . . . Quanto costano? |
| Negoziante | Ottantacinquemila lire. |
| Carla | Un po' care, eh?! |
| Negoziante | Ma sono belle. Sono di ottima qualità, signora. |
| Carla | Mi piacciono molto. Le prendo. Grazie. |
| Negoziante | Va bene, signora. Con scatola, o senza? |
| Carla | In scatola. *(counting the money)* Venti, quaranta, sessanta, ottanta . . . cinque. |
| Negoziante | Grazie, signora. |
| Carla | Grazie a lei. Buongiorno. |
| Negoziante | Buongiorno. Arrivederla, signora. |

L.85.000

| come sta? | *how are you?* |
| come quelle in vetrina | *like those in the window* |
| mi vuol far vedere? | *could you show me?* |
| che numero? | *what size?* |
| di ottima qualità | *of excellent quality* |
| le prendo | *I'll take them* |
| con/senza scatola | *with/without box* |

> To say you'd like a pair of shoes:
>    **vorrei** un paio di scarpe
> or that you'd like to try on those blue sandals:
>    **vorrei provare** quei sandali blu

In a shoeshop in Orvieto, Maddalena tries on some sandals. They're a bit small, but the shop has got them in a larger size.

| | |
|---|---|
| *Commessa* | Buongiorno. |
| *Maddalena* | Buongiorno. |
| *Commessa* | Che desidera? |
| *Maddalena* | Vorrei provare quei sandali blu in vetrina. |
| *Commessa* | Va bene, s'accomodi. *(fetching them)* Sono questi? |
| *Maddalena* | Sì, questi. Il trentasette. |
| *Commessa* | Va bene. Ecco il trentasette. *(taking them out of box)* Li proviamo? |
| *Maddalena* | Sì. *(she tries them on)* |
| *Commessa* | Come vanno? |
| *Maddalena* | Mi piacciono, ma . . . non sono molto comodi, sono un po' stretti. |
| *Commessa* | Abbiamo il numero più grande. Vuole provarli? |
| *Maddalena* | Sì, grazie. *(she's given size 38)* Grazie. Sì, questi vanno bene. Quanto costano? |
| *Commessa* | Ventottomila lire. |
| *Maddalena* | Li prendo. |
| *Commessa* | Va bene. Vuole il sacchetto con la scatola o senza? |
| *Maddalena* | Senza scatola, è più comodo. |
| *Commessa* | Va bene. *( putting the sandals into a bag)* Ecco. |
| *Maddalena* | Grazie. |

L.28.000

| | |
|---|---|
| quei sandali blu | *those blue sandals* |
| li proviamo? | *shall we try them on?* |
| come vanno? | *do they fit?, how are they?* |
| abbiamo il numero più grande | *we've got the larger size* |
| vuole provarli? | *would you like to try them on?* |

> To find out what someone does for a living, you can ask:
> **che lavoro fa?** or: **qual è il suo lavoro?**

Gianna did a quick survey of customers in a bar drinking coffee early one morning. She asked what work they did and if they enjoyed it. First a man in a white coat, who looked as though he might be delivering things.

| | |
|---|---|
| *Gianna* | Buongiorno. |
| *Signore* | Buongiorno. |
| *Gianna* | Scusi, che lavoro fa, lei? |
| *Signore* | Faccio il commerciante di frutta e verdura. |
| *Gianna* | Le piace il suo lavoro? |
| *Signore* | Sì, molto. |
| *Gianna* | Grazie. |
| *Signore* | Prego. |

| | |
|---|---|
| faccio il commerciante di frutta e verdura | *I've got a fruit and vegetable business (I'm a dealer in . . .)* |
| le piace il suo lavoro? | *do you like your job?* |

Turning to another customer . . .

| | |
|---|---|
| *Gianna* | Scusi, che lavoro fa, lei? |
| *Signore* | Faccio il cameriere di ristorante. |

| | |
|---|---|
| *Gianna* | Le piace il suo lavoro? |
| *Signore* | Moltissimo. |
| *Gianna* | Grazie. |

And now a woman . . .

| | |
|---|---|
| *Gianna* | Scusi, che lavoro fa, lei? |
| *Signora* | Faccio la cuoca in un ristorante. |
| *Gianna* | Le piace? |
| *Signora* | Così cosi. |
| *Gianna* | Grazie. |
| *Signora* | Prego. |

cuoco, −a   *cook*
così così   *so so*

---

In and around Stresa, Anna asked various people what their job was. First Ione Minzoni, caretaker of the umbrella museum in Gignese.

| | |
|---|---|
| *Anna* | Signora, qual è il suo lavoro qui? |
| *Sig.ra Minzoni* | Qui, dunque, io sono custode del museo degli ombrelli. |

Felice Pollini is also a caretaker, in the Borromeo Palace on Isola Bella . . .

Il Palazzo Borromeo, Isola Bella

| | |
|---|---|
| *Anna* | Qual è il suo lavoro? |
| *Sig. Pollini* | Sono custode nel palazzo. |

. . . and Gianfranco Giustina is head gardener of the botanical gardens on Isola Madre.

| | |
|---|---|
| *Anna* | Il suo nome, scusi? |
| *Gianfranco* | Gianfranco Giustina. |
| *Anna* | E' di qui, del Lago Maggiore? |
| *Gianfranco* | Sì, qui della zona. |
| *Anna* | Di dove? |
| *Gianfranco* | Di Borgomanero. |
| *Anna* | Dov'è Borgomanero? |
| *Gianfranco* | E' qui vicino a Stresa. |
| *Anna* | E dove abita? |
| *Gianfranco* | A Borgomanero sempre. |
| *Anna* | Qual è il suo lavoro qui? |
| *Gianfranco* | Capogiardiniere. |
| *Anna* | Lei cura tutto il giardino? |
| *Gianfranco* | Sì. |

della zona *from this area, from around here*
dove abita? *where do you live?*
lei cura tutto *do you look after*
  il giardino? *the whole garden?*

Francesco Zacchera runs the Bristol Hotel in Stresa.

|   |   |
|---|---|
| *Anna* | Lei è di qui, di Stresa? |
| *Sig. Zacchera* | Di Baveno. |
| *Anna* | Dov'è Baveno? |
| *Sig. Zacchera* | Baveno è a due chilometri da Stresa. |
| *Anna* | Però lei abita qui? |
| *Sig. Zacchera* | Abito qui durante la stagione di otto mesi. |
| *Anna* | E qual è la sua professione? |
| *Sig. Zacchera* | Albergatore. |

durante la stagione *during the season*
otto mesi *eight months*

Anna asked another hotelier, Bruno dell'Era, if he liked his work.

|   |   |
|---|---|
| *Anna* | E' interessante il lavoro d'albergo? |
| *Sig. dell'Era* | E' molto interessante, molto vario. |
| *Anna* | Le piace? |
| *Sig. dell'Era* | Mi piace moltissimo. |
| *Anna* | Ma non è un lavoro difficile? |
| *Sig. dell'Era* | Be', come tutti i lavori, ci sono i lati facili e i lati difficili. |

ci sono *there are*
lato *side, aspect*

TV 7 Here Anna's talking to first-year secondary school children just beginning to learn English.

|   |   |
|---|---|
| *Anna* | Questo è il primo anno che fai l'inglese? |
| *Antonio* | Sì. |
| *Anna* | Ti piace? |
| *Antonio* | Abbastanza. |

|   |   |
|---|---|
| *Anna* | E' il primo anno che studi l'inglese? |
| *Barbara* | Sì. |
| *Anna* | E ti piace? |
| *Barbara* | Sì, abbastanza. |
| *Anna* | E' facile o difficile? |
| *Barbara* | Dipende! |

fai/studi l'inglese *you're doing/studying English*
ti piace? *do you like it?*
dipende! *it depends!*

And do the six-year-olds in their first year at primary school like coming to school?

|   |   |
|---|---|
| *Anna* | Ti piace venire a scuola? |
| *Tiziana* | Sì, mi piace. |
| *Anna* | Ti piace venire a scuola? |

| | |
|---|---|
| *Gianluca* | Sì. |
| *Anna* | Che classe fai? |
| *Gianluca* | Prima . . . , prima elementare. |
| *Anna* | E che cosa impari qui? |
| *Gianluca* | A leggere, a scrivere . . . |

| | |
|---|---|
| che classe fai? | *what form are you in?* |
| che cosa impari? | *what are you learning?* |
| a leggere, a scrivere | *to read, to write* |

## ALLORA . . .

### VOCABOLARIETTO

*shop* il negozio
*shoe* la scarpa
*sandal* il sandalo
*pair* il paio
il numero

*to try* provare

l'anno
il mese

blu
marrone

comodo
stretto
pratico
bello
buono
ottimo
caro

il lavoro
la scuola
la classe

studiare
imparare

facile
difficile
interessante

**To say** you'd like (to have) something:

**vorrei** | un paio di scarpe
| una borsa di pelle

**To say** you'd like to try something on:
**vorrei provare** quei sandali

*singular*

| *that . . .* | **quel** paio di scarpe<br>**quella** borsa |
|---|---|
| *those . . .* | **quei** sandali<br>**quelle** scarpe |
| For all the forms of the words for *that* and *those* see p 251 | |

**To say** you like, or don't like something:

**mi piace**
**non mi piace** | questo vino
| quel ristorante
| l'acqua minerale

And if you're talking about more than one thing:

**mi piacciono**
**non mi piacciono** | quelle scarpe
| le banane

To ask someone else if they like something:

**le** | piace il suo lavoro?
| piacciono i vini italiani?

**To say** how much you like, or don't like, something:

| mi | piace<br>piacciono | moltissimo | *very much indeed* |
|----|----|----|----|
| | | molto | *a lot* |
| | | abbastanza | *quite a lot* |
| | | cosi cosi | *so so* |

| non mi | piace<br>piacciono | molto | *not much* |
|----|----|----|----|

**Moltissimo, molto,** etc. can be used on their own:

| Le piace Stresa? | **Molto!** |
|----|----|
| Le piace il suo lavoro? | **Moltissimo!** |
| Queste scarpe le piacciono? | **Non molto.** |

| buono | molto buono | buonissimo |
|----|----|----|
| bello | molto bello | bellissimo |
| comodo | molto comodo | comodissimo |
| caro | molto caro | carissimo |

**To tell** the shop assistant what you think of the goods:

| Queste scarpe sono | belle |
|----|----|
| | comode |
| | strette |
| | care |

And if you want to elaborate:

| Queste scarpe sono | care | *expensive* |
|----|----|----|
| | **un po'** care | *rather expensive* |
| | **molto** care | *very expensive* |
| | **carissime** | *very expensive indeed* |
| | **troppo** care | *too expensive* |

And to tell the assistant you'll take it or them:

| (l'ombrello) | lo prendo | (i sandali) | li prendo |
|----|----|----|----|
| (la borsa) | la prendo | (le scarpe) | le prendo |

### Jobs

To ask what someone's job is: **qual è**

| | il suo lavoro? |
|----|----|
| | la sua professione? |

or: **che lavoro fa?**

The answer might be:

| **sono** | albergatore |
|----|----|
| | giardiniere |
| | scultore |

| or: **faccio** | il commerciante |
|----|----|
| | il cuoco |
| | il cameriere |

**sono** means *I am . . .* ; **faccio** is equivalent to *I work as . . .*

**Want to know more?**    See **Grammatica** 4, 5; 25; 57, 60; 68; 72; 80, 83, 86

**Come sta?** At the beginning of a conversation after saying **buongiorno** or **buonasera**, people often ask **come sta?** *how are you?* The answer is **bene, grazie, e lei?** which in turn is usually answered by **bene, grazie** as a reply.

**Ci sono.** The plural of **c'è** *there is* is **ci sono** *there are*:
C'è una banca qui vicino?
Ci sono due banche in Corso Palladio.

## VITA ITALIANA

### La porchetta

**Porchetta** is a speciality of central Italy, where it's a popular mid-morning snack. It's a whole young pig, boned, flavoured with rosemary and roasted on a spit. It's served cold, and you can buy it in foodshops, in the street or in open air markets, when it's usually carried on a barrow or in a van. Many **porchetta** sellers travel with a market from place to place.

The meat is held on the spit on which it was roasted, and slices are cut as needed and placed in chunks of bread, with a pinch of the rosemary stuffing.

### Scarpe e sandali

The Italian shoe industry enjoys a world-wide reputation for quality and design. It is centred mainly in the north, around the town of Varese (across the lake from Stresa), though it's also well developed in other areas, and in some places it's an important cottage industry (e.g. in Naples).

Shoe-making in Italy is a skill which at times can reach the heights of an art. It's still possible here and there to have shoes made to measure by the local cobbler, although nowadays the craft is disappearing.

Most shop assistants in tourist centres are familiar with British shoe sizes, but you might find the following tables useful.

| WOMEN | | MEN | |
|---|---|---|---|
| British | Italian | British | Italian |
| 4 | 37 | 8 | 42 |
| 5 | 38 | 9 | 43 |
| 6 | 39 | 10 | 44 |
| 7 | 40 | 11 | 45 |
| 8 | 41 | 12 | 46 |

### La scuola

In Italy, school is compulsory between the ages of 6 and 14 and the state school system is run on comprehensive lines. It is non fee-paying, though parents usually have to pay for books and stationery.

Bambini della scuola elementare

Children from 6 to 11 go to primary school, **la scuola elementare**, where they learn the three r's, Italian language, history, geography and drawing. They then go on to the lower secondary school, **la scuola media inferiore**, till they're 14.

Children who stay on at school after 14 go to the upper secondary, **la scuola media superiore**, of which there are various kinds: the grammar-school type **Liceo**; the **Istituto Magistrale**, a teacher-training school for primary teachers, and the **Istituto Tecnico**, which trains students in accountancy, administration, engineering, etc. Students study a dozen or so subjects, and at 19 take final exams in four of them. The subjects to be examined are set by the Ministry of Education about three months before the exams are due to take place.

Most schools start at around 8.30 in the morning and go on till 12.30 or 1 o'clock. Children go home for lunch and only a few schools provide extra classes in the afternoon. Christmas and Easter holidays are very short, a matter of a few days, but the summer holidays make up for it: from mid June to mid September.

In country districts you'll often see a **scuola bus** ferrying children to and from school. Otherwise you'll see the little ones walking to school in their overalls (black, white or pale blue) with big white collars. Older students don't always use briefcases or the like: the smart thing has always been to carry your books nonchalantly on your arm, thus displaying not only the amount of them but also the volume of work you're engaged in!

## PROVA UN PO' . . .

1 Expressing your personal tastes, tell someone:

that you don't much like . . .
1 this white wine
2 these shoes
3 the green umbrella

45

that you like . . .

4 the blue sandals
5 the whole roast pig
6 Stresa

that you like these things a lot but they are a little too expensive . . .

7 the bag
8 the strawberries
9 this restaurant

and that you like these things very much indeed . . .

10 these black shoes
11 Italy
12 Buongiorno Italia!

2 Can you complete this conversation? The words you need are in the box on the right – you'll need some of them more than once.

| | | |
|---|---|---|
| *Cliente* | Buongiorno. | mi piacciono (2) |
| *Commesso* | Buongiorno. Desidera? | comode (3) |
| *Cliente* | Vorrei un paio di scarpe | scarpe |
| *Commesso* | Sì. Di che colore? | quarantacinque |
| *Cliente* | Nere | strette |
| *Commesso* | Che numero? | queste |
| *Cliente* | Quarantaquattro. | nere |
| *Commesso* | Vediamo, allora. Sì, ecco, nel quarantaquattro abbiamo queste scarpe. Le piacciono? | nero |
| *Cliente* | Sì, piacciono molto. *(trying them on)* Ma non sono molto comode | paio |
| *Commesso* | Non sono comode | abbastanza |
| *Cliente* | No, sono un po' strette Ha il quarantacinque | |
| *Commesso* | No, nel quarantacinque abbiamo soltanto questo tipo qua. *(customer tries them on)* Sono comode queste? | |
| *Cliente* | Sì, queste sono abbastanza comode ma non mi piacciono | |
| *Commesso* | Oh, mi dispiace, ma nel quarantacinque in nero non abbiamo altro. | |
| *Cliente* | Grazie. Buongiorno. | |
| *Commesso* | Buongiorno. Arrivederla. | |

3 **Sales talk.** You want to buy a really good brown leather handbag to take back home and you've found just the shop.

| | |
|---|---|
| *You* | *(Say good morning)* |
| *Commessa* | Buongiorno. Desidera? |
| *You* | *(Tell her you'd like a handbag)* |
| *Commessa* | Sì. Di che colore? Nera, marrone, blu . . . ? |
| *You* | *(Brown)* |
| *Commessa* | Va bene. Di pelle o di plastica? |
| *You* | *(You can get plastic at home! Tell her leather)* |
| *Commessa* | Benissimo. *(showing you a large bag)* Abbiamo questa . . . |
| *You* | *(Tell her you don't like it. It's too big)* |
| *Commessa* | Sì, è grande ma è molto di moda questo tipo quest'anno. *(showing you a smaller one)* Poi c'è questa, un po' più piccola. E' molto bella anche questa. |
| *You* | *(Ask her how much it is)* |

| | |
|---|---|
| Commessa | Questa costa cinquantaseimila lire. |
| You | *(Fifty-six thousand? That's a bit expensive!)* |
| Commessa | No, no. Non è cara. E' un'ottima pelle questa. Guardi! E' una borsa molto elegante . . . |
| You | *(There's a nice-looking one over there. Ask the price of that bag)* |
| Commessa | *(bringing it to you)* Questa costa quarantadue. Anche questa è molto elegante, di ottima qualità . . . |
| You | *(Ah, yes. Tell her you like this one a lot. You'll have it)* |
| Commessa | Benissimo. Va bene un sacchetto? |
| You | *(Yes, thanks, and here's fifty thousand)* |
| Commessa | Mille grazie. E ottomila di resto a lei. |

4  Match the words on either side of the **di** to make sensible phrases.

una borsa    viaggio
due etti    vino bianco
un paio    resto
un cestino    pelle
un'agenzia    francese
tre chili   **di**   scarpe
un professore    porchetta
un biglietto    pomodori
cento lire    fragole
una bottiglia    entrata

5  You've gone into your local Italian café in London. You know the man behind the counter is Italian, so what an opportunity to practise!

| | |
|---|---|
| Cameriere | Morning! |
| You | *(Wish him good morning in Italian)* |
| Cameriere | Ah! Parla italiano! Bravo! Allora, cosa desidera? |
| You | *(Ask for a white coffee, please)* un cappuccino, por favore. |
| Cameriere | Va bene. Con zucchero o senza? |
| You | *(Tell him with sugar, thanks)* |
| Cameriere | Subito. |
| You | *(. . . and one of these cakes)* |
| Cameriere | E una pasta. Benissimo. |
| You | *(While he's making the coffee, make some polite conversation. Say excuse me, where do you come from?)* |
| Cameriere | Io? Io sono di Napoli, sono napoletano. |
| You | *(Ask him if he likes London)* |
| Cameriere | Così così. E' un po' troppo grande. E a lei? |
| You | *(Say you're Welsh but you like London a lot)* |
| Cameriere | Ah, lei è gallese! Il paese della musica, come l'Italia! Ha, ha! Ecco il caffè . . . e una pasta. |
| You | *(Thank him and ask how much it comes to)* |
| Cameriere | Sessanta pence. |
| You | *(Say here you are)* |
| Cameriere | Grazie. Next please . . . |

# 5 RIVEDIAMO UN PO'...
## REVISION (1)

**RADIO**     **1**     You should now be able to ask the price of things. Here's Gianna asking about some pottery in a shop in Vicenza.

| | |
|---|---|
| *Negoziante* | Buongiorno, signora. |
| *Gianna* | Buongiorno. |
| *Negoziante* | Cosa desidera? |
| *Gianna* | Questo piatto, quanto costa? |
| *Negoziante* | Cinquemila lire. |
| *Gianna* | E queste tazzine, quanto costano? |
| *Negoziante* | La tazzina e il piatto, ottomila e cinquecento. |
| *Gianna* | Grazie. E il vaso? |
| *Negoziante* | Questo vaso è tredicimila e cinquecento. |
| *Gianna* | Va bene. Grazie. |
| *Negoziante* | Prego. |
| *Gianna* | Buongiorno. |
| *Negoziante* | Buongiorno, signora. |

 L.5.000     L.8,500     L.13.500

**RADIO**     **2**     And you can buy things too. We recorded Gianna buying a film for her camera.

| | |
|---|---|
| *Commesso* | Buongiorno, signorina. |
| *Gianna* | Buongiorno. |
| *Commesso* | Desidera? |
| *Gianna* | Mi dà una pellicola per questa macchina? |
| *Commesso* | Sì. Bianco e nero, o a colori? |
| *Gianna* | Eh . . . a colori. |
| *Commesso* | A colori. Da dodici, ventiquattro o trentasei? |
| *Gianna* | Ventiquattro. |
| *Commesso* | Ventiquattro pose. Pronto! Per fotografia o per diapositiva? |
| *Gianna* | Per fotografia. |
| *Commesso* | Fotografia . . . *(he goes to get the film)* Ecco, signorina. |
| *Gianna* | Quant'è? |
| *Commesso* | Tremila e duecento lire. |
| *Gianna* | Ecco. Mille, duemila, tremila e duecento. |
| *Commesso* | Grazie molto. |
| *Gianna* | Prego. |
| *Commesso* | Buongiorno e arrivederla. |
| *Gianna* | Buongiorno. |

L.3.200

| | |
|---|---|
| bianco e nero | *black and white* |
| pellicola a colori | *colour film* |

48

In Stresa, Mrs de Maria is shopping for some ham, butter, mozzarella cheese and bread.

| | |
|---|---|
| Sig.ra de Maria | Buongiorno. |
| Margherita | Buongiorno, signora. Cosa le do oggi? |
| Sig.ra de Maria | Mi dà un po' di prosciutto, per favore? |
| Margherita | Cotto o crudo? |
| Sig.ra de Maria | Crudo. |
| Margherita | Quanto? |
| Sig.ra de Maria | Due etti. |
| | *( The ham is cut and weighed )* |
| Margherita | Voleva altro, signora, dopo il prosciutto? |
| Sig.ra de Maria | Sì . . . , burro. |
| Margherita | Che burro le do? |
| Sig.ra de Maria | *( pointing to a particular type)* |
| | Questo, il 'Casalingo'. |
| Margherita | Il 'Casalingo'. Altro, signora? |
| Sig.ra de Maria | Due mozzarelle. |
| Margherita | La 'Monate' o la 'Santa Lucia'? |
| Sig.ra de Maria | *(indicating the 'Monate' brand )* No, queste. |
| Margherita | Va bene. *(serving her)* Altro, signora? |
| Sig.ra de Maria | E sei panini. |
| Margherita | *(bringing the bread )* Voleva altro, dopo il pane, signora? |
| Sig.ra de Maria | No, basta. |
| Margherita | Nient'altro? |
| Sig.ra de Maria | Basta così oggi. Quant'è? |
| Margherita | *(adding it up on the till )* Il prosciutto crudo . . . le mozzarelle . . . il pane . . . e il burro. Totale: settemila. *(Mrs de Maria pays)* |
| | Grazie, signora. |
| Sig.ra de Maria | Prego. Buongiorno. |
| Margherita | Buongiorno. Arrivederci. |

| | |
|---|---|
| cosa le do oggi? | *what can I get you today?* |
| prosciutto cotto/crudo | *cooked/smoked ham* |
| nient'altro? | *nothing else?* |

In a shop window Gianna has seen some black shoes she likes, but when she tries them on she finds they're a size too small.

| | |
|---|---|
| Gianna | Buonasera. |
| Commessa | Buonasera. |
| Gianna | Vorrei vedere quelle scarpe in vetrina, nere. |
| Commessa | Sì, si accomodi. |
| Gianna | Grazie. |
| Commessa | Che numero calza? |
| Gianna | Trentotto. |
| Commessa | Sì. *(she fetches the shoes and Gianna puts them on)* |
| Gianna | C'è uno specchio, per favore? |
| Commessa | Sì, signora. *(indicating the mirror)* Prego. |
| Gianna | Grazie. *(studying the shoes)* Quanto costano? |
| Commessa | Cinquantamila. Sono comode? |
| Gianna | Mi piacciono ma . . . sono troppo strette. La destra è troppo stretta. Ha il trentanove? |

| | |
|---|---|
| *Commessa* | No, è l'ultimo paio che abbiamo. |
| *Gianna* | Allora mi dispiace ma . . . non le prendo. |
| *Commessa* | Va bene. |
| *Gianna* | Grazie lo stesso. *thanks all the same.* |
| *Commessa* | Buonasera, grazie. |
| *Gianna* | Buonasera. |

| | |
|---|---|
| vorrei vedere | *I'd like to see* |
| che numero calza? | *what size do you take?* |
| l'ultimo paio che abbiamo | *the last pair we have* |
| mi dispiace | *I'm sorry* |
| grazie lo stesso | *thanks all the same* |

RADIO 5 Gianna also went to the greengrocer's.

| | |
|---|---|
| *Fruttivendolo* | Buongiorno, signora. |
| *Gianna* | Buongiorno. |
| *Fruttivendolo* | Desidera? |
| *Gianna* | Un chilo di pere. |
| *Fruttivendolo* | Queste o quelle? |
| *Gianna* | Quelle. |
| *Fruttivendolo* | Bene . . . ecco. Cinquecento lire. Dopo, signora? |
| *Gianna* | Quattro pesche, mature. |
| *Fruttivendolo* | Bene. Ottocento lire. Dopo? |
| *Gianna* | Mezzo chilo di pomodori. |
| *Fruttivendolo* | Grandi o piccoli? |
| *Gianna* | Piccoli. |
| *Fruttivendolo* | Quattrocento. Dopo? |
| *Gianna* | Basta, grazie. Quant'è? |
| *Fruttivendolo* | Pere cinquecento, pesche ottocento, pomodoro quattrocento. Millesettecento, signora. |
| *Gianna* | Ecco duemila. |
| *Fruttivendolo* | Millesette, milleotto, millenove, duemila. |
| *Gianna* | Grazie. |
| *Fruttivendolo* | Prego. Arrivederla, signora. |
| *Gianna* | Buongiorno. |
| *Fruttivendolo* | Buongiorno. |

500
800
400
—
£1·700

| | |
|---|---|
| dopo? | *anything else?* |

TV 6 In Stresa, Anna talked to people about their work.

*Ambrogio Citterio, capogiardiniere*

| | |
|---|---|
| *Anna* | Le piacciono gli animali? |
| *Ambrogio* | Moltissimo! |

*Gianfranco Giustina, capogiardiniere.*

| | |
|---|---|
| *Anna* | Le piacciono le piante? |
| *Gianfranco* | Sì, tantissimo! |
| *Anna* | Quale le piace di più? |
| *Gianfranco* | Tutte. |
| *Anna* | Tutte? |
| *Gianfranco* | Tutte! |

tantissimo   *very much indeed*
di più     *most*

*Felice Pollini, custode.*

| | |
|---|---|
| Anna | E le piace il suo lavoro qui? |
| Felice | Molto. Vorrei incominciare domani. |
| Anna | Bravo! |

vorrei incominciare domani   *I'd like to begin tomorrow*

And she talked to Cristina Ferri who is just starting to learn English at school.

| | |
|---|---|
| Anna | Ciao. Come ti chiami? |
| Cristina | Cristina Ferri. |
| Anna | E' il primo anno che studi l'inglese? |
| Cristina | Sì. |
| Anna | Ti piace? |
| Cristina | Sì. |
| Anna | E' difficile? |
| Cristina | Basta studiarlo! |
| Anna | Brava! E ti piace venire a scuola? |
| Cristina | Sì. |
| Anna | Che cosa ti piace di più? Quale materia? |
| Cristina | Be', un po' di tutto, però mi piace l'inglese, l'italiano, l'aritmetica . . . tutto! |

basta studiarlo!   *not if you work at it! (it's enough to study it)*
un po' di tutto   *a bit of everything*

Of the many foreign tourists who come to Stresa every summer, very few speak any Italian, so it's essential for local people to speak other languages, such as French, English and German.

*Liliana Borroni, agente di viaggio*

| | |
|---|---|
| Anna | C'è sempre molto lavoro qui? |
| Liliana | Abbastanza. |
| Anna | Vengono molti stranieri? |
| Liliana | Sì, parecchi. |
| Anna | Parlano l'italiano? |
| Liliana | Non molto . . . |
| Anna | Allora lei parla altre lingue? |
| Liliana | Sì. |
| Anna | Per esempio? |
| Liliana | Francese e inglese, tedesco. |
| Anna | E' necessario per questo lavoro? |
| Liliana | Ah, è assolutamente necessario, molto necessario! |

parecchi   *quite a lot*

*Cesare Paulon, tabaccaio*

| | |
|---|---|
| Anna | C'è molto lavoro d'estate? |
| Cesare | D'estate c'è abbastanza lavoro, sì. D'inverno, naturalmente, meno. |

| | |
|---|---|
| *Anna* | E lei parla anche altre lingue? |
| *Cesare* | Parlo abbastanza bene il francese e un poco l'inglese. |
| *Anna* | Solo un poco? |
| *Cesare* | Un poco, sì. |

d'estate     *in summer*
d'inverno   *in winter*

*Bruno dell'Era, albergatore*

| | |
|---|---|
| *Anna* | E lei parla anche altre lingue? |
| *Bruno* | Be', sì. Oltre all'italiano parlo inglese, francese e tedesco. |
| *Anna* | E' necessario per questo lavoro? |
| *Bruno* | Be', è indispensabile. |

oltre all'italiano   *besides Italian*

## ALLORA . . .

> This is a revision chapter. The best way of finding out what language you personally need to revise is by doing the special exercises in **Check your progress**. The **Allora** . . . section here is just to help fill in a few gaps in vocabulary.

### VOCABOLARIETTO

| | | |
|---|---|---|
| il piatto *plate* | la macchina *camera* | il giorno *day* |
| la tazzina *tea cup* | fotografica | la settimana *week* |
| il vaso *vase* | una pellicola *film* | d'estate *summer* |
| il prosciutto crudo *-smoked* | da 36 (pose) | d'inverno *winter* |
| il prosciutto cotto *cooked* | bianco e nero *white + blk* | necessario |
| il burro *butter* | a colori *coloured* | indispensabile |
| il pane *bread* | una diapositiva | parlare *speak* |
| il panino *roll* | *throw away* | la lingua *language* |

### I giorni della settimana

I sette giorni della settimana sono:

   lunedì
   martedì
*masc*  mercoledì
   giovedì
   venerdì
   sabato
*fem* domenica

All except **domenica** are masculine. All are spelt with a small initial letter.

On Italian calendars Monday is the first day of the week.

# I numeri da uno a cinquemila

| | | |
|---|---|---|
| 1 uno | 21 ventuno | 41 quarantuno |
| 2 due | 22 ventidue | 42 quarantadue |
| 3 tre | 23 ventitre | *etc.* |
| 4 quattro | 24 ventiquattro | 50 cinquanta |
| 5 cinque | 25 venticinque | 60 sessanta |
| 6 sei | 26 ventisei | 70 settanta |
| 7 sette | 27 ventisette | 80 ottanta |
| 8 otto | 28 ventotto | 90 novanta |
| 9 nove | 29 ventinove | 100 cento |
| 10 dieci | 30 trenta | 200 duecento |
| 11 undici | 31 trentuno | 300 trecento |
| 12 dodici | 32 trentadue | 400 quattrocento |
| 13 tredici | 33 trentatre | 500 cinquecento |
| 14 quattordici | 34 trentaquattro | *etc.* |
| 15 quindici | 35 trentacinque | 1000 mille |
| 16 sedici | 36 trentasei | 2000 duemila |
| 17 diciassette | 37 trentasette | 3000 tremila |
| 18 diciotto | 38 trentotto | 4000 quattromila |
| 19 diciannove | 39 trentanove | 5000 cinquemila |
| 20 venti | 40 quaranta | *etc.* |

**Want to know more?** See **Grammatica** 4; 48; 53; 72

---

PAROLE E USANZE

**Mi dispiace** *I'm sorry* is used to express regret when, for instance, you can't oblige in some way, or you've caused someone an inconvenience. You can also use it to show sympathy for someone who has had some bad news.

**Scusi**, and particularly **oh, scusi**, or **mi scusi**, as well as being used to attract attention, mean *I'm sorry* if you accidentally bump into someone, or you realise you've made a silly mistake.

---

## VITA ITALIANA

### Prosciutto crudo e prosciutto cotto

There are two types of ham in Italy, **prosciutto cotto** (cooked ham – the kind you'd put in a sandwich in Britain) and **prosciutto crudo** (raw, smoked ham). Both kinds are available in grocery shops, and if you've never eaten the raw, smoked variety, you might like to give it a try. **Prosciutto crudo** is deep red in colour, has a stronger flavour than cooked ham and you'd normally buy it in thin, almost transparent slices. Although expensive, a little goes a long way and it can make an excellent start to a meal when served with fresh fruit like melon or figs.

### Mozzarella

**Mozzarella** is a fresh, leavened cheese, originally from the area around Naples and made from the milk of the Italian buffalo cow. Nowadays, genuine buffalo mozzarella, **mozzarella di bufala**, is quite rare and the

53

cheese is mostly made from the milk of ordinary cows, when it's also known as **fior di latte** (*flower of milk*).

**Mozzarella** forms the basis of many dishes (eg **pizza alla napoletana, mozzarella in carrozza**), but when it is fresh and still soaking in its own buttermilk, it's very nice eaten uncooked with just a touch of salt and freshly milled pepper. It is now becoming available in many supermarket chains in Britain.

## CHECK YOUR PROGRESS!

> These exercises are meant to help you discover what you've remembered and what you've forgotten. In the key at the back of the book we've given page references so that you can look up and revise anything you got wrong.

**1** Only one of the choices in these sentences is correct. Which is it?

1 Scusi, c'è | *un* ✓ / *una* / *un'* | caffè qui vicino?

2 Questo ombrello mi piace. | *Lo* ✓ / *La* / *Li* | prendo.

3 Queste scarpe sono troppo | *stretto.* / *stretti.* ✓ / *strette.*

4 Quei sandali mi | *piace* / *piacciono* ✓ | molto.

5 Quanto costa | *quella* / *quel* / *quelle* ✓ | paio di scarpe, per favore?

6 Scusi, per favore, dov'è | *il* / *la* / *l'* ✓ | Albergo Bristol?

7 Queste mele | *è* / *sono* ✓ | care.

8 Quanto | *costa* / *costano* ✓ | le fragole?

9 Le | *piace* ✓ / *piacciono* | i pompelmi?

10 | *Questo* / *Questa* / *Queste* ✓ | cartoline sono molto belle.

54

11 Di dove sei, $\begin{vmatrix} tu? ✓ \\ lei? \end{vmatrix}$

12 Lei $\begin{vmatrix} è ✓ \\ sei \end{vmatrix}$ di Roma?

2  Check your vocabulary: can you find the odd man out?

   1  In which of these places wouldn't you ask for the bill?
      **albergo**　　　**ristorante**　　　✓**duomo**　　　**negozio**

   2  Which of the following wouldn't you say when taking leave of your best friend?
      **ciao**　　　✓**arrivederla**　　　**arrivederci**　　　**buonanotte**

   3  Which of the following would you not drink from?
      **borsa**✓　　　**bicchiere**　　　**tazza**　　　**bottiglia**

   4  Which of the following wouldn't fit into your shopping bag?
      **francobollo**　　　**chiave**　　　**biglietto**　　　**chiesa** ✓

   5  Which of the following wouldn't you normally eat with cream?
      **banane**　　　✓**prosciutto**　　　**fragole**　　　**paste**

   6  Caviar could be described by all but one of these words. Which?
      **buonissimo**　　　**carissimo**　　　**nero**　　　**stretto** ✓

   7  And which of these wouldn't you find in the average kitchen?
      **zucchero**　　　**latte**　　　**panini**　　　**funivia** ✓

   8  Which of these wouldn't you put in your fridge?
      **vino bianco**　　　✓**fruttivendolo**　　　**latte**　　　**burro**

   9  Someone has just asked you *Come sta?* With which of the following would you answer?
      **arrivederci**　　　✓**bene, grazie**　　　**buonasera**　　　**non mi piace**

   10 And you wouldn't ask for a kilo of one of the following. Which?
      **caffè**　　　✓**scarpe**　　　**mele**　　　**zucchero**

   11 Which of these is most likely to wear a kilt?
      **un gallese**　　　**un cuoco**　　　✓**uno scozzese**　　　**un cameriere**

   12 What wouldn't you put in your tea?
      **latte**　　　**limone**　　　**zucchero**　　　✓**porchetta**

3  Tell a new acquaintance:

   a) you're called . . .
   b) you're English and you're from Norwich
   c) you're here on holiday?
   d) you like this restaurant very much
   e) that bag in the window is very practical
   f) you like the bar in Verdi Street
   g) there's a chemist's in Garibaldi Square
   h) you'd like to see Capri
   i) you're sorry! (he's just told you he's lost his wallet)
   j) you're sorry! (you've just knocked his wine over)

**4** Now ask your new Italian acquaintance:

a) where he comes from
b) what his job is
c) if he is here on holiday or for work
d) if he likes his job
e) if he likes this restaurant
f) if he likes French wines
g) if this red wine is good
h) if Italian shoes are expensive

**5** 1 Ask a passer-by:

| | | |
|---|---|---|
| a) if there's a | bank<br>tobacconist's<br>chemist's | nearby |

| | | |
|---|---|---|
| b) where the | bus stop<br>market<br>tourist office | is |

2 Ask:
a) a tobacconist to give you:
   one stamp for Italy
   two 150 lire stamps
   three stamps for Great Britain

b) a greengrocer to give you:
   half a kilo of apples
   three punnets of strawberries
   four bananas

c) a grocer to give you:     *un etto*
   100 grams of butter
   150 grams of porchetta
   200 grams of cooked ham

3 Now ask a shop assistant the price of:
   100 grams of smoked ham
   this guide book of Orvieto
   those black shoes in the window

4 Tell the assistant in the shoe shop that:
   you'd like to try on the blue sandals
   they are very comfortable
   you'll take them

   And that:
   you like that leather bag
   but it's too expensive
   you won't take it

# LETTURE 1

## READING PASSAGES 1–6

These texts are based on the documentary part of television programmes 1 to 6 and have been specially written for reading. They're designed to help you to understand rather more of the language than you can learn to speak in a short period of time.

Try to read one a week, and read the introduction and the questions in English first. Together with the key at the end they'll help you to get the gist of the text, which is all that's required. When you've read one through, you should be able to answer the questions, in English, of course!

Remember that these passages are not meant to be translated word for word, so try to avoid looking everything up – though if you really must, you'll find everything in the glossary at the back of the book.

### 1 Stresa: una località turistica

Stresa is a small holiday resort on Lake Maggiore in north-west Italy. As well as having a thriving tourist trade, it is an important conference centre with hotels, swimming pools, a good-sized zoo in a beautiful park and many pleasant walks.

There are interesting excursions to be made from Stresa. These can be booked through the local travel agents, who also change money and sell guide books and maps.

*How many people live in Stresa?*
*What percentage of the tourists are foreigners?*
*Could you get to Paris from Stresa direct by train?*
*Does the trip round three lakes include Lake Orta?*
*Can you get an ice cream at the zoo?*

Stresa, sul Lago Maggiore, è una cittadina elegante e tranquilla. E' una cittadina di 5.000 abitanti. E' una località turistica.

A Stresa vengono molti turisti, il 90 per cento stranieri: turisti svizzeri, tedeschi, francesi, belgi e inglesi. Da aprile a ottobre vengono turisti da tutta l'Europa. Naturalmente a Stresa ci sono molti alberghi, ristoranti e bar. Desidera un caffè, un cappuccino? Prego, s'accomodi!

In centro c'è un municipio, un imbarcadero, una chiesa. C'è anche un ufficio postale, un ospedale e un palazzo per i congressi, il Palazzo dei Congressi di Stresa. La stazione ferroviaria è sulla linea internazionale Milano–Ginevra–Parigi–Calais. E sul lungolago ci sono due agenzie di viaggio che cambiano i soldi e prenotano viaggi, escursioni e gite.

*Railway station*

Da Stresa ci sono escursioni alle tre isole: Isola Bella, Isola Pescatori e Isola Madre; c'è il giro dei tre laghi: Maggiore, Lugano e Como, e c'è una gita al Lago d'Orta. C'è anche una funivia che va su in montagna, all'Alpino e al Mottarone.

Da visitare a Stresa c'è il Parco Zoologico della Villa Pallavicino, dove ci sono molti animali e uccelli. Per i bambini c'è un campo da gioco, e naturalmente c'è un bar. Desidera un gelato, un'aranciata? Prego, s'accomodi!

Il parco della villa è molto bello e molto grande, con una bella cascata, grandi alberi e moltissimi fiori.

A Stresa ci sono sempre moltissimi fiori.

| | |
|---|---|
| vengono molti turisti | *lots of tourists come* |
| ci sono | *there are* |
| sul lungolago | *on the lake front* |
| che cambiano i soldi | *who change money* |
| animali, uccelli | *animals, birds* |
| un campo da gioco | *a playground* |
| cascata, alberi, fiori | *waterfall, trees, flowers* |

## 2 A Stresa ci sono molti albergatori

There are hotels to suit every pocket and taste in Stresa. They range from the very grand *Grand Hotel des Îles Borromées*, which has every kind of amenity, to small hotels without restaurant service, called *meublés*. The hoteliers work extremely hard. One lives in his hotel for the entire tourist season and another one still works every day at the age of 72.

Stresa: l'Albergo
Regina Palace

*Which hotel can provide waterskiing?*
*Which hotelier lives in for eight months of the year?*
*Where does he live for the rest of the year?*
*Which two hotels have the same number of rooms each?*
*Does the Villa Aminta have a tennis court among its several amenities?*

A Stresa ci sono alberghi di ogni categoria. C'è il Grand Hotel des Îles Borromées, un albergo di lusso, con 150 camere, ristorante, due piscine, campi da tennis, minigolf, spiaggia privata e giardino. Di prima categoria, c'è il Regina Palace, con 160 camere, ristorante, discoteca, giardino, piscina, spiaggia privata e sci nautico. E c'è l'Albergo Bristol, con 250 camere, ristorante, due piscine e giardino.

Direttore e proprietario del Bristol è Francesco Zacchera. Il signor Zacchera è di Baveno, una cittadina a due chilometri da Stresa. Durante la stagione abita in albergo, per otto mesi all'anno. Per un albergatore c'è sempre molto lavoro!

Anche Alberto Padulazzi è albergatore. Il signor Padulazzi, di 72 anni, è di Stresa. E' il proprietario di due alberghi in centro di seconda categoria:

59

l'Albergo Milano e l'Albergo du Lac, con 100 camere ciascuno. E per chi vuole spendere meno ci sono alberghi di terza categoria e alberghi *meublés*: alberghi senza servizio ristorante.

Un po' fuori Stresa, a circa cinque minuti in macchina, c'è l'Albergo Villa Aminta, una volta una villa privata, ora un albergo di seconda categoria con 35 camere e una piccola *dépendance*. Proprietario dell'albergo è Bruno dell'Era. Il signor dell'Era, di Stresa, è anche il presidente dell'Associazione Albergatori di Stresa.

L'Albergo Villa Aminta, visto dall'aria

L'albergo ha una bella vista sul lago e parecchie amenità: c'è un buon ristorante, un campo da tennis, una piscina, una spiaggia privata e un parco con moltissimi fiori. A maggio e a giugno sono in fiore i rododendri e le azalee.

| durante la stagione | *during the season* |
| per chi vuole spendere meno | *for those who wish to spend less* |
| un po' fuori Stresa | *a little outside Stresa* |
| una bella vista sul lago | *a lovely view over the lake* |
| parecchie amenità | *many amenities* |

**3   Pasta e ombrelli**

Every Friday in the market in Stresa, Dante Pozzi, one of the traditional 'umbrella men' from the villages above Stresa, sells his umbrellas. Much food is bought in the market, but the people of Stresa also patronise Dario Poletti's shop which sells something they particularly like: fresh pasta.

*Do the tortelloni 'di magro' contain a meat filling?*
*Does Dario Poletti eat the pasta he makes?*
*Does Dante Pozzi make umbrellas as well as repair and sell them?*
*Where have many umbrella men come from?*
*Where will you find a monument to the umbrella men?*
*And where can you see all the old family photos?*

Dario Poletti è cuoco. Prepara e vende pasta fresca: spaghetti e tagliatelle, lasagne e cannelloni, pizze con pomodoro e mozzarella. Vende anche tortellini e tortelloni: tortelloni con ripieno di carne e tortelloni 'di magro', senza carne, con ripieno di spinaci e formaggio.

Il signor Poletti è di Invorio, un paese a circa 20 chilometri da Stresa, ma abita e lavora a Stresa da tre anni.

|  |  |
|---|---|
| *Anna* | Signor Poletti, lei mangia la pasta che prepara? |
| *Sig. Poletti* | Sì, per dare il buon esempio! |
| *Anna* | Quale tipo di pasta preferisce? |
| *Sig. Poletti* | Mah, un po' di tutto. Tortelloni di magro, tagliatelle, lasagne . . . , un po' di tutto. |

Ogni venerdì a Stresa, in Piazza Cadorna, c'è il mercato. Qui c'è di tutto: frutta, verdura, formaggi, fiori, borse, ombrelli . . . Dante Pozzi, ombrellaio, fa ombrelli, ripara ombrelli e vende ombrelli al mercato ogni venerdì.

Il signor Pozzi è di Brovello, un villaggio in montagna sopra Stresa con un'antica tradizione: gli ombrelli. In tutto il mondo ci sono ombrellai che sono venuti da villaggi come Brovello, Gignese, Carpugnino e Massino. A Massino c'è un monumento dedicato all'ombrellaio. A Gignese c'è un museo, il Museo dell'Ombrello e del Parasole, dove c'è una collezione di ombrelli di personaggi famosi, c'è la 'bottega' di un ombrellaio, e ci sono vecchie fotografie di famose famiglie di ombrellai.

*Il Monumento all' Ombrellaio d'Italia, Massino*

La signora Ione Minzoni, custode del museo, è di Bologna ma abita a Gignese da 20 anni.

|  |  |
|---|---|
| *Anna* | Signora, le piace abitare qui a Gignese? |
| *Sig.ra Minzoni* | Sì. E' un bel paesino. E' piccolo ma è carino. |

Da piccoli paesi come Gignese e Brovello gli ombrellai sono andati in tutto il mondo a fare ombrelli, riparare ombrelli e vendere ombrelli. Sono andati a fare la loro fortuna.

| | |
|---|---|
| per dare il buon esempio | *to set a good example* |
| in tutto il mondo | *all over the world* |
| bottega | *workshop* |
| un bel paesino | *a pretty little town* |
| sono andati | *have gone* |
| fare la loro fortuna | *to seek their fortune* |

### 4   Scultori e pescatori

Although the tourist trade in Stresa is a major employer, the natural surroundings are also a traditional source of employment. The fish in the lake and the local stone in the mountains provide jobs for local people.

*How is the granite cut, smoothed and polished?*
*Where will you find a drawing of a railway worker between a gardener and a fireman?*
*Where do the fishermen live?*
*At what time in the afternoon do they go to cast their nets in the middle of the lake?*
*Do they do this in the winter as well as in the summer?*

A Stresa molta gente lavora negli alberghi. Ci sono camerieri, cuochi e portieri; ci sono proprietari e direttori d'albergo.

Intorno a Stresa ci sono molti parchi e giardini, e per curare i giardini ci sono molti giardinieri.

Vicino a Stresa ci sono montagne di granito, granito rosa e granito bianco. Per lavorare questo granito ci sono scultori. Uno di questi è Erardo Cardini che abita e lavora a Feriolo, un paesino a circa tre chilometri da Stresa. Il granito è una pietra molto dura e viene tagliato, levigato e lucidato con le macchine.

Alla scuola elementare, dove i bambini imparano a leggere, a scrivere e a disegnare, c'è una mostra di disegni: 'Il papà al lavoro'. C'è un giardiniere, un ferroviere e un pompiere; c'è un meccanico, un professore e un albergatore. E c'è anche un pescatore.

Pescatori sul
Lago Maggiore

I pescatori del Lago Maggiore abitano all'Isola Superiore – l'Isola Superiore dei Pescatori. E' una piccola isola, molto pittoresca, con una chiesa e un piccolissimo cimitero. Vive di turismo e di pesca.

I pescatori dell'isola, come Guido Gottardi e Romeo Ruffoni, lavorano tutti insieme, in una cooperativa. Ogni giorno, d'estate e d'inverno, preparano le barche, e alle cinque del pomeriggio vanno a mettere le reti in mezzo al lago.

| | |
|---|---|
| *Anna* | Lei è di qui, dell'isola? |
| *Sig. Gottardi* | Sì, dell'isola. |
| *Anna* | Tutta la sua famiglia anche? |
| *Sig. Gottardi* | Sì. |
| *Anna* | E qual è il suo lavoro? |
| *Sig. Gottardi* | Pescatore. |
| *Anna* | E' sempre stato pescatore? |
| *Sig. Gottardi* | Sempre. |
| *Anna* | E fa il pescatore tutto l'anno? |
| *Sig. Gottardi* | Sì, tutto l'anno. |
| *Anna* | Anche d'inverno? |
| *Sig. Gottardi* | Anche d'inverno. |
| *Anna* | Ci sono molti pesci nel lago? |
| *Sig. Gottardi* | Abbastanza. |

I pescatori pescano anche d'inverno, quando fa molto freddo. Alle tre del mattino ritirano le reti e portano il pesce a Stresa per la vendita. Poi ritornano all'isola per dormire.

Alle cinque del pomeriggio comincia un'altra giornata di lavoro.

| | |
|---|---|
| molta gente | *a lot of people* |
| un piccolissimo cimitero | *a tiny cemetery* |
| vive di . . . | *it exists on . . .* |
| preparano le barche | *get their boats ready* |
| è sempre stato? | *have you always been?* |
| quando fa molto freddo | *when it's very cold* |
| per la vendita | *to be sold* |

5   **Una festa elegante e una festa di paese**
Every year the hotel school, **la scuola alberghiera**, holds an end-of-year dinner. All the important people come to enjoy the food cooked by the young chefs and served by the student waiters. In complete contrast, there's the open-air fête in the little village of Brovello, where there's music and dancing, and where the food is cooked and served by the local people themselves.

*At the hotel school, could you learn to be a manager as well as a cook?*
*How many years does the cooks' course last?*
*How has Alessandro decorated the boiled trout?*
*Do the drum majorettes perform indoors or out?*
*Where could you get a grilled steak with fried potatoes . . .*
*. . . and dance to the sound of The Volcanoes?*

A Stresa c'è una scuola alberghiera. Qui gli studenti imparano tutti i lavori d'albergo, dalla direzione alla cucina.

Alla fine dell'anno scolastico c'è una festa elegante all'Albergo Bristol:
i giovani cuochi della scuola preparano una grande cena con tanti
buonissimi piatti. I giovani camerieri servono gli invitati.

Uno dei cuochi è Alessandro Rugariva, studente del secondo anno.

| | |
|---|---|
| *Anna* | Tu fai la scuola alberghiera? |
| *Alessandro* | Sì. |
| *Anna* | Quanti anni sono il corso? |
| *Alessandro* | Sono tre anni. |
| *Anna* | Che anno fai? |
| *Alessandro* | Il secondo. |

*trout broiled*

Alessandro ha preparato una trota bollita, decorata con maionese, arance
e pomodori. C'è anche un'insalata mista di carote, cipolle, peperoni e
carciofi; c'è il prosciutto crudo, il salmone affumicato e il vitello tonnato,
fette di vitello con salsa di tonno e capperi.

Per completare la festa ci sono gli aperitivi in giardino, c'è una banda
musicale e ci sono *le majorettes*. Tutti si divertono.

A Brovello, il piccolo villaggio sopra Stresa, c'è un'altra festa, una festa
di paese.

Qui non ci sono camerieri o cuochi della scuola alberghiera, ma ci sono i
'cuochi' del villaggio. Preparano la polenta, le bistecche, i salamini e il
pesce (pesce del lago, naturalmente), e molte patate fritte: chili di patate
fritte! Tutti bevono molto vino e mangiano molta uva. *grapes*

Per completare la festa ci sono *I Vulcani*, un gruppo 'pop' locale. La
gente balla, e tutti si divertono.

| | |
|---|---|
| fette di vitello | *slices of veal* |
| salsa di tonno e capperi | *tuna fish sauce with capers* |
| tutti si divertono | *everybody has a good time* |
| la polenta | *see p 178* |
| tutti bevono, mangiano | *everybody drinks, eats* |

Una festa di paese,
a Brovello

## 6 A che ora . . . ?

From early morning till evening the boats go up and down Lake Maggiore. You can visit the Borromean islands on them: Isola Madre is a beautiful botanic garden, and Isola Bella, the nearest island to Stresa, has an impressive 16th century palace and an 'Italian' Baroque garden.

*Why is May the loveliest time of the year?*
*Who's been selling boat tickets for the last 29 years?*
*Are 11 gardeners enough to look after the 'Italian' gardens?*
*When were the Flemish tapestries probably made?*
*Who live in the palace for two months every year?*

| |
|---|
| 05.42 |
| 06.45 |
| 07.00 |
| 08.30 |
| 09.00 |

Questa mattina il sole sorge alle cinque e quarantadue. Il primo battello parte da Stresa alle sei e quarantacinque. Alle sette molti albergatori sono già al lavoro, e Radio Stresa comincia le sue trasmissioni con *Mattinata con voi*, un programma di musica pop. Il discjockey è Renato.

Alle otto e trenta aprono le banche e i negozi, e alle nove sono aperti al pubblico i giardini dell'Isola Bella e dell'Isola Madre.

Il giardino dell'Isola Madre è un bellissimo giardino botanico. C'è un grande cedro atlantico, un pino messicano, una palma del Cile. Vicino alla palma c'è un loto. Per curare il giardino ci sono sei giardinieri. Il capogiardiniere è Gianfranco Giustina.

|        |                                                    |
|--------|----------------------------------------------------|
| *Anna*       | C'è molto lavoro in un giardino di questo genere? |
| *Gianfranco* | Tantissimo, sempre, molto.                        |
| *Anna*       | Quando c'è il lavoro più grosso, in che periodo? |
| *Gianfranco* | Be', direi in primavera e in autunno.             |
| *Anna*       | E il periodo più bello?                            |
| *Gianfranco* | Maggio.                                            |

A maggio fioriscono le camelie, i rododendri e le azalee. Il loto fiorisce da luglio a settembre.

Per visitare le isole e tutto il lago, c'è un servizio di battelli. Anna Zanzi è la bigliettaia all'imbarcadero di Stresa.

Il battello *Camoscio* all'imbarcadero di Stresa

| | |
|---|---|
| *Anna* | Il suo nome, scusi? |
| *Sig.ra Zanzi* | Anna Zanzi. |
| *Anna* | E' di qui, di Stresa? |
| *Sig.ra Zanzi* | Sì, abito a Stresa. |
| *Anna* | E qual è il suo lavoro qui? |
| *Sig.ra Zanzi* | Bigliettaia. Vendo i biglietti per il battello. |
| *Anna* | Da quanti anni fa questo lavoro? |
| *Sig.ra Zanzi* | Da molti anni, signora, ventinove anni. |
| *Anna* | E le piace? |
| *Sig.ra Zanzi* | Sì, abbastanza. E' un lavoro vario. |

L'isola più vicina a Stresa è l'Isola Bella. Qui c'è un bellissimo giardino barocco 'all'italiana', con terrazze, sculture, e con molti pavoni bianchi. Per curare questo giardino ci sono undici giardinieri. Il capogiardiniere è Mario Omarini.

| | |
|---|---|
| *Anna* | C'è molto da fare qui? |
| *Sig. Omarini* | Eh, parecchio, direi! In tutte le stagioni c'è molto da lavorare, molto, molto. |
| *Anna* | Anche d'inverno? |
| *Sig. Omarini* | Anche d'inverno! |

Per Mario Omarini, undici giardinieri sono appena appena sufficienti per curare un giardino come questo.

Da visitare all'isola c'è anche il Palazzo dei Principi Borromeo, costruito nel Seicento. Ci sono grandi saloni, una sala da ballo e una galleria con una serie di magnifici arazzi fiamminghi, probabilmente del Cinquecento. Felice Pollini, uno dei custodi, lavora qui da sessant'anni.

| | |
|---|---|
| *Anna* | Quanti anni ha? |
| *Sig. Pollini* | Settantaquattro. |
| *Anna* | E lei viene qui tutti i giorni? |
| *Sig. Pollini* | Tutti i giorni. |
| *Anna* | Lei conosce la famiglia Borromeo? |
| *Sig. Pollini* | Eh, da quando sono nati, tutti! |

La famiglia Borromeo abita a Milano, ma ogni anno viene ad abitare nel palazzo per due mesi, in agosto e settembre.

| | |
|---|---|
| il sole sorge | *the sun rises* |
| direi | *I'd say* |
| appena appena | *just about* |
| il Seicento | *the 17th century (the 1600s)* |
| salone, sala da ballo | *large reception room, ballroom* |
| il Cinquecento | *the 16th century (the 1500s)* |
| lei conosce? | *do you know?* |
| da quando sono nati | *since they were born* |

# 6 A CHE ORA PARTE...?

## GOING PLACES

RADIO        1

Gianna has to go to Padua. It's only about 30 kilometres from Vicenza and she decides to go by coach. At the ticket office she asks when the coach leaves.

*Il pullman per Padova*

big bus

| | |
|---|---|
| *Gianna* | Scusi, quando parte il pullman per Padova? |
| *Bigliettaio* | Ogni mezz'ora. Il prossimo parte alle sette e cinque. |
| *Gianna* | Quanto ci vuole? - How long does it take |
| *Bigliettaio* | Circa mezz'ora. |
| *Gianna* | E quanto costa il biglietto? |
| *Bigliettaio* | Andata o andata e ritorno? |
| *Gianna* | Andata. |
| *Bigliettaio* | Allora millecento. |
| *Gianna* | Va bene. Mi dà un biglietto di andata . . .? *(taking the ticket and paying)* Ecco, mille e cento. Grazie. |
| *Bigliettaio* | Buonasera e grazie a lei. |

| | |
|---|---|
| ogni mezz'ora | *every half-hour* |
| quanto ci vuole? | *how long does the journey take?* |

> To ask when something leaves:
>
> **quando**
> **a che ora** | parte . . . ?

TV        2

In Stresa, Iria decides to visit Isola Bella. She goes to the boat station to get a ticket.

| | |
|---|---|
| *Iria* | Mi dà un biglietto per l'Isola Bella, per favore? |
| *Bigliettaia* | Sì. Andata e ritorno? |
| *Iria* | Sì. Quant'è? |
| *Bigliettaia* | Duemila. |
| *Iria* | Grazie. A che ora parte il battello? |
| *Bigliettaia* | Alle due. |
| *Iria* | Grazie. Buongiorno. |
| *Bigliettaia* | Prego. Buongiorno. |

Having looked around Isola Madre, Anna asks when the next boat leaves for Stresa.

*Anna*　Buongiorno, scusi, a che ora parte il prossimo battello per Stresa?
*Uomo*　Alle undici e venticinque.
*Anna*　E quanto tempo ci mette?
*Uomo*　Da venti minuti a mezz'ora.
*Anna*　Grazie.

quanto tempo ci mette?　*how long does the boat take?*

Here she's asking the ticket clerk at the boat station in Stresa about the times of boats to Locarno, which is at the other end of the lake in Switzerland.

*Anna*　A che ora c'è un battello per Locarno?
*Bigliettaia*　Domani mattina? Alle dieci e cinquanta.
*Anna*　E a che ora arriva?
*Bigliettaia*　Arriva a Locarno alle tredici e cinquanta. Ora italiana, eh?
*Anna*　Ora italiana. E per il ritorno?
*Bigliettaia*　E per il ritorno c'è l'aliscafo che parte da Locarno alle diciotto e trentacinque, ora italiana.
*Anna*　E a che ora arriva qui?
*Bigliettaia*　Arriva qui alle diciannove e quaranta.
*Anna*　Quanto costa il biglietto?
*Bigliettaia*　Ottomila e cinquecento, andata e ritorno.

domani mattina　*tomorrow morning*
aliscafo　*hydrofoil*

> To ask when something arrives:
> quando
> a che ora | arriva . . . ?

At the railway station in Orvieto Scalo, Walter enquires about the next train to Rome.

*Walter*　Buonasera.
*Bigliettaio*　Buonasera.
*Walter*　Senta, per favore, quando parte il prossimo treno per Roma?
*Bigliettaio*　Alle diciassette e diciassette.
*Walter*　E a che ora arriva a Roma?
*Bigliettaio*　Arriva a Roma alle diciotto e trentadue.
*Walter*　E' in orario?
*Bigliettaio*　Sì, è in orario.
*Walter*　Su che binario arriva?
*Bigliettaio*　Secondo binario.
*Walter*　Grazie.
*Bigliettaio*　Prego.

in orario　*on time*
su che binario?　*on which platform?*

In Vicenza, Gianna also enquires about trains to Rome, but it's a longer journey and there are alternative routes.

| | |
|---|---|
| *Gianna* | Buongiorno. |
| *Impiegato* | Buongiorno. |
| *Gianna* | Scusi, quando parte il primo treno per Roma? |
| *Impiegato* | Il primo treno per Roma? Che via vuole fare? |
| *Gianna* | Via Padova. |
| *Impiegato* | Via Padova. Il primo treno per Roma via Padova parte alle dieci e zero due. |
| *Gianna* | E' diretto il treno? |
| *Impiegato* | No, deve cambiare a Padova. Dunque, parte alle dieci e zero due, arriva a Padova alle dieci e ventidue e trova il direttissimo per Roma alle undici, che arriva a Roma alle diciotto e trenta. |
| *Gianna* | Grazie. E' in orario il treno? |
| *Impiegato* | Il treno ha circa cinque minuti di ritardo. |
| *Gianna* | E da Padova c'è vettura ristorante? |
| *Impiegato* | No, non c'è vettura ristorante. |
| *Gianna* | Grazie. |
| *Impiegato* | Prego. |

| | |
|---|---|
| che via vuole fare? | *which route do you want to take?* |
| è diretto il treno? | *is it a through train?* |
| deve cambiare | *you have to change* |
| dunque | *so* |
| trova | *you'll find* |
| ha cinque minuti di ritardo | *is 5 minutes late* |

Next she goes to the ticket office.

| | |
|---|---|
| *Gianna* | Mi dà un biglietto di andata per Roma, per favore? |
| *Bigliettaio* | Signora, fa via Padova o via Verona? |
| *Gianna* | Via Padova. |
| *Bigliettaio* | Va in prima o in seconda classe? |
| *Gianna* | Seconda. |
| *Bigliettaio* | Va bene. *(he issues the ticket)* Quattordicimilaseicento. |
| *Gianna* | *( paying)* Quindicimila. |
| *Bigliettaio* | *(giving her the change)* Ecco quattrocento di rimanenza. |
| *Gianna* | Grazie. Il treno parte alle dieci zero due, vero? |
| *Bigliettaio* | Esatto . . . da Vicenza, e alle undici c'è l'espresso da Padova per Roma. |
| *Gianna* | Grazie. |
| *Bigliettaio* | Buongiorno. |

| | |
|---|---|
| va in prima, seconda classe? | *are you going first, second class?* |
| vero? | *doesn't it?* |

In Stresa, Anna asked several people about their hours of work. First Liliana Borroni, a travel agent.

| | |
|---|---|
| *Anna* | Da quanti anni lei fa questo lavoro? |
| *Liliana* | Oh, da parecchi anni. |

| | |
|---|---|
| *Anna* | E a che ora apre qui la mattina? |
| *Liliana* | Alle nove. |
| *Anna* | A che ora chiude? |
| *Liliana* | Alle sette di sera. |
| *Anna* | Chiude a mezzogiorno? |
| *Liliana* | Sì, un'ora per il pranzo. |
| *Anna* | Va a casa a mangiare? |
| *Liliana* | Sì, sì, sì. |
| *Anna* | E' lontano? |
| *Liliana* | No, abito qui vicino. |

| | |
|---|---|
| a mezzogiorno | *at midday* |
| un'ora per il pranzo | *one hour for lunch* |
| va a casa a mangiare? | *do you go home to eat?* |

> To ask about opening and closing times:
>
> | quando | apre? |
> |---|---|
> | a che ora | chiude? |
>
> or when people start work:
>
> | quando | |
> |---|---|
> | a che ora | comincia a lavorare? |

TV      9

Next Bruno dell'Era, owner of the Hotel Villa Aminta, who starts work early in the morning and goes on till very late at night, without taking a single day off.

| | |
|---|---|
| *Anna* | E lei, la mattina quando comincia a lavorare? |
| *Sig. dell'Era* | Be', comincio abbastanza presto, sette e mezzo al mattino. |
| *Anna* | Fino a che ora, la sera? |
| *Sig. dell'Era* | Il nostro lavoro non ha orari. Si può andare a mezzanotte, la una, le due . . . |
| *Anna* | E non prende un giorno di riposo? |
| *Sig. dell'Era* | Be', purtroppo in stagione, no. |

| | |
|---|---|
| *well* | |
| il nostro lavoro | *our work doesn't have* |
| non ha orari | *fixed hours* |
| si può andare a . . . | *one might go on till . . .* |
| purtroppo | *unfortunately, sadly* |

TV      10

The season lasts eight months, during which time most people work seven days a week.

| | |
|---|---|
| *Anna* | Quanto dura la stagione qui? |
| *Liliana* | Eh, la stagione dura otto mesi. |
| *Anna* | Otto mesi. Lei è qui tutti i giorni? |
| *Liliana* | Sì, tutti i giorni, sette giorni alla settimana. |
| *Anna* | Anche la domenica? |
| *Liliana* | Sì, anche la domenica. |

| | |
|---|---|
| tutti i giorni | *every day* |
| anche la domenica? | *even on Sundays?* |

Francesco Zacchera, another hotelier, also works all hours, seven days a week.

| | |
|---|---|
| *Anna* | Lei è qui tutti i giorni? |
| *Sig. Zacchera* | Tutti i giorni, sì, per quasi otto mesi, sì. |
| *Anna* | Non prende un giorno di riposo? |
| *Sig. Zacchera* | Mai! |
| *Anna* | E a che ora comincia la mattina? |
| *Sig. Zacchera* | Sei e mezzo fino alle due e mezzo di notte. |

| | |
|---|---|
| quasi | *nearly* |
| mai! | *never!* |

But when do they take their holidays?

| | |
|---|---|
| *Anna* | E lei quando prende le vacanze? |
| *Sig. dell'Era* | Purtroppo solo in inverno. |
| *Sig. Zacchera* | Bah, le vacanze . . . Quando l'albergo è chiuso è già una vacanza per me! |

| | |
|---|---|
| chiuso | *shut* |
| già | *already* |
| per me | *for me* |

Stresa:
il lungo lago

## ALLORA . . .

### VOCABOLARIETTO

| | | |
|---|---|---|
| il treno *train* | quando? *when* | l'ora *hour* |
| il binario *platform* | a che ora? *at what time* | |
| il battello *boat* | arrivare *arrive* | la mattina *morning* |
| l'aliscafo *hydrofoil* | partire *leave* | la sera *evening* |
| il pullman *by bus* | cambiare *change* | la notte *night* |
| l'orario *time* | aprire *open* | mezzogiorno *mid day* |
| il ritardo *late* | chiudere *close* | mezzanotte *mid night* |
| la classe *class* | cominciare *begin* | domani *tomorrow* |

71

**To ask** when, or what time, something leaves:

| quando<br>a che ora | parte | il primo<br>il prossimo<br>*next* | treno **per** Roma?<br>aliscafo **per** Locarno?<br>pullman **per** Padova? |

or arrives:

| quando<br>a che ora | arriva | il treno **da** Milano?<br>il battello **da** Stresa? |

or when someone starts work in the morning:

| quando<br>a che ora | comincia a lavorare la mattina? |

The answer could be:

| il treno parte | all'una |
| l'aliscafo arriva | alle dodici e trenta |
| comincio | alle sette e mezzo |

> **a**, *at*, combines with **l'** to give **all'**, and with **le** to give **alle**.

**To ask** how long a boat or a train takes: **quanto** (tempo) **ci mette?**

or how long a journey takes: **quanto** (tempo) **ci vuole?**

You might be told:

| (circa) | venti minuti<br>mezz'ora<br>un'ora<br>due ore |

**To ask** if something is on time:

| è in orario | il treno?<br>il pullman? |

*To close*  *To open*

**To talk about** doing something:

|  | parlare<br>arrivare | prendere<br>chiudere | partire<br>aprire |
|---|---|---|---|
| *I* (**io**) | parlo<br>arrivo | prendo<br>chiudo | parto<br>apro |

For *I*, the ending is always −o.

|  | parlare | prendere | partire |
|---|---|---|---|
| *he/she/it*<br>*you* (**lei**) | parla<br>arriva | prende<br>chiude | parte<br>apre |

For *you* (**lei**) and *he*, *she* or *it*, the ending is −a for verbs ending in −**are** and −e for verbs ending in −**ere** and −**ire**.

|  | parlare | prendere | partire |
|---|---|---|---|
| *you* (**tu**) | parli<br>arrivi | prendi<br>chiudi | parti<br>apri |

For *you* (**tu**), the ending is always −i.

**Want to know more?** See **Grammatica**, 2, 3, 5, 6; 17; 22; 53; 73; 85, 87

**La mattina, il mattino** both mean *the morning*. **La mattina** is the more usual.

**La mattina, la sera** can also mean *in the morning*, *in the evening*, though you'll also hear people say **alla mattina, alla sera**.

## Time

 l'una

 le due

le tre

 le quattro

 le cinque

 le sei

le sette

le otto

 le nove

 le dieci

 le undici

le dodici
mezzogiorno
mezzanotte

**To ask** the time:
  **che ore sono?** or: **che ora è?**

**To tell** the time:

|   | l'una |   | le due |
|---|---|---|---|
| è | mezzogiorno *Mid day* | sono | le tre |
|   | mezzanotte *mid night* |   | le quattro, *etc.* |

**To say** *it's half past . . .*

| è l'una |   |   | mezzo (or mezza) |
|---|---|---|---|
| sono le tre | e | | trenta |
| è mezzogiorno |   |   | |

*it's a quarter past . . .*

sono le sei **e** | un quarto
                  | quindici

*it's a quarter to . . .*
  sono le sette **meno** un quarto

  or: sono le sei **e** | trequarti
                        | quarantacinque

*it's twenty past . . .*

è | mezzogiorno | e venti
  | l'una       |

*it's twenty to . . .*

sono | le due    | **meno** venti
     | le cinque |

To say whether it's am or pm:

sono | le cinque **della mattina**
     | le tre **del pomeriggio**
     | le sette **di sera**
     | le due e mezzo **di notte**

The 24-hour clock is used a lot more in Italy than in Britain. After
12 o'clock, midday, it continues:

| | | | |
|---|---|---|---|
| le tredici | `13  00` | le diciannove | `19  00` |
| le quattordici | `14  00` | le venti | `20  00` |
| le quindici | `15  00` | le ventuno | `21  00` |
| le sedici | `16  00` | le ventidue | `22  00` |
| le diciassette | `17  00` | le ventitre | `23  00` |
| le diciotto | `18  00` | le ventiquattro | `24  00` |

With the 24-hour clock, the words **quarto** and **mezzo** aren't used:

`13  15`   le tredici e quindici

`19  30`   le diciannove e trenta

`22  45`   le ventidue e quarantacinque

## VITA ITALIANA

### I treni

Trains are cheap and generally clean and comfortable in Italy and there
is a great variety of services.

**Treno locale:**  as the name suggests, a local train that stops at every station.
**Treno diretto:**  a train that stops at all main stations.

**Espresso:**  a long-distance train, sometimes still called by its old name,
**direttissimo**, and with fewer stops than the **diretto**.

**Rapido:**  a fast intercity train for which you have to pay a supplement:
many are first class only and you should book your seat in advance.

**Super rapido** or **TEE:**  first class only **Trans Europ Express** trains
which run between main cities, eg Milan–Rome, Milan–Venice,
Milan–Bari.

Many of the fast trains have names, such as:
| | |
|---|---|
| L'Ambrosiano | Milan–Rome |
| L'Adriatico | Milan–Bari |
| Il Mediolanum | Munich–Milan |
| Il Palatino | Paris–Rome |
| Il Lombardie Express | Paris–Trieste |
| Il Ligure | Avignon–Marseille–Milan |

Most international and long-distance trains have restaurant cars, and
coffee, snacks and soft drinks are usually available on all trains except the
local ones.

### L'ora italiana
If you want to telephone Italy from Britain, it's worth remembering that
Italian time is one hour ahead of British time all year round. In the

winter months Italy operates on **l'ora solare**, the real time (ie by the sun) and is one hour ahead of GMT. In the summer the time is known as **l'ora legale** (ie changed by law) and is one hour ahead of BST.

## PROVA UN PO' ...

1    Gianna wants to go to Desenzano, on Lake Garda, by train, so she goes to the station in Vicenza. Can you fill the gaps in her conversation with the ticket clerk?

| | |
|---|---|
| *Gianna* | Scusi, a che _ora_ parte il _prossimo_ treno per Desenzano? |
| *Bigliettaio* | _Alle_ nove e cinquanta. |
| *Gianna* | _Quanto_ tempo ci vuole? |
| *Bigliettaio* | Circa _un ora_ e quaranta. Arriva _alle_ Desenzano _alle_ undici e trentacinque. |
| *Gianna* | E quanto costa il _biglietto_ |
| *Bigliettaio* | _Andata_ o andata e ritorno? |
| *Gianna* | Andata e ritorno. |
| *Bigliettaio* | _Prima_ o seconda? |
| *Gianna* | Seconda. |
| *Bigliettaio* | Ottomilaquattrocento. |
| *Gianna* | Allora, _mi dà_ un biglietto _di_ andata e ritorno, _per_ piacere? |
| *Bigliettaio* | Ecco a lei. Ottomilaquattrocento. |
| *Gianna* | _Ecco_ diecimila. |
| *Bigliettaio* | E mille e seicento di resto _a lei_ |

Word list:
per
biglietto
a lei
prima
prossimo
ora
di
un'ora
alle (2)
ecco
mi dà
a
andata
quanto

2    You're waiting at Vicenza station on platform three for the 11.33 fast train to Venice. It's just gone half past eleven, when you hear the following station announcement. It's not very clear, but at least they make it twice.

Attenzione! Attenzione! E' in arrivo sul binario tre l'espresso da Venezia delle undici e trentatre per Milano. Si ferma a Verona, Desenzano e Brescia. I signori passeggeri diretti a Bologna devono cambiare a Verona. Il rapido delle undici e trentatre per Venezia viaggia con circa dieci minuti di ritardo. L'arrivo è previsto alle undici e quarantacinque, sul binario due. Attenzione! Attenzione!

Now can you answer these questions in English?
1   The train arriving at 11.33, where's it coming from?
2   Are you going to get on this train?
3   If you did, what's the first place you could get off?
4   Would you advise someone wanting to go to Bologna to take this train?
5   Anything else you'd tell him?
6   Are you on the right platform for Venice?
7   Which platform should you be on?
8   Is your train on time?

**3**    You're in Milan on business and on Wednesday you decide to spend the weekend with friends in Florence. At the nearest travel agent's you enquire about train times.

| | |
|---|---|
| *You* | *(Ask what time the first train leaves for Florence in the morning)* |
| *Impiegato* | Domani? |
| *You* | *(Say no, Saturday)* |
| *Impiegato* | *(looking it up)* Allora . . . sì, c'è un espresso alle sette. Va bene quello o è troppo presto? |
| *You* | *(Tell him no, that one's fine and then ask what time it gets to Florence)* |
| *Impiegato* | Alle undici e venticinque. Le faccio il biglietto? |
| *You* | *(Say yes, please, and then ask for a return, second class)* |
| *Impiegato* | Uno solo? |
| *You* | *(Yes, only one and ask how much it is)* |
| *Impiegato* | *(writing out the ticket)* Allora, uno Milano–Firenze, seconda . . . quindicimilaseicento. *(you pay)* Grazie. |
| *You* | *(say thank you and goodbye)* |

**4**    You're on a local train on your way to a small town called Bassano, where you're being met by some friends. The train is slowing down and this could be your stop, so start talking to the passenger opposite . . .

| | |
|---|---|
| *You* | *(Say excuse me)* |
| *Passeggero* | Sì? |
| *You* | *(Ask if this stop is Bassano)* |
| *Passeggero* | No, questa è Rosà. Bassano è la prossima fermata. |
| *You* | *(Ask him if it's far)* |
| *Passeggero* | No, sono cinque minuti. Lei non è italiano, vero? |
| *You* | *(Tell him no, you're Scottish)* |
| *Passeggero* | Ah, scozzese! Ma parla benissimo l'italiano! Complimenti! Dove abita? |
| *You* | *(Tell him you live in London)* |
| *Passeggero* | A Londra? Ma Londra è in Inghilterra, non in Scozia! |
| *You* | *(Say yes, but you work in London)* |
| *Passeggero* | Ho capito! Eh, anche qui molta gente va a lavorare in città come Milano, Torino . . . Vanno anche a Londra a lavorare. |
| *You* | *(Tell him there are lots of Italian restaurants in London)* |
| *Passeggero* | Sì, lo so. E mi dica, le piace l'Italia? |
| *You* | *(Say you like it very much indeed and then ask him where he comes from)* |
| *Passeggero* | Io? Sono di Venezia. Conosce Venezia? E' una bellissima città! Lei è qui in vacanza? |
| *You* | *(Tell him yes, for two weeks)* |
| *Passeggero* | Ma bene! *(the train starts to slow down again)* Ecco Bassano. Arriviamo alla sua stazione. Buona vacanza! |
| *You* | *(Thank him very much and say goodbye)* |

# 7 COSA C'È DA VEDERE?

## GETTING THERE AND LOOKING AROUND

TV     1  At the tourist office in Stresa, Carlo asks about trains to Florence.

| | |
|---|---|
| *Carlo* | Buongiorno. |
| *Raffaella* | Buongiorno. |
| *Carlo* | Vorrei un'informazione. Per andare a Firenze c'è un treno diretto che parte da Stresa? |
| *Raffaella* | No, da Stresa non c'è un treno diretto. Deve cambiare a Milano. Quando parte? |
| *Carlo* | Devo essere a Firenze domani sera. |
| *Raffaella* | Allora, c'è un treno da Stresa alle undici e cinque che arriva a Milano alle dodici e venticinque, e da Milano parte alle tredici e arriva a Firenze alle diciassette. |
| *Carlo* | Va bene, alle diciassette va bene. E' un treno rapido? |
| *Raffaella* | No, è un espresso. |
| *Carlo* | Allora non devo prenotare i posti? |
| *Raffaella* | No, prima di partire, quando è alla stazione, fa il biglietto. |
| *Carlo* | Va bene. Grazie mille. Arrivederci. |
| *Raffaella* | Prego. Buongiorno. |

| | |
|---|---|
| devo essere a ... | *I must be in ...* |
| allora non devo prenotare? | *so I don't have to book?* |
| prima di partire | *before leaving* |
| fa il biglietto | *you buy your ticket* |

> To ask how to get to . . . : **per andare a . . . ?**
>
> and to ask if you have to do something:
>
> **devo** | prenotare i posti?
> | cambiare a Milano?
> | girare a destra?

TV     2  It's easy enough to get to Orvieto by train or by motorway, but if you take the country roads you may need to ask the way.

| | |
|---|---|
| *Anna* | Signora, scusi, per andare a Orvieto? |
| *Signora* | Senta, qui c'è un <u>incrocio.</u> crossroads |
| *Anna* | Sì ... |
| *Signora* | Giri a sinistra, poi vada sempre dritto. Poi c'è un altro incrocio e deve girare a destra, e poi si trova su a Orvieto. |
| *Anna* | Grazie, signora. Buongiorno. |

| | |
|---|---|
| senta | *listen* |
| giri, vada | *turn, go* |
| deve girare | *you've got to turn* |
| si trova su | *you'll find yourself up* |
|   a Orvieto | *in Orvieto* |

Having gone a little way, Anna decides to ask again.

*at the fork*

| | |
|---|---|
| *Anna* | Buongiorno, scusi, per andare a Orvieto? |
| *Signore* | Al bivio, a sinistra; dopo la Fiat, a destra. |
| *Anna* | A destra. Grazie, buongiorno. |
| *Signore* | Buongiorno. |

dopo la Fiat     *after the Fiat garage*

RADIO     3 Walter needs to find the motorway to get to Rome.

| | |
|---|---|
| *Walter* | Signora, mi scusi, l'autostrada per Roma? |
| *Signora* | Sì, ecco. Prenda questa strada. A cento metri c'è un incrocio. Prende la prima strada che trova a sinistra. Dopo altri duecento metri ci sono le segnalazioni. road sign |
| *Walter* | E' molto lontano? |
| *Signora* | Con la macchina, cinque minuti. |
| *Walter* | Grazie. |

prenda questa strada     *take this road*
prende la prima          *you take the first*
  strada che trova         *road you come to*

RADIO     4 Gianna is collecting information about Vicenza in the local tourist office.

| | |
|---|---|
| *Gianna* | Buongiorno. |
| *Signora* | Buongiorno. |
| *Gianna* | C'è una mappa della città? |
| *Signora* | Questa è una pianta della città e questo è un prospetto con le informazioni sui principali monumenti della città. |
| *Gianna* | C'è anche un elenco degli alberghi? list |
| *Signora* | Sulla pianta c'è un elenco degli alberghi, delle pensioni e delle locande. |
| *Gianna* | Grazie. Che cosa c'è da vedere in due ore? |
| *Signora* | Il Teatro Olimpico, la casa del Palladio, esterno, la Piazza dei Signori. outside |
| *Gianna* | Dov'è il Teatro Olimpico? |
| *Signora* | *( pointing)* Sulla pianta è qui. |
| *Gianna* | E la Piazza dei Signori, dov'è? |
| *Signora* | E' qui, nel cuore della città. heart |
| *Gianna* | Quando è aperto il Teatro Olimpico? |
| *Signora* | Qui sulla pianta c'è un elenco degli orari di visita. |
| *Gianna* | Ah, grazie. |
| *Signora* | Prego. Buongiorno. |
| *Gianna* | Buongiorno. |

la casa del Palladio,     *Palladio's house, the*
  esterno                   *outside*
nel cuore della città     *in the heart of the city*

> When you've arrived somewhere, to ask what there is to see:
>   **cosa c'è da vedere?**
>
> or: **quali sono** | **i monumenti** / **le cose** | **più importanti?**

78

Vicenza: centro storico

1 Teatro Olimpico
2 Casa del Palladio
3 Basilica Palladiana
4 Duomo

RADIO      5

Maddalena finds out what there is to see in Orvieto. The woman on duty at the desk is Raffaella.

| | |
|---|---|
| *Raffaella* | Buongiorno. |
| *Maddalena* | Buongiorno. |
| *Raffaella* | Desidera? |
| *Maddalena* | Avete una piantina della città? |
| *Raffaella* | Sì, eccola, prego. |
| *Maddalena* | E anche una lista degli alberghi? |
| *Raffaella* | Sì, certo. Questa è una lista di tutti gli alberghi, pensioni, locande, campeggi dell'Umbria, incluso Orvieto. |
| *Maddalena* | Oh, grazie. |
| *Raffaella* | *(opening a leaflet)* E poi abbiamo un dépliant con le informazioni turistiche in quattro lingue: italiano, francese, tedesco ed inglese. Inclusa c'è la lista dei ristoranti della città. |
| *Maddalena* | E quali sono i monumenti più interessanti della città? |
| *Raffaella* | Eh, il duomo, *(indicating on map)* qui c'è il Pozzo di San Patrizio . . . |

79

| | |
|---|---|
| Maddalena | E' molto lontano? |
| Raffaella | Dieci minuti di cammino a piedi . . . e qui c'è il Quartiere Medievale, che è molto interessante. |
| Maddalena | Oh, grazie. |
| Raffaella | Prego. |
| Maddalena | Buongiorno. |
| Raffaella | Buongiorno. |

avete? *have you got?*
dieci minuti di cammino a piedi *it's a ten-minute walk on foot*

---

Anna also asks what there is to see. This time Danca is on duty.

| | |
|---|---|
| Danca | Buonasera. |
| Anna | Buonasera. Ci sono dei dépliants su Orvieto, per favore? |
| Danca | Sì, abbiamo questa piantina, un dépliant sul comprensorio e un dépliant su Orvieto. |
| Anna | Quali sono le cose più importanti da vedere? |
| Danca | Abbiamo il duomo, il Palazzo del Capitano del Popolo, Quartiere Medievale, il Pozzo di San Patrizio . . . *( pointing out the places on the map )* Noi siamo qui, e c'è il duomo, e qui c'è la Piazza del Capitano del Popolo, dove si trova il palazzo; il Quartiere Medievale è qui, e il Pozzo di San Patrizio è qui. |

ci sono dei dépliants? *are there any leaflets?*
noi siamo *we are*
dove si trova il palazzo *where the palace is ( situated )*

---

Bars, cafés and restaurants in Italy usually remain closed one day a week. In Vicenza, Gianna does a survey and first she speaks to a waitress in *La Caneva*, a snack bar in the centre of town.

| | |
|---|---|
| *Gianna* | Signora, scusi, in che giorno è chiuso questo bar? |
| *Signora* | E' chiuso la domenica. |
| *Gianna* | E gli altri giorni, quando è aperto? |
| *Signora* | Dalle nove del mattino fino alle diciannove della sera. |
| *Gianna* | E lei, quando lavora? |
| *Signora* | Io tutto il giorno. Comincio alle otto del mattino e finisco alle diciannove della sera. |
| *Gianna* | Grazie. |
| *Signora* | Prego. |

✓ RADIO      8 Then to the owner and cook of *Al Canarino*, a busy pizzeria.

| | |
|---|---|
| *Gianna* | Signor Russo, scusi, in quale giorno della settimana è chiusa la pizzeria? |
| *Sig. Russo* | Il mercoledì. |
| *Gianna* | E gli altri giorni, quand'è aperta? |
| *Sig. Russo* | E' aperta dalle nove di mattina alle quindici del pomeriggio; dopo, dalle diciassette all'una di notte. |
| *Gianna* | Lei quando lavora? |
| *Sig. Russo* | Io lavoro tutto il giorno dalle nove della mattina fino all'una della notte. |
| *Gianna* | Grazie. |
| *Sig. Russo* | Prego. |

✓ RADIO      9 And lastly to Antonio Bonato, proprietor of *La Taverna di Marostica*, a smart restaurant in a converted medieval castle near Vicenza.

| | |
|---|---|
| *Gianna* | Scusi, in quali giorni della settimana resta chiuso il ristorante? |
| *Sig. Bonato* | Eh, d'inverno rimane chiuso lunedì pomeriggio e al martedì. D'estate invece rimane chiuso solamente al martedì. |
| *Gianna* | E gli altri giorni, che ore è aperto? |
| *Sig. Bonato* | Da mezzogiorno alle quattordici e trenta. |
| *Gianna* | E la sera? |
| *Sig. Bonato* | Alla sera dalle diciannove alle ventidue. Ma il bar resta aperto tutto il giorno, dalle nove al mattino fino alle ventiquattro o la una. |
| *Gianna* | E lei è il proprietario? |
| *Sig. Bonato* | Sì, il proprietario, sì. |
| *Gianna* | E lei quando lavora? |
| *Sig. Bonato* | Io lavoro dalle sette alla mattina alle ventiquattro di sera, minimo. |
| *Gianna* | Tutti i giorni? |
| *Sig. Bonato* | Tutti i giorni, compreso il lunedì e anche martedì. |
| *Gianna* | *(laughing)* Grazie. |
| *Sig. Bonato* | Prego, signora. |

| | |
|---|---|
| invece | *on the other hand* |
| compreso il lunedì | *Mondays included* |

# ALLORA . . .

## VOCABOLARIETTO

la città · la macchina · andare
la pianta · la strada · girare
il monumento · l'autostrada · prenotare
la casa · l'incrocio *crossroads* · vedere
la pensione · il bivio *fork in road* · finire
il campeggio *camp site* · la segnalazione
il dépliant *leaflet* · · aperto
la lista · destra · chiuso
l'informazione · sinistra · importante
il posto · dritto · principale

**To ask** how to get somewhere:

**per andare** | a Firenze?
| a Orvieto?
| all' autostrada?

You may be told to go straight on:
vada sempre dritto

or turn right or left:

giri | a destra
| a sinistra

or take a particular route:

prenda | questa | strada | a destra
| la prima | | a sinistra
| la seconda |

**To ask** if you have to do something:

**devo** | prenotare i posti?
| cambiare treno?
| girare a destra?

You may be told what you have to do:

**deve** | prenotare i posti
| cambiare a Milano
| girare a destra

(io) **devo** . . . *I have to* . . . (lei) **deve** . . . *you have to* . . .

**To ask** what there is to see:

**cosa c'è da vedere** | a Vicenza?
| a Orvieto?

or you could be more specific:

**quali sono** | i monumenti | **più** | interessanti?
| le cose | | importanti?

82

> To say what's *most* important, interesting, beautiful:
> (i monumenti) **più** importanti, interessanti, belli
> (le cose) **più** importanti, interessanti, belle

**To ask** *have you got . . . :?*

| | |
|---|---|
| **ha** | una pianta della città? |
| **avete** | un elenco degli alberghi? |
| | una lista dei campeggi? |

> Like **a** (p 72), **di** also combines with **il**, **la**, etc. to form one word.
>
> | | il | lo | la | l' | i | gli | le |
> |---|---|---|---|---|---|---|---|
> | di | del | dello | della | dell' | dei | degli | delle |
>
> **da**, **in** and **su** also combine in the same way: the full forms are given on p 250.

**Want to know more?**    See **Grammatica** 6; 58; 71, 72; 76

## PAROLE E USANZE

**Ha . . . ?** and **avete . . . ?** both mean *have you got?* You say **ha . . . ?** when asking an individual if he or she personally has got something, and **avete . . . ?** when talking to more than one person, or, in a shop or establishment of some kind, when you're asking if *they*'ve got something. At the tourist office, Maddalena asks Raffaella:
**avete una piantina della città?**

The word **informazione** means *information*; **un'informazione** means *a piece of information*:
**vorrei un'informazione** *I'd like some information, please*
**vorrei** is already a polite way of requesting something, so you don't need to add **per favore**.

**Pianta** and **mappa** are both commonly used for a town map, and if the town, or the map, is a small one, the word is **piantina**.

### Two for the price of one
The Greeks have a word for it, the saying goes, but the Italians seem to have two, and sometimes three! You will have noticed, for instance, that: *the morning* can be **il mattino** or **la mattina**, though **la mattina** is more usual; *a map of the town* can be **una pianta della città** or **una mappa della città**; *it stays open* can be **resta aperto** or **rimane aperto**.

*Mondays included* can be **incluso il lunedì** or **compreso il lunedì**. You can say **le nove della mattina** or **di mattina** for *9 am* and **le nove della sera** or **di sera** for *9 pm*.

And when people ask *what would you like?* you may hear **desidera?** or **che desidera?** or **cosa desidera?** or **che cosa desidera?**

All languages show something of this feature, but Italian perhaps a little more than most. There are several examples throughout the book.

83

### Giorni di chiusura

Cafés, restaurants and most bars in Italy normally stay closed one day a week. A rota system is operated (**chiusura per turno**) by which bars and restaurants take it in turn to close so that there is always at least one open in the vicinity. A notice is normally displayed giving the day of closure.

During the summer, particularly in August, many bars, restaurants and shops in the large towns close down for the summer holidays (**chiusura estiva**), for a period of up to four weeks. It can sometimes be quite hard, even in big cities, to find a restaurant open during August, because of the combination of **chiusura estiva** and **chiusura per turno**!

### I musei

Few countries can equal Italy in the variety and wealth of its artistic treasures and the evidence can be found in museums, galleries, palaces and archaeological remains all over the country. The treasures of Rome, Florence and Venice are world renowned but almost every town, including quite small ones, has a museum or castle or palace of which it can be proud.

The price of admission to museums varies, but entrance to Italian state museums is free on Sundays and half-price on other holidays. Don't try to visit a state museum on a Monday, though – most of them will be closed!

The Vatican museums, on the other hand, are closed on Sundays, except for the last Sunday of each month.

### Le autostrade d'Italia

Italy has a well–developed system of motorways, adding up to a total of around 6,000 kms. The most famous is the A1, l'**Autostrada del Sole**, the 'motorway of the sun', which spans the whole length of the country, from Milan in the north to Reggio Calabria in the south – a stretch of almost 1,400 kms.

Because Italy is essentially a mountainous country, its motorways are often very spectacular and a tribute to the country's road engineers: long stretches of road frequently tunnel through the hillsides and emerge as viaducts raised above the valley with views so stunning that they tempt drivers to take their eyes off the road.

With the exception of a few sections around city boundaries, all motorways are fee paying, and there are entrance and exit gates at regular intervals to serve major and minor towns along the route. When you enter the motorway you are given a ticket, which you hand in at your exit, l'**uscita,** and you will be charged according to the cc of your car and the distance covered. Service stations with clean and well-kept snack bars, restaurants, motels, shops and even supermarkets are frequent, and there are also plenty of parking and picnic areas, often enjoying a fine panoramic view.

The speed limit on **autostrade** also depends on the cc of your car: cars up to 599 cc must not exceed 90 kph (56 mph); up to 900 cc the limit is 110 kph (69 mph); up to 1,300 cc, 130 kph (81 mph), and over 1,300 cc 140 kph (87½ mph).

As all distances and speed limits will be given in kilometres, you may find this piece of mental arithmetic useful for converting kilometres to miles. Halve the figure in kilometres, add a quarter of the answer, and you'll have the equivalent in miles.

ITALIAN MOTORWAYS

### Orvieto

One of the oldest cities in Italy, going back to at least early Etruscan times (700–500 BC), Orvieto dominates the surrounding plain from the large flat-topped hill on which it is built. Its name derives from the Latin *Urbs vetus*, old town. The hill consists of soft volcanic tufo rock and is literally a warren of old Etruscan and Roman tombs, cellars and sewers.

Most of the present day city is in fact medieval, and the principal buildings are to be found in the **centro storico**, the *historic centre*. The magnificent **duomo**, begun in 1290, has·a mosaic-covered façade, designed and built by the Sienese architect Lorenzo Maitani (d 1330), which faces due west and must be seen at sunset to appreciate its full glory. The **Palazzo dei Papi**, completed in 1304, next door to the cathedral, and the massive 12th century **Palazzo del Capitano del Popolo** in the **Piazza del Popolo** are both built in blocks of honey-coloured tufo rock, as are many houses and palaces in the town. The oldest part of the town, **il Quartiere Medievale**, with its narrow streets and ancient houses, is where people moving into the city from the countryside would first come to live.

For centuries, Orvieto was a religious centre, part of the Papal State. Many popes resided here, mainly for reasons of safety when Rome was threatened by foreign invaders. One such pope, Clement VII, ordered the construction of a well, 200 feet deep, to provide water in the event of a seige. The **Pozzo di San Patrizio**, completed in 1537, is encircled by a double spiral staircase, interwoven, so that people going down never meet the people coming up. Today you can visit this well, all 248 steps of it.

## PROVA UN PO' . . .

**1** **di? del? della? dei? degli?** etc. We've left them all out. What would you expect to hear in this conversation?

*Turista*   Scusi, c'è una piantina (1) Orvieto?
*Signorina*   Sì, certo. Questa è una piantina (2) città. C'è anche un elenco (3) alberghi, (4) pensioni e (5) ristoranti. E qui ci sono le fotografie (6) principali monumenti: il duomo, il museo (7) duomo, il museo etrusco, il Pozzo (8) San Patrizio . . .
*Turista*   Quando sono aperti?
*Signorina*   Qui c'è un elenco (9) orari (10) visita.
*Turista*   Grazie.

**2** Anna's at the tourist office in Orvieto. Can you fill in the gaps in her conversation with the girl at the desk? Just to keep you on your toes, there are five extra words that won't fit sensibly into any of the gaps.

| | | |
|---|---|---|
| *Ragazza* | Buongiorno. | macchina ✓ |
| *Anna* | Buongiorno. | giorno |
| *Ragazza* | Desidera? | vedere ✓ |
| *Anna* | ............. una ............. della città? | lontano ✓ |
| *Ragazza* | Certo. Ecco una pianta di Orvieto con un ............. | avete ✓ |
| | degli alberghi e ............. è un prospetto delle | mattino |
| | informazioni sui ............. monumenti. | questo |
| *Anna* | Oh, grazie. Che cosa c'è da ............. in due o | elenco ✓ |
| | tre .............? | pomeriggio ✓ |
| *Ragazza* | Allora, c'è il duomo, il ............. di San Patrizio, e | abbiamo |
| | il ............. medievale che è molto ............. . | principali ✓ |
| *Anna* | E' ............. il pozzo? | lista |
| *Ragazza* | A piedi o in macchina? | bella |
| *Anna* | In ............. . | interessante |
| *Ragazza* | No. Circa cinque minuti. | aperto ✓ |
| *Anna* | E' ............. adesso? | pozzo ✓ |
| *Ragazza* | No, signorina. E' chiuso. Apre alle due del ............. | ore ✓ |
| *Anna* | Bene. Grazie ............. . | quartiere ✓ |
| *Ragazza* | Prego. Buongiorno. | mille ✓ |
| | | piantina ✓ |

**3** You want to visit the museum in the **Palazzo dei Papi**, next door to the cathedral. But when you get there at eleven on Tuesday morning, you find this notice pinned to the door.

**Durante il periodo di restauro gli orari di visita sono i seguenti: chiuso tutto il giorno il lunedì e il martedì; aperto dal mercoledì al venerdì incluso dalle 10 alle 1230 e dalle 1500 alle 1800; il museo resta aperto il sabato e la domenica dalle 1100 fino alle 1300. Visite guidate venerdì mattina. Entrata L500.**

Now can you answer these questions:
1 Can you get in today?
2 When is the next time it will be open?
3 If you're not free then, can you go at four o'clock on Friday afternoon?
4 Your friend wants to go and has planned it for Saturday. What are you going to tell her?
5 Why is the museum closed?
6 Would it be a good idea to go on Sunday afternoon?
7 When would you go if you wanted a guided tour?
8 And what is the latest you could stay that morning?

**4** You've decided to visit Perugia for the day, but you don't know a lot about it, so when you get there you go straight to the tourist office:

| | |
|---|---|
| *Ragazza* | Buongiorno. Desidera? |
| *You* | (*Ask if they've got a town plan*) |

| | |
|---|---|
| *Ragazza* | Certo. Ecco una piantina di Perugia. |
| *You* | *(And ask if there's a list of restaurants)* |
| *Ragazza* | Sì, è qui sulla pianta. |
| *You* | *(Oh, yes! Ask her what there is to see)* |
| *Ragazza* | Allora c'è il duomo, il Palazzo dei Priori, il Collegio del Cambio con gli affreschi del Perugino e la, Fontana Maggiore. |
| *You* | *(The fountain is very famous, so ask her where it is)* |
| *Ragazza* | *(showing you on the map)* E' qui in Piazza IV Novembre. |
| *You* | *(Is it far?)* |
| *Ragazza* | No. Noi siamo qui, e la Piazza IV Novembre è qui. A piedi sono cinque minuti circa. |
| *You* | *(Tell her you'd like to see Perugino's frescoes)* |
| *Ragazza* | Allora, deve visitare Collegio del Cambio! |
| *You* | *(Ask her if it's open now)* |
| *Ragazza* | Eh . . . sì, ma chiude dalle dodici e trenta alle quindici. |
| *You* | *(Say that's fine, thanks very much and goodbye)* |

5 Here are some questions you might need to ask. Can you find the appropriate answers on the right?

1 Scusi, signora, quando apre il negozio?

2 Ma lei, deve proprio partire subito?

3 E' la prima volta che visito Vicenza; cosa c'è da vedere?

4 Senta, per il treno per Roma delle 13.50 devo prenotare i posti?

5 Il prossimo treno per Napoli è un espresso?

6 Senta, scusi, per andare a Venezia?

7 Ma questo bar, quando è aperto?

8 Il Palazzo del Capitano del Popolo, è lontano?

9 E' aperto il ristorante oggi?

10 Per andare a Orvieto devo cambiare?

a) No, quello è un rapido.

b) Tutto il giorno dalle 7 del mattino fino a mezzanotte.

c) No, oggi è chiuso per turno.

d) Apre tutte le mattine alle 8.30, esclusa la domenica.

e) Be', tante cose! C'è la Piazza dei Signori, il Teatro Olimpico, il Museo . . .

f) No, solo cinque minuti a piedi.

g) Sì, a Bologna.

h) No, non è necessario, è un diretto.

i) Sì, devo essere a Milano prima di sera.

j) Prenda l'autostrada al primo incrocio a destra.

# 8 HA UNA CAMERA?

## FINDING A ROOM

TV      1

Walter wants a single room for three nights. He goes to the *Europa* Hotel in Orvieto Scalo.

| | |
|---|---|
| *Walter* | Buongiorno. Ha una camera, per favore? *'H' is silent* |
| *Direttore* | *(checking the register)* Sì. Come la vuole? |
| *Walter* | Singola. |
| *Direttore* | Va bene. Per quante notti? |
| *Walter* | Per tre notti. |
| *Direttore* | Va bene, sì. E' la camera trecentosette al terzo piano. *(giving Walter the key)* Ecco. Mi dà un documento, per favore? |
| *Walter* | Sì, certo. *(gives him his driving licence)* |
| *Direttore* | Grazie. |
| *Walter* | Quant'è la camera? |
| *Direttore* | Sedicimila e novecento. |
| *Walter* | Tutto compreso? *everything included?* |
| *Direttore* | Sì, tutto compreso. |
| *Walter* | È per la ~~prima~~ colazione? |
| *Direttore* | C'è il bar qui accanto. Si paga a parte. |
| *Walter* | Grazie. |

| | |
|---|---|
| come la vuole? | *what sort of room? (how would you like it?)* |
| qui accanto | *just here, next door* |
| si paga a parte | *you pay separately* |

> To ask at a hotel if they have a room:
> **ha**
> **avete** | una camera, per favore?

RADIO      2

At the *Aquila Bianca* Hotel in the centre of town, Maddalena asks for a single room with bath for one night. The receptionist, Cesare, has a room available, but only with shower.

| | |
|---|---|
| *Maddalena* | Buonasera. |
| *Cesare* | Buonasera. |
| *Maddalena* | Avete una camera? |
| *Cesare* | Sì. Come la desidera, singola o doppia? |
| *Maddalena* | Una singola con bagno. |
| *Cesare* | *(checking the register)* Sì, ce l'abbiamo . . . soltanto con doccia. *shower* |
| *Maddalena* | Va bene anche con doccia. |
| *Cesare* | Per una notte? |
| *Maddalena* | Sì, questa notte. Quanto costa? |
| *Cesare* | Il prezzo è ventimilacinquecento. |
| *Maddalena* | La colazione è compresa? |
| *Cesare* | No, non è compresa nel prezzo. |
| *Maddalena* | E senta, ha un garage? *listen* *price* |

| | |
|---|---|
| *Cesare* | Sì, abbiamo un garage interno. |
| *Maddalena* | Sì, va bene. |
| *Cesare* | Se mi può lasciare un documento . . . |
| *Maddalena* | Sì, un attimo. *(looking for her identity card)* Ecco. |
| *Cesare* | Grazie. *(calling)* Giuseppe! Accompagna la signorina alla camera ventuno. |

L'Albergo Aquila Bianca, nella Via Garibaldi, Orvieto

| | |
|---|---|
| ce l'abbiamo | *we've got one* |
| se mi può lasciare | *if you could just let me have* |
| un attimo | *(just) a moment* |
| accompagna la signorina a . . . | *show the young lady to . . .* |

una camera:

singola      doppia      con bagno      con doccia
       (a due letti) (matrimoniale)

---

**RADIO      3**      There's a hotel called *Europa* in Vicenza too, and Gianna goes there to book a double room.

| | |
|---|---|
| *Gianna* | Buonasera, signorina. |
| *Signorina* | Buonasera. |
| *Gianna* | Avete una camera libera per questa sera? |
| *Signorina* | Sì. Singola o doppia? |
| *Gianna* | Doppia. |
| *Signorina* | Sì. Desidera due letti o letto matrimoniale? |
| *Gianna* | Due letti. |
| *Signorina* | Sì, un attimo. *(checking in register)* Con bagno o con doccia? |
| *Gianna* | Quanto costa? |

| | |
|---|---|
| *Signorina* | Quarantaduemila lire con bagno o con doccia, con filodiffusione, televisione a colori in ogni stanza e aria condizionata. |
| *Gianna* | Sì. La prendo con bagno. |
| *Signorina* | Va bene, sì. Un attimo. *just a moment* |
| *Gianna* | E' compresa la prima colazione? |
| *Signorina* | No. La prima colazione è a parte. Sono tremila lire in più. Posso avere il suo documento, per favore? |
| *Gianna* | Sì. *(handing over her driving licence)* Ecco la patente. |
| *Signorina* | Si, grazie. *(taking the key from its hook)* Cento e ventuno, primo piano. Ecco la chiave. *(pointing to the lift)* L'ascensore è lì sulla sinistra. |
| *Gianna* | Grazie. |
| *Signorina* | Prego. |

| | |
|---|---|
| filodiffusione | *ringmain radio* |
| in più | *more, extra* |
| posso avere . . . ? | *can I have . . . ?* |

filodiffusione    televisione a colori    aria condizionata

Mr and Mrs Salafia have booked a double room at the *Aquila Bianca* for a week.

| | |
|---|---|
| *Cesare* | Mi favorisce i documenti, per favore? |
| *Sig. Salafia* | *(giving him their identity cards)* Ecco, per me e mia moglie. |
| *Cesare* | Grazie. |
| *Sig. Salafia* | Qual è il prezzo della camera? |
| *Cesare* | Trentaduemila lire per notte. |
| *Sig. Salafia* | Va bene. |
| *Cesare* | Camera numero venticinque. Ha i bagagli da prendere? |
| *Sig. Salafia* | Sì, la macchina è qui. |
| *Cesare* | Bene, allora le prendiamo il bagaglio . . . |

*(Giuseppe attends to the luggage and shows Mr Salafia to the garage)*

| | |
|---|---|
| *Cesare* | *(to Mrs Salafia)* Signora, se vuol salire l'accompagniamo in camera. |
| *Sig.ra Salafia* | Grazie. E' tranquilla la camera? |
| *Cesare* | Sì, la camera dà sul retro; è molto silenziosa. |
| *Sig.ra Salafia* | Bene. E per la colazione? |
| *Cesare* | La colazione la serviamo dalle sette e trenta alle dieci. |
| *Sig.ra Salafia* | Benissimo, grazie. |
| *Cesare* | *(calling)* Fabio! |
| *Fabio* | Sì? |
| *Cesare* | Accompagna la signora al numero venticinque. |

| | |
|---|---|
| mi favorisce . . . ? | *would you be good enough to give me . . . ?* |
| bagagli, bagaglio | *luggage* |
| se vuol salire | *if you'd like to go up* |
| l'accompagniamo in camera | *we'll show you to your room* |
| dà sul retro | *gives on to the back* |
| la colazione la serviamo | *we serve breakfast* |

---

**TV      5**

Having booked into his hotel, Walter asks if he can pay by credit card when he leaves.

| | |
|---|---|
| *Walter* | Senta, quando vado via, posso pagare con una carta di credito? |
| *Direttore* | Sì, certo. |
| *Walter* | Grazie. Allora vado a prendere la valigia in macchina, grazie. |
| *Direttore* | Va bene. |

vado a prendere la valigia   *I'll go and get my suitcase*

> To ask if you can, or are allowed to, do something:
>
> **posso** | pagare con una carta di credito?
> | telefonare da qui?

---

**TV      6**

Walter has got to phone Zurich, in Switzerland, and asks if he can use the phone booth in the hotel lobby.

| | |
|---|---|
| *Walter* | Buongiorno. Devo telefonare a Zurigo. Posso telefonare da qui? |
| *Direttore* | Sì, s'accomodi in cabina. Le do una linea. |
| *Walter* | Posso telefonare direttamente? |
| *Direttore* | Sì, certo, certo. |
| *Walter* | Scusi, qual è il prefisso per la Svizzera? |
| *Direttore* | Zero zero quarantuno. |
| *Walter* | Grazie. |

le do una linea   *I'll give you a line*

---

**RADIO      7**

At the tourist office in Orvieto there's a public telephone, and Maddalena asks if she can use it to ring England.

| | |
|---|---|
| *Maddalena* | Buongiorno. |
| *Impiegata* | Buongiorno. Desidera? |
| *Maddalena* | Posso telefonare in Inghilterra? |

| | |
|---|---|
| *Impiegata* | Sì, è diretta. |
| *Maddalena* | Qual è il prefisso? |
| *Impiegata* | Zero zero quattro quattro. Prego, si accomodi. |
| *Maddalena* | Grazie. |
| | *(She makes the call and goes back to the desk)* Quant'è? |
| *Impiegata* | Allora, *(checking the units on the meter)* venti scatti . . . millecinquecento lire. |
| *Maddalena* | Ecco duemila. |
| *Impiegata* | Grazie. E cinquecento di resto . . . duemila. Grazie. |
| *Maddalena* | Grazie. Buongiorno. |

---

RADIO      8

Now Maddalena takes a pair of trousers to the cleaner's. She'd like them back that evening.

Lavanderia a secco: 'servizio rapido'

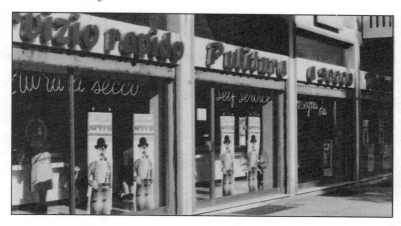

| | |
|---|---|
| *Commessa* | Buongiorno. |
| *Maddalena* | Buongiorno. Posso lasciare questi pantaloni? |
| *Commessa* | Sì. Per quando li vuole? |
| *Maddalena* | E' possibile per questa sera? |
| *Commessa* | No. Domani pomeriggio? |
| *Maddalena* | Va bene domani pomeriggio. |
| *Commessa* | Mi dica il nome. |
| *Maddalena* | Ceino. *(she's given her ticket)* Grazie. A domani, allora. |
| *Commessa* | Buongiorno. |

mi dica il nome     *what name is it?*
per quando li vuole?    *when would you like them for?*

---

RADIO      9

Gianna wants to contact a Mr Cremona at his hotel, so she asks for him at the reception desk.

| | |
|---|---|
| *Gianna* | Buonasera. |
| *Signorina* | Buonasera, signora. |
| *Gianna* | C'è il signor Cremona in albergo? |
| *Signorina* | *(seeing the key on its hook)* No, è fuori, signora. |
| *Gianna* | Posso lasciare un messaggio? |
| *Signorina* | Sì, mi dica. |

| | |
|---|---|
| *Gianna* | Gli dica di telefonare alla signora Rossi questa sera. |
| *Signorina* | Va bene. Conosce il numero? |
| *Gianna* | No, il numero è cinquanta ... |
| *Signorina* | *(writing it down)* Cinquanta ... |
| *Gianna* | ... quarantuno ... |
| *Signorina* | ... quarantuno ... |
| *Gianna* | ... venticinque ... |
| *Signorina* | ... venticinque. D'accordo, va bene. |
| *Gianna* | Grazie. |

| | |
|---|---|
| mi dica | *tell me, go ahead* |
| gli dica | *tell him* |
| conosce il numero? | *does he know the number?* |
| d'accordo | *fine* |

## ALLORA ...

### VOCABOLARIETTO

una camera
  singola
  doppia
  a due letti
  matrimoniale
  con bagno
  con doccia

tranquillo
silenzioso

la televisione

il piano
il primo piano
il secondo piano
il terzo piano
l'ascensore
il garage

il prezzo
pagare
tutto compreso

la colazione

il bagaglio
la valigia

il documento
la patente
la carta di credito

telefonare
il numero
il prefisso
la cabina
lasciare un messaggio

**To ask** for a room in a hotel:

$$\left.\begin{array}{l}\textbf{ha}\\\textbf{avete}\end{array}\right| \textbf{una camera, per favore?}$$

You'll be asked what kind of room:

$$\textbf{come la} \left|\begin{array}{l}\textbf{vuole?}\\\textbf{desidera?}\end{array}\right.$$

It could be: **singola/doppia**

And if you want **una camera doppia,** it could be:
  **a due letti**
  **matrimoniale**

You'll be asked for how long: **per quante notti?**

It could be:
  **per una notte**

$$\textbf{per} \left|\begin{array}{l}\textbf{due}\\\textbf{tre}\end{array}\right| \textbf{notti}$$

  **per una settimana**

If it's for something like five or ten days, you'd say:

per | cinque / dieci | giorni

To ask the price:
quant'è
quanto costa | la camera?

and if it's inclusive:
tutto compreso?

To ask if you can do something:

posso | pagare con una carta di credito? / telefonare in Inghilterra direttamente? / lasciare un messaggio?

> **posso** . . . *I can, I am able to* . . .

**Want to know more?**    See **Grammatica** 4, 5; 17; 74; 81

---

## PAROLE E USANZE

**La prima colazione**, *breakfast*, literally means *first lunch*, though it is sufficient just to say **colazione** when it's obvious you're referring to breakfast. **Colazione** is one of two words for lunch: the other, **pranzo**, is more usual. (For more about names of meals, see p 187.)

**Two for the price of one**
**Camera** and **stanza** both mean *room* but **camera** in particular is used to refer to a bedroom or hotel room.

**Solo, soltanto** and **solamente** all mean *only*. On page 89, when asked for a room, Cesare says: **Sì, ce l'abbiamo, soltanto con doccia.** He might just as easily have said: **ce l'abbiamo solo** or **solamente con doccia.**

---

## VITA ITALIANA

**Alberghi, pensioni, locande**
If you arrive in a place and you haven't booked a room in advance, the best thing to do is to go to the local tourist office. Its full title is **Azienda Autonoma di Cura, Soggiorno e Turismo,** but people call it more simply **Azienda di Turismo,** or **Azienda di Soggiorno.** You'll find one in most towns, open from around 9.30 till 12.30 in the morning and again from 3.00 till at least 6.30, and in some places till as late as 8.00 in the evening. Here you'll be given information on all types of accommodation, from camping sites to luxury hotels.

In big cities you'll also find an information centre, **un ufficio informazioni,** in the railway station, while in villages and the smaller country towns, if not a tourist office there will at least be an office called **pro loco** whose job it is to find you somewhere to sleep.

Italian hotels are classified in four categories plus luxury class, **categoria lusso**; there are also three categories of **pensioni** and one of **locande** – **una locanda** generally being a restaurant or **trattoria** with a few rooms to let. If a hotel is described as a **meublé** it means there's no restaurant, though there will be a bar either on the premises or next door where you can have breakfast. Throughout the country there's a good sprinkling of youth and student hostels, **ostelli per la gioventù, case dello studente**, and there are no less than 1,600 well-equipped camping sites, **campeggi**, or just **camping** as they're often called.

Hotel prices are always quoted **tutto incluso**, meaning inclusive of taxes and service charges, but they do not include breakfast. Unless you're having full or half board, **pensione completa** or **mezza pensione**, breakfast is charged separately and according to what you have.

If you're thinking of going to Italy, you'll find the *Travellers Handbook* issued free by the Italian State Tourist Office most informative and useful. The address for the United Kingdom is 201 Regent Street, London W1R 8AY; for the Republic of Ireland, 47 Merrion Square, Dublin 2.

### Telefoni

While telephone boxes are not that plentiful in Italy, telephones for public use can often be found in bars, cafés and restaurants as well as in official establishments like central post offices, tourist offices and main railway stations. You will pay for your call by one of two methods. As telephones don't take ordinary money, you must buy yourself a special coin, **un gettone**, at the cash desk, a nearby newspaper kiosk, or from a machine near the phone. A **gettone** is sufficient for a local call, but you'll need quite a few if you're planning a long chat with your friends back in Britain. Alternatively, and more and more frequently, the establishment will check how many units, **scatti**, you have used on a meter near the cash desk and charge you accordingly. Don't be surprised, incidentally, to find **gettoni** turning up in your small change – they circulate like ordinary money!

To dial a call to Britain you'll need to ensure that the 'phone is on the direct dialling international system. To get an international line the code, **il prefisso**, is oo, then 44 for Britain, followed by your local code without the first o.

---

## PROVA UN PO' . . .

1 Sitting in a café you overhear a conversation between two people at the next table who are talking about their hotel, the *Albergo Roma*.

*Signora*     . . . ma la sua camera, com'è, è grande?

*Signore*     No, anche la mia è piccolissima, è stretta. E poi di notte il rumore è terribile.

*Signora*     Eh, sì. Il traffico è veramente pesante. Non so dove vanno tutte queste macchine tutta la notte.

| | |
|---|---|
| *Signore* | Ma qui vicino c'è l'autostrada Roma–Napoli . . . ! |
| *Signora* | Poi il letto è così duro! Io non riesco a dormire. |
| *Signore* | Neanch'io. C'è un bambino nella camera accanto che piange tutta la notte. |
| *Signora* | Oh Dio! L'unica cosa buona è che le camere sono pulite. |
| *Signore* | Sì, quello sì, sono pulite . . . |
| *Signora* | E senta, per la colazione, cosa fa lei? La prende in albergo? |
| *Signore* | No, io prendo solo un caffè la mattina. Vado al bar di fronte. |
| *Signora* | Però in albergo il caffè è abbastanza buono. |
| *Signore* | Sì, ma è così caro! |
| *Signora* | Ha ragione. Senta, com'è l'Hotel Milano? Lo conosce . . . ? |

Now answer these questions, in English.

1 Would you book into this hotel if you wanted a good night's sleep? And if not, why?
2 What are the rooms like?
3 What sounds could you expect to hear from outside . . . ?
4 . . . and from next door?
5 Are the beds comfortable at least?
6 Where does the man have breakfast?
7 Why?
8 But what's the coffee like in the hotel?
9 What's the only good thing they have to say about the hotel?
10 What does the man eat for breakfast?
11 Do you think they might change hotels?

2 Complete the questions, using the words listed on the right.

1 Devo fare una telefonata a Milano. Posso tel–– da qui?

2 Queste scarpe sono troppo strette. Posso prov il numero più grande?

3 Il signor Cerrone non è in camera. Posso las un messaggio?

4 Devo prendere il rapido delle dodici e trenta. Posso pren qui il posto?

5 Devo partire subito. Posso pag con una carta di credito?

6 Fa un po' freddo qui dentro. Posso chiu la finestra?

7 Qui non c'è acqua calda! Posso par con il direttore?

8 Vorrei mangiare un'altra pasta. Posso pren una di queste?

9 Vorrei arrivare prima dell'una. Posso part con il treno delle undici?

10 Mi dà la chiave, per favore? Non posso apr la porta.

| |
|---|
| chiudere |
| parlare |
| aprire |
| telefonare |
| prendere |
| partire |
| lasciare |
| prenotare |
| pagare |
| provare |

3 Can you make sense of this conversation at a hotel reception desk? The manager's part of the conversation is in the right order, but the customer's is all jumbled up. The manager starts.

| Direttore | Cliente |
|---|---|
| Buonasera. Prego? | Per due notti. |
| Sì, come la desidera? | Sì, certo. |
| Con bagno o con doccia? | La colazione è compresa? |
| Benissimo. Per quante notti? | Sì, sono in macchina. |
| Va bene, sì. Camera 240 al | Va bene con doccia. |
| secondo piano. | Benissimo. |
| Quarantamila per notte. | Ha una camera per favore? |
| No, la colazione è a parte. | Quanto costa la camera? |
| Mi favorisce i documenti, | Matrimoniale. |
| per favore? | |
| Grazie. Ha i bagagli da prendere? | |
| Giuseppe! | |

4    You and your spouse have just driven into Assisi and you want a room for the night which isn't too expensive. It's your mother's birthday, so it would be nice to give her a ring. (She lives in Manchester.) There's a hotel on the corner you can try.

| | |
|---|---|
| Direttore | Buonasera. Desidera? |
| You | (*Ask him if they've got a room*) |
| Direttore | Per questa notte? |
| You | (*Yes, for one night*) |
| Direttore | Come la vuole? Singola o doppia? |
| You | (*Double*) |
| Direttore | Un attimo . . . sì, abbiamo una doppia con bagno oppure con doccia. |
| You | (*Ask him how much the room costs*) |
| Direttore | Con bagno venticinquemila lire. Con doccia è un po' meno: ventitremilacinquecento. |
| You | (*Tell him a room with a shower is fine*) |
| Direttore | Va bene. Mi dà i documenti, per piacere? |
| You | (*Ask him if he wants the two passports*) |
| Direttore | Sì, sì, tutti e due. |
| You | (*Now ask if you can phone England from here*) |
| Direttore | Certo. E' diretta. S'accomodi in cabina. |
| You | (*Ask him what the code is*) |
| Direttore | Un attimo, Glielo dico subito. L'Inghilterra è zero zero quarantaquattro e poi il prefisso della città. . . . Per Londra è l'uno. |
| You | (*Say yes, but you have to phone Manchester*) |
| Direttore | Ah, Manchester! Il prefisso per Manchester è sessantuno. |
| You | (*Say thank you and where's the phone booth*) |
| Direttore | E' lì, sulla destra. Avete bagagli? |
| You | (*Say yes, they're in the car*) |
| Direttore | Benissimo. Glieli prendiamo noi. Giancarlo! Prendi i bagagli dei signori e accompagnali alla camera duecentotre. |

# 9 COSA PRENDIAMO?

EATING OUT

### ANTIPASTI
Antipasto misto
Tonno e fagioli
Prosciutto con melone o fichi

### PRIMI PIATTI
Zuppa di verdura
Minestrone
Tortellini in brodo
Risotto ai funghi
Spaghetti al pomodoro
Tagliatelle al ragù/in bianco
Spaghetti alla carbonara
Cannelloni al forno
Lasagne al forno

### SECONDI PIATTI
Trota al forno
Fritto di scampi e di calamari
Cotoletta alla milanese
Bistecca alla griglia
Braciole di maiale
Petti di pollo alla griglia
Agnello arrosto
Vitello arrosto
Osso buco
Pollo arrosto
Scaloppine al marsala o al vino bianco
Saltimbocca alla romana
Bollito misto
Pollo alla cacciatora
Fegato alla veneziana

### CONTORNI
Spinaci all'agro o al burro
Patate fritte
Zucchini all'olio
Pomodori ripieni
Fagiolini
Piselli al prezzemolo
Melanzane fritte

Insalata verde
Insalata mista

### DESSERTS
Frutta di stagione
Macedonia
Profiteroles
Gelati assortiti
Torta della casa
Zabaglione

Formaggi

A meal in an Italian restaurant would normally consist of the following courses:

**un primo piatto** a first course, which would most commonly be a soup or a pasta or rice dish.

**un secondo piatto** a second course, which would normally be meat, poultry or fish.

**un contorno** vegetables or salad.

**un dolce** or **un dessert** a dessert, which might be fruit, cheese or ice cream and, in some restaurants, gâteaux.

You can of course choose to have more dishes. Many Italians might start with **un antipasto**, a starter or hors d'oeuvre (literally something 'before the meal').

Local specialities vary enormously from one region to another, and individual restaurants will often invent names for their own particular specialities (eg **bistecca alla Cocco** on p 102), so it might sometimes be necessary to ask what a particular dish is or how it's prepared (on p 103 Maddalena asks **come sono i petti di pollo?**). In some of the simpler family restaurants there may not even be a menu to look at, and the waiter will just tell you what's on that day.

The menu at the start of the chapter contains fairly standard dishes that you might find in most parts of Italy. Individual words can be found in the glossary, but below is a key to help you decipher the names of some of them.

### Antipasti

**Antipasto misto:** a selection of appetisers which might consist of a combination of ham, salame, mortadella, raw vegetables, olives, marinated mushrooms, etc.

**Tonno e fagioli:** butter or haricot beans with tuna fish and raw onions.

**Prosciutto:** very fine slices of smoked ham often served with fresh figs or melon.

### Primi piatti

The most common ways of serving pasta are:

**al pomodoro:** with a tomato sauce.

**al ragù:** with a Bolognese sauce of minced meat.

**in bianco:** served simply with butter and parmesan.

Certain kinds of pasta (eg cannelloni, lasagne, maccheroni) are prepared **al forno**, ie baked in the oven with a filling of mincemeat, tomato and béchamel sauce.

Depending on the restaurant and the region, other common ways of serving pasta are:

**ai funghi:** with a mushroom sauce.

**alla panna:** with a cream sauce which will probably also contain ham or mushrooms or both.

**alle vongole:** with clams.

**alla carbonara:** (literally in the charcoal burner's style) served with a sauce of smoked pork belly, egg and a lot of freshly ground black pepper.

**all'arrabbiata:** (literally in the style of an angry person) served with a hot sauce of tomato with chillies.

## Secondi piatti e contorni

**al, alla** etc might refer to the main ingredient of the sauce:
**al vino bianco, al marsala, all'olio, al burro.**
It might refer to the method of cooking:
**alla griglia** or **ai ferri** or **alla brace** all mean grilled (though
literally **alla brace** means *over an open fire*).
Or it might refer to a style of preparation:
**alla cacciatora** ('hunter's style'): cooked in a sauce containing onions,
tomatoes, mushrooms, peppers and red or white wine.
**Cotoletta alla milanese:** a veal cutlet dipped in egg and breadcrumbs
and then fried.
**Saltimbocca alla romana:** slices of ham and veal seasoned with sage,
fried in butter and then braised in white wine.
**Osso buco:** pieces of knuckle of veal with the marrow still in the bone,
stewed in wine, onions, tomatoes and parsley.
**Bollito misto:** mixed boiled meats – usually beef, tongue, cotechino
sausage, veal and chicken, served with a green sauce.
**Fegato alla veneziana:** calf's liver cut into small slices and fried
with onion.

## Desserts

**Torta della casa:** anything **della casa**, in this case a cake, means that it
is particular to the restaurant.
**Assortito:** a selection.
**Zabaglione:** a rich creamy dessert made from egg yolks, marsala wine
and sugar.
**Profiteroles:** balls of puff pastry filled with confectioner's custard and
coated with melted chocolate.

---

| RADIO | 1 |
|---|---|

In Orvieto, Walter goes to *La Palomba*, a little family restaurant,
for lunch. When he has studied the menu, the waitress comes to take
his order.

| | |
|---|---|
| *Cameriera* | Signore, buongiorno. |
| *Walter* | Buongiorno. |
| *Cameriera* | Desidera? |
| *Walter* | Per primo, mi porti una zuppa di verdure. |
| *Cameriera* | Va bene. E di secondo? |
| *Walter* | Di secondo, una cotoletta alla milanese. |
| *Cameriera* | Va bene, e di contorno? |
| *Walter* | Di contorno, un po' di spinaci e delle patate fritte. |
| *Cameriera* | Va bene. Da bere? |
| *Walter* | Da bere, del vino bianco. |
| *Cameriera* | E acqua minerale? |
| *Walter* | Sì, grazie, mezza bottiglia. |
| *Cameriera* | Grazie. |

| | |
|---|---|
| per primo | *for first course (soup or pasta)* |
| di secondo | *to follow (main course)* |
| di contorno | *for vegetables* |
| delle patate fritte | *some fried potatoes* |
| da bere? | *to drink?* |

Buon appetito!

When ordering a dish, you can simply name it and say *please*:
**una zuppa di verdura, per favore**

or you can use a set phrase, like:

| **mi porti** | una zuppa di verdura |
| **prendo** | |

Italian families go out a lot for Sunday lunch. Giovanni and Raffaella go to *Cocco*'s restaurant with their daughter Pia and a friend.

| | |
|---|---|
| *Cameriere* | Cosa prendono per primo? |
| *Giovanni* | Allora, cosa prendiamo? Prendiamo i tortellini? |
| *Raffaella* | Eh, i tortellini al certosino? |
| *Laura* | Sì, sono buoni. |
| *Cameriere* | Tortellini per tutti? |
| *Raffaella* | Tortellini per me va bene. |
| *Giovanni* | Sì, per tutti e quattro. |
| *Cameriere* | Bene. Come secondo? |
| *Giovanni* | Prendiamo la specialità della casa? |
| *Raffaella* | Sì, la bistecca alla Cocco. *(to the waiter)* E' con i funghi, vero? |
| *Cameriere* | Sì, funghi e salsa al vino bianco. |
| *Raffaella* | Per me, va bene. |
| *Laura* | Anche per me, sì. |
| *Cameriere* | Quattro bistecche alla Cocco. E come contorno? |
| *Giovanni* | Che verdura c'è? |
| *Cameriere* | Insalata, patate, e pomodori, spinaci, zucchini. |
| *Laura* | Per me, patatine fritte. |
| *Raffaella* | Io vorrei un po' di spinaci. |
| *Cameriere* | Spinaci all'agro o al burro?    *oil + lemon* |
| *Raffaella* | All'agro, grazie. |

| | |
|---|---|
| *Rosa* | Io, un po' di zucchini, grazie. |
| *Giovanni* | Anche per me, zucchini. |
| *Cameriere* | Vino bianco o rosso? |
| *Giovanni* | Vino bianco di Orvieto e una bottiglia di acqua minerale, gassata. |
| *Cameriere* | Va bene. |

| | |
|---|---|
| cosa prendono? | *what will you have?* |
| prendiamo? | *shall we have?* |
| per tutti | *for everybody* |
| per tutti e quattro | *for all four (of us)* |

> In company, if you're all having the same thing, instead of
> **prendo . . .** , you say:
>   **prendiamo** la specialità della casa
>
> but if you're having something different from the others, you say:
>   **per me**  | un po' di zucchini
>   **io (vorrei)** |

---

RADIO      3      Walter and Maddalena have lunch together at *La Primavera*, a small **locanda** outside Orvieto. There's no printed menu so the waiter tells them what's on.

| | |
|---|---|
| *Cameriere* | Signori, buongiorno. |
| *Walter* | Buongiorno. |
| *Maddalena* | Buongiorno. |
| *Cameriere* | Come primo abbiamo: dei ravioli al ragù, delle tagliatelle, degli spaghetti, e cannelloni al forno. |
| *Maddalena* | E' possibile avere ravioli in bianco? |
| *Cameriere* | Sì, con burro e parmigiano? |
| *Maddalena* | Sì, così vanno bene. |
| *Cameriere* | Va bene. |
| *Walter* | E a me . . . mi porti dei cannelloni al forno. |
| *Cameriere* | Cannelloni al forno. Allora, un ravioli burro e parmigiano, e un cannelloni al forno. *baked w mincemeat, tomato + bechamel sauce* |
| *Maddalena* | Sì. |
| *Cameriere* | Per secondo, ci sono delle braciole di maiale *pork*, dei petti di pollo, dell'agnello *lamb* arrosto, della bistecca alla brace, saltimbocca alla romana, cotolette alla milanese. *barbequed* |
| *Maddalena* | Come sono i petti di pollo? |
| *Cameriere* | Sono alla griglia. |
| *Maddalena* | Oh, no, meglio una cotoletta alla milanese. |
| *Cameriere* | Allora, una cotoletta alla milanese . . . |
| *Walter* | E a me, mi porti una bistecca, però ben cotta. |
| *Cameriere* | Va bene. Allora, una cotoletta alla milanese e una bistecca ben cotta. |
| *Walter* | Sì. |
| *Cameriere* | Come contorni, ci sono dei fagiolini, oppure spinaci all'agro, patate arrosto, insalata verde . . . |
| *Walter* | Per me, delle patate arrosto. |
| *Maddalena* | Anche per me. |
| *Cameriere* | Allora, due patate arrosto. Va bene, grazie. Da bere, consiglio il vino di Orvieto. |

| | |
|---|---|
| *Walter* | Bianco? |
| *Cameriere* | Sì, certo. Una bottiglia? |
| *Walter* | Sì, una bottiglia basta. |
| *Maddalena* | E mezza minerale, per favore. |
| *Cameriere* | Allora, una bottiglia e mezza minerale. Grazie. |

| | |
|---|---|
| meglio | *better* |
| oppure | *or else* |
| consiglio | *I recommend* |
| basta | *is enough* |

---

RADIO      4

After they have finished the main course, the waiter comes back to ask if everything was all right and if they want anything else.

| | |
|---|---|
| *Cameriere* | E' andato tutto bene? |
| *Walter* | Sì, grazie, benissimo. |
| *Maddalena* | Benissimo. |
| *Cameriere* | Desiderate altro? |
| *Walter* | Della frutta. *(to Maddalena)* Anche per te? |
| *Maddalena* | Sì. |
| *Cameriere* | Frutta assortita? |
| *Walter* | Sì, grazie. |
| *Cameriere* | Caffè? |
| *Maddalena* | Un caffè lungo. |
| *Walter* | Per me, un caffè e un amaro. |
| *Cameriere* | Allora, un caffè lungo, un caffè e un amaro. Grazie. |
| *Walter* | Per favore, ci può portare anche il conto? |
| *Cameriere* | Sì, lo porto subito. |
| *Walter* | Grazie. |

| | |
|---|---|
| anche per te? | *for you too?* |
| ci può portare? | *could you bring us . . .?* |

---

RADIO      5

If you only want a quick snack, a piece of freshly made pizza is ideal. Feeling peckish, Maddalena goes to a **pizzeria – tavola calda** for just that.

| | |
|---|---|
| *Pizzaiolo* | Buongiorno. |
| *Maddalena* | Buongiorno. |
| *Pizzaiolo* | Dica, signorina. |
| *Maddalena* | Un pezzo di pizza. |
| *Pizzaiolo* | Questa col pomodoro va bene? |
| *Maddalena* | Sì, con il pomodoro va bene. |
| *Pizzaiolo* | *(he weighs it)* Cinquecento. |
| *Maddalena* | E anche un pezzo con la mozzarella. |
| *Pizzaiolo* | *(he suggests a portion)* Va bene così? |
| *Maddalena* | Un po' di più, per favore. |
| *Pizzaiolo* | *(cutting and weighing it)* Mille e due, questa. |
| *Maddalena* | Va bene. |
| *Pizzaiolo* | Mille e sette tutto. |
| *Maddalena* | Mille e sette. *( paying)* Ecco. |
| *Pizzaiolo* | Benissimo, grazie. |

| | |
|---|---|
| *Maddalena* | Buongiorno. |
| *Pizzaiolo* | Arrivederla, buongiorno. |

col ( = con il)  *with the*
un po' di più  *a little more*

Grocery shops in Orvieto are full of local specialities. There's cheese made of sheep's milk, **formaggio pecorino**, which can be mild, strong or very strong, **dolce, delicato** or **piccante**, depending on how long it has been left to mature; there's a variety of salami and ham made from **boar's meat, cinghiale**, as well as pork. And the local olive oil, especially the first pressing, called **olio di oliva extra vergine**, is excellent.

Raffaella does her shopping at a grocer's run by the brothers Batalocco, who simply call their shop *'dai fratelli'*.

| | |
|---|---|
| *Sig. Batalocco* | Buongiorno, signora. Che desidera? |
| *Raffaella* | Buongiorno. Senta, ha del buon pecorino? |
| *Sig. Batalocco* | Sì, abbiamo del pecorino piccante o delicato. Come lo preferisce? \ |
| *Raffaella* | Delicato. |
| *Sig. Batalocco* | Benissimo. Abbiamo questa forma che è molto buona. Lo vuole assaggiare? |
| *Raffaella* | Sì, magari. *(she tastes it)* Sì, buonissimo. Prendo questo, tutta la forma. |
| *Sig. Batalocco* | Benissimo. *(he weighs the cheese)* Desidera altro? |
| *Raffaella* | Sì, ecco, vorrei un salamino. |
| *Sig. Batalocco* | Sì, abbiamo di maiale o di cinghiale. Come lo preferisce? |
| *Raffaella* | Di cinghiale lo vorrei. |
| *Sig. Batalocco* | *(selecting a salamino from the display)* Questo è molto buono, di carne magra. |
| *Raffaella* | Benissimo. |
| *Sig. Batalocco* | Desidera altro? |
| *Raffaella* | Vorrei del buon olio di oliva, ma buono. |
| *Sig. Batalocco* | Abbiamo l'extra vergine speciale, signora. *(showing her a bottle)* Questo qua, molto buono. |
| *Raffaella* | Sì, prendo questo, grazie. |
| *Sig. Batalocco* | Benissimo. Desidera altro? |
| *Raffaella* | Ecco, vorrei del pane. Che pane c'è? |
| *Sig. Batalocco* | Abbiamo dei filoncini – questi, o delle pagnottine così, oppure abbiamo del pane casareccio, con sale. |
| *Raffaella* | Ecco, vorrei la pagnotta salata, quella mi va bene, grazie. |
| *Sig. Batalocco* | Abbiamo anche del prosciutto di montagna stagionato, molto buono. |
| *Raffaella* | No, per oggi basta così, grazie. Quant'è? |
| *Sig. Batalocco* | Allora abbiamo: salamino, olio, formaggio pecorino e pane . . . , tredicimilacinquecento, signora. |

| | |
|---|---|
| del buon pecorino | *some good sheep's cheese* |
| come lo preferisce? | *how do you prefer it?* |
| assaggiare | *to taste* |
| magari | *I'd love to* |
| carne magra | *lean meat* |
| pane casareccio | *homemade bread* |
| quella mi va bene | *that'll suit me fine* |
| prosciutto di montagna | *mountain ham* |

# ALLORA . . .

## VOCABOLARIETTO

come/per primo
come/per secondo

la zuppa
la pasta
il riso
la pizza

l'acqua minerale
   gassata
   non gassata

la carne
il pesce
il contorno
la verdura
le patate
l'insalata
   verde
   mista

il pane
il burro

il formaggio
la frutta
il dolce
il gelato

il sale
il pepe
l'olio
l'aceto

il conto

**To order** a dish you can say:

| come<br>per | **primo**, una zuppa di verdura<br>**secondo**, una bistecca alla brace<br>**contorno**, un po' di spinaci |

You can also say *I'll have*, or *please bring me*:

come primo, | **prendo**<br>**mi porti** | una zuppa di verdura

**If you're ordering** the same thing for yourself and others, you say:

come primo, | **prendiamo**<br>**ci porti** | la zuppa di verdura

If you're all having different things, say what *you* want like this:

**io,**<br>**io vorrei**<br>**per me,** | una zuppa di verdura

And if you're ordering for other people:

per | il signore, . . .<br>la signora, . . .<br>la signorina, . . .

**To ask** in a restaurant or shop if they have *any* . . . ?

ha<br>avete | **del** pecorino?<br>**delle** tagliatelle?<br>**degli** spinaci?

You may be told they do have *some* . . . :

ho<br>abbiamo | **del** pecorino dolce o delicato<br>**delle** tagliatelle al burro e parmigiano<br>**degli** spinaci all'agro

And to say you'd like *some* . . . :

vorrei | **del** pecorino<br>**delle** tagliatelle<br>**degli** spinaci

*learn*

106

To talk about an unspecified quantity (ie *some* . . .), you use the combination of **di** and **il**, **la**, **lo** etc shown on p83.

| *the* . . . | *some* . . . |
|---|---|
| il pecorino | **del** pecorino |
| lo zucchero | **dello** zucchero |
| l' olio / insalata | **dell'** olio / insalata |
| la mozzarella | **della** mozzarella |
| i cannelloni | **dei** cannelloni |
| gli spaghetti | **degli** spaghetti |
| le patate | **delle** patate |

All words for the various shapes of pasta are plural:

mi **piacciono** molto gli spaghetti
le tagliatelle **sono** fatte in casa
i ravioli al ragù **sono** buoni

**Want to know more?**   See **Grammatica** 7, 26; 37, 39; 71

---

PAROLE E USANZE

**Tutti** is the word for *everybody*:

Tortellini **per tutti?**   Sì, per **tutti e quattro.**

**Tutti e due, tutti e tre, tutti e quattro** mean *both*, *all three*, *all four*, etc.

**Buono**, *good*, becomes **buon** when it comes before a masculine noun in the singular.

questo vino è **buono**          è un **buon** vino
abbiamo del pecorino molto **buono**    abbiamo del **buon** pecorino

**Buon** appears in quite a lot of set expressions where Italians are wishing each other a good time.

| | |
|---|---|
| **buon appetito!** | *enjoy your meal!* |
| **buon Natale!** | *happy Christmas!* |
| **buon anno!** | *happy new year!* |
| **buon viaggio!** | *have a good journey!* |
| **buon lavoro!** | *hope the work goes well!* |
| but: | |
| **buona vacanza!** | *have a good holiday!* |

**Ecco** *here, here it is*, is often said when you've just remembered or thought of something in the sense of *oh yes, that's it!*

Desidera altro?   Sì, **ecco**, vorrei un salamino.

**Two for the price of one**
**come, per, di**: when ordering a meal you can use any of these before **secondo** and **contorno**; with **primo**, it is usual to use only **come** or **per**.

### Pizza al piatto, pizza al taglio

In pizzerias in Italy, pizzas don't only come in the round, individually cooked variety. You'll also find you can buy portions of pizza cut from a large rectangular slab. Your slice can be wrapped and taken home, eaten at the counter, or munched as you walk off down the street. This kind of pizza is called **pizza al taglio** and all you need to do is to indicate the size or appropriate weight of the piece you want.

The sign **Pizza al piatto** means that you'll be served a pizza on a plate, you'll get a knife and fork to eat it with, and it will probably be the round type.

### Prosciutti e salami tipici della regione

In some parts of the country, like Tuscany and Umbria, you'll find an infinite variety of salami and hams, locally cured in different ways, with many different flavours and often matured, **stagionati**, for long periods resulting in stronger, spicier flavours. In Umbria the preparation of these meats is an art that goes back many centuries and the people who practise it are called **norcini**, after the town of Norcia, where it's a traditional occupation. From late November to the end of January these specialists travel around the region, going from farm to farm, slaughtering the pigs and preparing the meats which the farmer then hangs in the kitchen, gently to smoke by the open wood fire. The local shops buy most of their salami and hams from these farmers.

### Pane e pecorino

**Pecorino** is a cheese made of sheep's milk which is allowed to mature and harden over a period of time – the longer it's left, the harder and stronger, **piccante**, it becomes. It's best eaten with a thick slice of **pane casareccio**, a home-made type of bread baked in a wood oven. And if you like your cheese strong, try it with the unsalted bread, **il pane senza sale**, which is also recommended for eating with the stronger – and saltier – varieties of ham.

**Pecorino** can also be used grated instead of parmesan, but you'd use less since the flavour is so much stronger. In some recipes, like the one for **spaghetti al pesto**, it's a required ingredient (grated parmesan and pecorino, chopped basil and parsley and some crushed garlic mixed with olive oil).

**Pecorino** is traditionally a Sardinian cheese and today in Umbria and in Tuscany you'll find the best is made by Sardinian shepherds who have left the island to work on the mainland

1 Can you match up the two sides of the list to make likely names of dishes:

petti      fritte
zuppa      al ragù
spaghetti      stagionato
pecorino      assortita
pizza      di pollo
spinaci      arrosto
frutta      di verdura
agnello      all'agro
cotoletta      al piatto
patate      alla milanese

2 This time we've left out a different lot of **di, del, delle** etc. Can you put them all into this conversation at the grocer's?

*Commesso*   Buongiorno. Desidera?
*Cliente*   Ha (1) pane, per favore?
*Commesso*   Sì. Abbiamo (2) filoncini, (3) panini all'olio, (4) pane casareccio.
*Cliente*   Prendo sei panini all'olio.
*Commesso*   Benissimo. Altro?
*Cliente*   Sì, vorrei (5) formaggio. Che formaggio c'è?
*Commesso*   C'è (6) buon gorgonzola, (7) pecorino delicato, oppure piccante; e ci sono anche (8) mozzarelle veramente buone, freschissime.
*Cliente*   Va bene, prendo due (9) quelle.
*Commesso*   Due mozzarelle. Altro?
*Cliente*   Sì, ecco, vorrei (10) zucchero.
*Commesso*   Quanto? Un chilo, mezzo chilo?
*Cliente*   Mezzo chilo basta.
*Commesso*   Va bene. Altro?
*Cliente*   No, grazie. Per oggi basta così.

3 You've been given a list of restaurants of the town you're staying in:

**Il Canarino**
*Corso Cavour 33. Cucina casalinga. Chiuso il martedì.*

**La Grotta**
*Piazza della Repubblica 20. Giardino. Specialità pesce. Chiuso la domenica. Carte di credito.*

**Da Mario**
*Via Garibaldi 51. Specialità alla griglia. Aperto solo la sera. Discoteca.*

**Moretti**
*Piazza del Popolo 1. Specialità veneziane. Chiuso il mercoledì. Camere.*

**Da Peppe**
*A 5 km sulla strada per Perugia. Panorama sul lago. Terrazza. Parcheggio. Chiuso dal 1° ottobre al 31 marzo. Cucina e vini toscani.*

**La Taverna**
*Via Garibaldi 22. Pizzeria e tavola calda. Chiuso il lunedì.*

Now can you answer the following questions?

1 Which looks like the best place to go if you want fish?
2 Which restaurant couldn't you go to on Tuesdays?
3 Where would you go for some good home cooking?
4 You might have a good view from one of the restaurants. Which one and what of?
5 Why wouldn't you walk there?
6 Where would you go if you wanted to dance after your meal?
7 What's your best choice if you forgot to change some money today?
8 What kind of food would you expect to get at DA PEPPE?
9 Where would you go for a quick self-service snack?
10 Why wouldn't you go to DA PEPPE in winter?
11 Where would it be silly to go for lunch?
12 If you wanted to stay the night as well, where would you go?

**4** While you're studying the menu you overhear two people ordering their meal at the next table. Read this text and see if you can answer, in English, the questions that follow:

| | |
|---|---|
| *Cameriere* | Buonasera, signori. Cosa prendono? |
| *Signora* | Per me, un antipasto misto. |
| *Cameriere* | Un antipasto misto. E il signore? |
| *Signore* | Io, prosciutto con melone. |
| *Cameriere* | Benissimo. Come primo? |
| *Signora* | Risotto ai funghi, per me. |
| *Signore* | E per me, spaghetti al ragù. |
| *Cameriere* | Io consiglio le tagliatelle. Sono fresche, fatte in casa, buonissime. |
| *Signore* | Va bene, allora. Tagliatelle al ragù. |
| *Cameriere* | Allora un risotto e un tagliatelle. Di secondo? |
| *Signora* | Avete una buona bistecca? |
| *Cameriere* | Mi dispiace, ma le bistecche sono terminate. Posso consigliare l'agnello alle erbe, cotto alla griglia. E' una specialità della casa. |
| *Signora* | Per me, va benissimo. |
| *Signore* | Anche per me, l'agnello. |
| *Cameriere* | Di contorno abbiamo fagiolini, insalata verde, spinaci . . . |
| *Signora* | Zucchini? |
| *Cameriere* | Zucchini, no. |
| *Signore* | Allora, un po' di spinaci. *(to the woman)* Anche per lei? |
| *Signora* | No, io prendo un'insalata mista. |
| *Cameriere* | Benissimo, signori. E da bere? |
| *Signore* | Del vino rosso. |
| *Cameriere* | Una bottiglia? |
| *Signore* | No, basta mezza bottiglia . . . |
| *Signora* | . . . e mezza di acqua minerale. |

1 What is the man going to have to start with?
2 And the lady?
3 Does the waiter recommend anything to have next?
4 What's special about the tagliatelle?
5 Are they both having it?
6 You were going to order a steak. Why won't you?
7 What's the speciality of the house?

8  How is it cooked?
9  Are they having the same vegetable?
10  Are they heavy drinkers when they eat?
11  Which vegetable have they certainly not got?
12  Do you think they are married?

5  You've gone out for a meal to a little family restaurant near your hotel.
Can you take your part in the conversation?

| | |
|---|---|
| *Cameriere* | Buonasera. Come primo abbiamo dei ravioli, degli spaghetti, dei cannelloni . . . |
| *You* | *(Ask him if he's got any tagliatelle today)* |
| *Cameriere* | Sì, ci sono al ragù, al pomodoro, alla panna . . . |
| *You* | *(Say that's fine. Some tagliatelle with meat sauce)* |
| *Cameriere* | Benissimo. Per secondo che cosa prende? Una bistecca? Saltimbocca alla romana? Pollo arrosto? |
| *You* | *(Ask him if they've got a veal cutlet cooked in breadcrumbs)* |
| *Cameriere* | Certo. E di contorno abbiamo insalata verde, insalata mista, spinaci all'agro o al burro, zucchini . . . |
| *You* | *(Eh, courgettes? No, some spinach in butter)* |
| *Cameriere* | Benissimo. Sono buoni oggi. E da bere? |
| *You* | *(Half a bottle of red wine)* |
| *Cameriere* | Abbiamo un ottimo Chianti in bottiglia. |
| *You* | *(Say no thanks, house wine)* |
| *Cameriere* | Va bene. Acqua minerale? |
| *You* | *(Half a bottle)* |
| *Cameriere* | Subito! |

After your meal:

| | |
|---|---|
| *Cameriere* | E' andato tutto bene? |
| *You* | *(Tell him very good indeed, thanks)* |
| *Cameriere* | Desidera altro? Torta della casa? Formaggio? Frutta fresca? |
| *You* | *(No thanks. A coffee . . . and the bill please)* |
| *Cameriere* | Subito! |

# 10 RIVEDIAMO UN PO?...

## REVISION (2)

RADIO     1

You should now be able to get information about various forms of transport. Here, Maddalena is in the tourist office in Orvieto enquiring about trains to Verona. She discovers that the only direct train travels overnight.

| | |
|---|---|
| *Maddalena* | Buonasera. |
| *Impiegata* | Buonasera. |
| *Maddalena* | Vorrei sapere l'orario dei treni per Verona. |
| *Impiegata* | Sì, un attimo. *(looking up the timetable)* Per Verona c'è un treno di mattina che parte da Orvieto alle otto e trentotto, ma deve cambiare a Bologna. Arriva a Bologna alle dodici e cinquantotto, riparte alle tredici e trentaquattro e arriva a Verona alle sedici e quaranta. |
| *Maddalena* | Dunque, parte alle otto e trentotto da Orvieto e arriva a Verona alle sedici e quaranta. |
| *Impiegata* | Sì, esatto. |
| *Maddalena* | E c'è un treno diretto? |
| *Impiegata* | *(checking in the timetable again)* Sì, c'è un treno di notte diretto per Verona, che parte da Orvieto alle ventitre e trentatre ed arriva a Verona alle cinque e diciannove. |
| *Maddalena* | Allora, un biglietto per questo treno. |
| *Impiegata* | Mi dispiace. Per i biglietti deve andare alla stazione oppure in un'agenzia di viaggi. |
| *Maddalena* | Oh, va bene. Grazie. |
| *Impiegata* | Prego. Buonasera. |
| *Maddalena* | Buonasera. |

sapere   *to know*
riparte   *it leaves again*

RADIO     2

You should be able to find out about opening hours of shops, banks, museums, etc. In Orvieto Maddalena asks Filippo Batalocco when his grocery shop '*dai fratelli*' is open.

| | |
|---|---|
| *Maddalena* | Signor Filippo, quando è aperto il suo negozio? |
| *Sig. Batalocco* | Siamo aperti la mattina dalle otto alle tredici, il pomeriggio dalle diciassette alle diciannove. |
| *Maddalena* | Tutti i giorni? |
| *Sig. Batalocco* | Sì, tutti i giorni eccetto il mercoledì e la domenica. |
| *Maddalena* | E' lo stesso orario in inverno e in estate? |
| *Sig. Batalocco* | No, durante la stagione turistica siamo aperti anche la domenica. |
| *Maddalena* | Grazie. |
| *Sig. Batalocco* | Prego. |

siamo aperti   *we're open*
eccetto   *except*
lo stesso   *the same*

You should also be able to enquire about local specialities in food and wine shops. In Vicenza Gianna would like to buy a bottle of good local wine, but it must be dry. The assistant at the wine supermarket tells her what they've got.

| | |
|---|---|
| *Commessa* | Buongiorno. |
| *Gianna* | Buongiorno. |
| *Commessa* | Desidera? |
| *Gianna* | Vorrei un buon vino bianco della regione. |
| *Commessa* | Sì. Secco o amabile? |
| *Gianna* | Secco, bìanco secco. |
| *Commessa* | Abbiamo del Pinot grigio, del Tocai, del Verduzzo . . . |
| *Gianna* | E questo, il Soave? |
| *Commessa* | Questo è amabile, non è secco. |
| *Gianna* | Qual è il più secco che avete? |
| *Commessa* | Abbiamo il Verdicchio, ma non è della regione. |
| *Gianna* | Quanto costa il Verdicchio? |
| *Commessa* | Millesettecento alla bottiglia. |
| *Gianna* | E il Pinot grigio? |
| *Commessa* | Novecento. |
| *Gianna* | Allora mi dà tre bottiglie di Pinot grigio. |
| *Commessa* | Sì. *(serves her)* Allora, duemila e settecento . . . .grazie. *(ringing up the cash)* |
| *Gianna* | Buonasera. |
| *Commessa* | Buonasera, grazie. |

secco, amabile    *dry, sweet (of wine)*
il più secco    *the driest*

---

And you might want to find out about theatres and concerts, and about booking seats for them. In Stresa, Carla enquires at the tourist office about the forthcoming concert season.

| | |
|---|---|
| *Carla* | Buongiorno. Quando comincia la stagione dei concerti? |
| *Valeria* | Il venticinque di agosto. |
| *Carla* | E quando termina? |
| *Valeria* | Il diciotto di settembre. |
| *Carla* | C'è un programma, per favore? |
| *Valeria* | Sì. *(gives her one)* |
| *Carla* | Quanto costano i biglietti? |
| *Valeria* | Ma dipende dai posti e dai concerti. Comunque [however] vanno dalle dieci alle ventimila lire. |
| *Carla* | A che ora cominciano i concerti la sera? |
| *Valeria* | Alle ventuno. |
| *Carla* | E quando si può prenotare? |
| *Valeria* | Anche subito. |
| *Carla* | Grazie. |
| *Valeria* | Prego. |
| *Carla* | Buongiorno. |

vanno dalle . . . alle . . .    *they go from about . . . to about . . .*
quando si può prenotare?    *when can one book?*
anche subito    *right now, if you like*

You'll certainly want to order a meal. Franca and Maddalena order dinner in a little country restaurant near Orvieto called *La Mora*.

| | |
|---|---|
| *Cameriere* | Buonasera. Ecco il menù. |
| *Franca* | Grazie. *(studying the menu)* Per me, un antipasto rustico. E per te, Maddalena? |
| *Maddalena* | Solo crostini. |
| *Cameriere* | Va benissimo. baked |
| *Franca* | Per me, delle lasagne al forno. |
| *Cameriere* | Bene. |
| *Maddalena* | Per me, gnocchi. |
| *Cameriere* | Al pomodoro, al ragù, al sugo di funghi? |
| *Maddalena* | Al sugo di funghi va bene. |
| *Cameriere* | E . . . come secondo piatto, cosa preferite? |
| *Franca* | Per me, bistecca ai ferri. grilled |
| *Maddalena* | Come sono le cotolette alla parmigiana? sauce |
| *Cameriere* | E' della carne fritta, poi messa al forno con sugo e formaggio. |
| *Maddalena* | Sì, cotolette alla parmigiana. |
| *Cameriere* | Come contorno? |
| *Franca* | Ha della verdura cotta? |
| *Cameriere* | Sì, abbiamo degli spinaci. |
| *Franca* | Va bene, per me va bene spinaci. |
| *Maddalena* | Anche per me spinaci. |
| *Cameriere* | Da bere, cosa prendete? Del vino bianco, del vino rosso? |
| *Maddalena* | *(To Franca)* Prendiamo del vino bianco? |
| *Franca* | Sì, va bene del vino bianco. |
| *Maddalena* | Una bottiglia è sufficiente. |
| *Franca* | Sì, una bottiglia di vino bianco e mezza bottiglia di acqua minerale. |
| *Cameriere* | *(returning after the meal)* E' andato bene? |
| *Franca* | Sì, benissimo, grazie. |
| *Maddalena* | Grazie. |
| *Cameriere* | Prendono altro? |
| *Franca* | Ah . . . per me, no, niente dolce. Un caffè lungo, per favore. |
| *Maddalena* | Allora un altro caffè anche per me. |
| *Franca* | E infine il conto, per cortesia. |
| *Cameriere* | Va bene, signorine. |

| | |
|---|---|
| un antipasto rustico | *a country-style hors d'oeuvre* |
| cosa preferite? | *what would you prefer?* |
| messa al forno | *baked* |
| cosa prendete? | *what will you have?* |
| niente dolce | *no sweet* |

## ALLORA . . .

### I mesi dell'anno e le stagioni

I dodici mesi dell'anno sono:

| | | |
|---|---|---|
| gennaio | maggio | settembre |
| febbraio | giugno | ottobre |
| marzo | luglio | novembre |
| aprile | agosto | dicembre |

Le quattro stagioni sono:
la primavera          l'estate (f)
l'autunno             l'inverno

(All the months are masculine and the names of months and seasons are written with a small letter.)

---

## PAROLE E USANZE

Remember **tu** and **lei** (Ch 2, p 23)? When addressing more than one person (*you*, plural) there are also two forms:

|  | desiderare | prendere | preferire |
|---|---|---|---|
| *you* (**voi**) | desiderate· | prendete | preferite |
| *you/they* (**loro**) | desiderano | prendono | preferiscono |

The **voi** form is the one mostly used, whether **tu** or **lei** is being used to any one individual. The **loro** form is especially formal and would normally be used by waiters, hotel staff and shop assistants to customers. But **voi** is perfectly polite, and it's not uncommon to hear someone switch from one to the other, as the waiter does on p 114, when he uses both **prendete/prendono**.

**Two for the price of one**
There are many ways of saying *please* in Italian: **per favore, per piacere, per cortesia, per gentilezza**. **Per favore** seems to be the most common, with **per piacere** a close rival. **Per cortesia** and **per gentilezza** are perhaps less frequent, but they are by no means unusual.

**Want to know more?**  See **Grammatica** 20, 31, 32; 34, 73, 75

---

## VITA ITALIANA

**Gli orari**
Shop opening hours in Italy are very different from those in this country. It's difficult to give rules because they vary from place to place and according to the time of year. On average, in the summer, shops open approximately from 8.30 a.m. to 12.30, and again from 3.30 or 4.00 till 7.30 or 8.00 in the evening. In winter they tend to close earlier in the evening.

Banks are more predictable. They stay open for a period of five hours in the mornings which, depending on the bank, will be from 8.15 to 1.15, 8.20 to 1.20 or 8.30 to 1.30 at the latest. And they are open from Mondays to Fridays. Since the most favourable exchange rate is always from a bank, make sure you've changed sufficient money for the weekend by Friday lunchtime.

Chemists are open during normal shopping hours, but at least one in any town centre is open till late in the evening and at weekends. If you need a chemist outside normal hours, you'll see a list on all chemists' doors showing which one in the locality is on duty (**farmacia di turno**). And even if they look closed when you get there, you can ring the bell for attention. This service is intended for urgent prescriptions only.

## I vini italiani

Italy produces more wine than any other country in the world and accounts for about one fifth of total world production. Practically every region produces wine and there is a great variety of all types. The better known regions, and the wines they produce, going from north to south are: **Piemonte** (*Barolo, Barbaresco, Barbera,* all red, and *Asti Spumante,* a sparkling white); **Veneto**, especially the area around Verona (*Valpolicella* and *Bardolino,* both red and *Soave,* white); **Toscana** (*Chianti,* red); **Umbria** (*Orvieto,* white); **Lazio**, from the hills near Rome (*Frascati,* white); **Campania** (*Lacrima Christi,* white); **Sicilia** (*Marsala,* a red dessert wine).

Of the wines mentioned on p 113, *Pinot grigio* and *Tocai* are dry white wines from the eastern part of **Veneto**, north of Venice, while *Verduzzo,* also white, comes from north of Udine, in **Friuli**. *Soave* comes from around Verona, while *Verdicchio*, a very pale dry white wine, comes from near Ancona in the region of **Le Marche**, and particularly from a small district in the foothills of the Apennines called Castelli di Jesi. It's sold in distinctive vase-shaped bottles.

Italian wines tend to differ less in quality from year to year than do French wines, largely because of the greater stability of the climate. Little importance is therefore attached to vintage. Most wines reach their peak after about three years and only some of the best **Piemonte** and **Chianti** wines improve by being kept longer.

Quality wines are graded according to a system that refers to their place of origin, **la denominazione**. They are: **denominazione semplice**, applied to an ordinary table wine of the area, **un vino da tavola**; **denominazione di origine controllata**, or DOC, which applies to wines made from certain grapes grown only in certain defined areas (similar to the French *Appellation Contrôlée*); **denominazione controllata e garantita**, reserved for wines that have met particularly rigorous standards throughout their production.

V. lle d'AOSTA

PIEMONTE
Barolo
Asti Spumante
Barbaresco
Barbera

LOMBARDIA

TRENTINO-
ALTO
ADIGE

FRIULI VENEZIA-GIULIA

VENETO

# Some
# Wines
# of
# Italy

Verduzzo
Pinot-
Grigio
Tocai
Soave
Valpolicella
Bardolino

EMILIA-ROMAGNA
Lambrusco

LIGURIA

TOSCANA
Chianti

Orvieto    UMBRIA

Verdicchio
MARCHE

Est! Est! Est!    ABRUZZI

MOLISE

LAZIO
Frascati

Castel del Monte

PUGLIA

Lacrima
Christi

SARDEGNA

Cannonau

CAMPANIA    BASILICATA

N

Cirò
CALABRIA

E    E

S

Marsala
SICILIA  Etna

## Festival e feste

There is a great number of festivals throughout the year in Italy and if you're planning a visit it's worth finding out what might be going on while you're there.

Among the many big music festivals are the **Maggio musicale** in Florence, in May and June, and the **Festival dei due mondi** in Spoleto, in June and July. In Rome there are open air concerts in the Basilica di Massenzio throughout June, July and August, and the **Settimane musicali** in Stresa take place in August and September. In July and August there are open air opera performances in Verona, Rome and Macerata. And there are many drama, film and art festivals in various parts of the country, one of the most famous being the **Biennale**, Venice.

Among the many religious and traditional festivals are the **Festa dei Ceri** in Gubbio (May), the great **Palio** in Siena (July and August) and a jousting contest, **la Giostra del Saracino**, in Arezzo (early September).

Siena: il Palio

In Orvieto, in June, there's a **Corteo storico**, a parade through the city in medieval costume to celebrate Corpus Christi, **la Festa del Corpus Domini**.

The religious feast day of **Corpus Domini** was instituted in 1264 by Pope Urban IV to commemorate a miracle which had occurred a year earlier in the nearby town of Bolsena. In the church of Santa Cristina, during a mass being celebrated by a Bohemian priest on a pilgrimage to Rome, drops of blood fell from the consecrated host on to the altar, staining the cloth, **il corporale**, on which the chalice was standing. The stained cloth was brought to the pope, who was in Orvieto and who declared the event a miracle. The cloth is still preserved in the cathedral, no longer in the original **reliquiario** made for it by Ugolino di Vieri in 1338, but in one made in the last few years in the workshop of a local master metal-craftsman, Marcello Conticelli. Orvieto cathedral itself, begun in 1290, was planned to house this precious relic, **il Sacro Corporale**, which can be seen in the chapel to the left of the main altar. *(See also Lettura p 126.)*

1    Only one of the choices in these exercises is correct. Which one is it?

1   Scusi, per andare
$\begin{vmatrix} al \\ alla \\ all' \end{vmatrix}$
Azienda di Turismo?

2   A che ora
$\begin{vmatrix} parto \\ parti \\ parte \end{vmatrix}$
il pullman per Siena?

3   Cosa
$\begin{vmatrix} c'è \\ ci\ sei \\ ci\ sono \end{vmatrix}$
da vedere in tre ore?

4  
$\begin{vmatrix} Ho \\ Ha \\ Abbiamo \end{vmatrix}$
una camera a due letti per una notte, per favore?

5   Le valigie sono
$\begin{vmatrix} nelle \\ nella \\ negli \end{vmatrix}$
macchina.

6  
$\begin{vmatrix} Io \\ Me \\ Lei \end{vmatrix}$
prendo la zuppa di verdura.

7  
$\begin{vmatrix} Questi \\ Questo \\ Quel \end{vmatrix}$
spaghetti sono buonissimi!

8   Come contorno,
$\begin{vmatrix} del \\ dell' \\ della \end{vmatrix}$
·insalata verde, per favore.

9   Avete
$\begin{vmatrix} delle \\ dei \\ degli \end{vmatrix}$
spinaci al burro, oggi?

10 Anche lei
$\begin{vmatrix} prende \\ prendo \\ prendete \end{vmatrix}$
un amaro?

11 Io
$\begin{vmatrix} lavori \\ lavora \\ lavoro \end{vmatrix}$
dalle nove alle cinque. E lei?

12 Oggi le banche sono chiuse. Posso
$\begin{vmatrix} pago \\ pagare \\ paga \end{vmatrix}$
domani?

2    Check your vocabulary: can you find the odd man out?

1   Which of these wouldn't you expect to find in the average
hotel room?

**letto**       **doccia**       **pollo**       **bagno**

2 And which of these isn't a form of transport?
   **battello**          **pullman**          **macchina**          **zucchini**

3 Which of these words are you least likely to hear in a station announcement?
   **binario**          **tortellini**          **orario**          **cambiare**

4 Which one of these couldn't you apply to a hotel room?
   **tranquilla**          **doppia**          **comoda**          **gassata**

5 You'd be unlikely to get one of these things in the tourist office. Which one?
   **maiale**          **piantina**          **dépliant**          **prospetto**

6 And one of these things is not meant to be eaten. Which?
   **agnello**          **funghi**          **verdura**          **tavolo**

7 Which one of these would they probably not want to give you in a hotel?
   **conto**          **chiave**          **colazione**          **ascensore**

8 One of these places is not meant for sleeping in. Which?
   **forno**          **letto**          **locanda**          **campeggio**

9 Which of these is not a way of preparing pasta?
   **al ragù**          **al pomodoro**          **al burro**          **alla brace**

10 You'd have to pass a test to have one of these. Which?
   **orologio**          **patente**          **valigia**          **pomodoro**

11 Which of these wouldn't you see on a country road in Italy?
   **bivio**          **segnalazione**          **incrocio**          **aliscafo**

12 And which of these has got nothing to do with making a 'phone call?
   **prefisso**          **antipasto**          **scatto**          **cabina**

3   1   How would you ask:

   a) if there's a train for Milan at 10 am?, 1 pm?, 5 pm? (use 24-hr clock)

   b) at what time the next train leaves for Rome?
      at what time it gets to Rome?
      if there's a restaurant car?

   c) at what time the next hydrofoil leaves for Locarno?
      how long it takes?
      if you have to book seats?

   2   In a hotel,

   a) tell the receptionist you'd like:
      a single room with shower
      a room with twin beds and bath
      a room with a double bed and bath or shower

   b) ask him or her:
      the price of the room
      if breakfast is included
      if they have a garage

c) now ask:
   if you can have a quiet room
   if there's a telephone in the room
   if you can pay by credit card

3  In a restaurant,

a) order:
   the tagliatelle to begin with
   a grilled steak for the main course
   and some fried potatoes and green beans for vegetables

b) now ask the waiter:
   if you can have a mixed salad
   if they have any strawberries
   if the restaurant is open tomorrow

4  How would you ask a new acquaintance:
   which are the most interesting churches to see?
   at what time does he/she begin work in the morning?
   if she/he likes the ravioli?

4  An assortment of adjectives.

*Across*
1 Hard or complicated
4 Useful?
9 A museum should be . . .
10 The food ought to be . . .
11 Soave wine is . . .
13 Your hotel bed should be . . .
14 Something vital is clearly . . .

*Down*
2 Shakespeare was this

3 Falling off a log is said
  to be . . .
5 Valpolicella wine is . . .
6 You could describe a very
  good wine as . . .
7 In which case it'll
  probably be . . .
8 Hopefully the weather will
  be . . .
12 If it isn't, your mood will
  be. . . . !

# LETTURE 2

Here are six more texts for reading. They're based on the documentary content of the television programmes (7 to 12). Read them through whenever you have a moment and, as you progress through the course, go back over the earlier texts and read them again. You'll find you're able to understand a bit more each time. But remember, these texts are not for translating word for word.

### 7 Orvieto

Orvieto is a beautiful, ancient town set in the midst of the Umbrian countryside. There are many historic buildings for tourists to visit, but the town has a charm and an intense life of its own.

Orvieto: il duomo, di Lorenzo Maitani

*Who designed the cathedral façade at the beginning of the 15th century?*
*Whose birth and life story can one see on the cleaned up bas reliefs?*
*What's grown in the countryside around Orvieto?*
*What do the men talk about apart from business?*
*Who are dressed in white and for what occasion?*

Per andare a Orvieto c'è l'Autostrada del Sole, che va da Milano a Roma
e poi giù fino a Reggio Calabria. Oppure c'è il treno, sulla linea Milano–
Bologna–Firenze–Roma. La stazione è a Orvieto Scalo, ai piedi della
città. Orvieto è in alto, su di un grande masso di tufo, e per salire in città
c'è l'autobus.                                   rock volcanic

Nel centro storico ci sono palazzi medievali e del Rinascimento, strade
strette e grandi piazze: Piazza della Repubblica, Piazza del Popolo, con il
Palazzo del Capitano del Popolo, e Piazza del Duomo, con il Palazzo dei
Papi, oggi un museo. E c'è il duomo, con la magnifica facciata di Lorenzo
Maitani, costruita nei primi anni del Trecento.

I famosi bassorilievi sono oggi ripuliti: si vedono Adamo ed Eva, la
nascita di Gesù, l'adorazione dei Magi, la fuga in Egitto, e molti altri
episodi. L'interno del duomo, con le sue immense colonne, è      Egypt
particolarmente interessante per gli affreschi del Beato Angelico e di
Luca Signorelli.

Davanti al duomo i turisti fanno fotografie, comprano guide e chiedono
informazioni. L'Azienda di Turismo è proprio qui, nella piazza.

Orvieto è una città di artigiani con antiche tradizioni. C'è la ceramica, il
pizzo, e la lavorazione artistica del metallo. E c'è la produzione del vino,
il vino Orvieto Classico. Tutta la campagna intorno a Orvieto è coltivata
per chilometri a vigneti.

In città la gente s'incontra al mercato ogni giovedì e sabato mattina;
s'incontra nei negozi e nei bar; s'incontra per le strade e passeggia per la
città. Gli uomini discutono d'affari e di politica; i giovani innamorati si
tengono per mano. Per la festa del Corpus Domini la gente s'incontra in
Piazza del Duomo: la banda suona e i bambini, vestiti di bianco, prendono
parte alla processione della Santissima Eucaristia intorno alla piazza.

| | |
|---|---|
| strade strette | *narrow streets* |
| la gente s'incontra | *people meet* |
| per le strade | *in the streets* |
| passeggia per la città | *(they) walk about the town* |
| si tengono per mano | *(they) hold hands* |
| la Santissima Eucaristia | *the Holy Eucharist* |

## 8  Alberghi e bar

If you need information on hotels in Orvieto, the best thing to do is to
call in at the tourist office, in *Piazza del Duomo*. Here we can only give a
few details and hint at a bar or two you might like to explore once you've
found yourself somewhere to stay.

*What's romanesque and gothic on the hill facing the city?*
*Was the monastery in good shape 100 years ago?*
*How many rooms have a private sitting room as well?*

*Who looks after the banquets and the wedding receptions?*
*And who's got a farm in the country, where he prefers to be most of the time,*
*out in the fresh air?*

In Orvieto città, gli alberghi sono antichi ma rimodernati. C'è il *Maitani*, in Via Lorenzo Maitani, e c'è il *Virgilio*, in Piazza del Duomo. In Via Garibaldi c'è l'*Aquila Bianca*, un albergo della fine dell'Ottocento, completamente ristrutturato nel 1978: 34 camere doppie e 4 singole, tutte con bagno, con la doccia.

A Orvieto Scalo, vicino alla stazione e all'autostrada, ci sono invece molti alberghi nuovi, moderni. A 15 chilometri dalla città, sul Lago di Corbara, c'è un campeggio, il *Camping Orvieto*. E per chi desidera un po' di lusso c'è *La Badia*, sulla collina di fronte alla città.

La Badia

*La Bàdia* è un antico monastero benedettino del XII° secolo in stile romanico-lombardo e gotico-francese, abbandonato per molti secoli e lasciato andare in rovina. Nell' Ottocento viene comprato da una famiglia di Orvieto e nel 1965 viene restaurato e trasformato in albergo: 25 camere da letto di cui otto sono su due piani con salotto privato. Tutte le camere sono arredate con mobili antichi e c'è anche un buonissimo ristorante, aperto al pubblico.

Rossella Fiumi, la proprietaria, abita a Roma. Viene a Orvieto quando c'è molto lavoro, per curare congressi, banchetti e ricevimenti di matrimonio.

Ma una volta arrivati e trovato un albergo, perché non esplorare uno dei tanti bar del centro? Il *Giglio d'oro*, per esempio, o la *Cantina Foresi* in Piazza del Duomo. Qui si beve solo vino, soprattutto il vino bianco di Orvieto, secco, abboccato, o 'spaccato'. Salute! E si può anche mangiare un buon panino preparato da Antonio Foresi: un panino con prosciutto, con salame o con una bella fetta di pecorino, tutti prodotti del Podere Foresi, a pochi chilometri dalla città.

Qui, in mezzo alla campagna, ci sono molti animali e un grande vigneto. Antonio Foresi ci viene ogni pomeriggio: preferisce stare in campagna, all'aria aperta, lontano dalla confusione della vita in città.

| | |
|---|---|
| lasciato andare in rovina | *left to go to ruin* |
| viene comprato | *was bought* |
| arredate con mobili antichi | *furnished with antique furniture* |
| si beve | *one drinks* |
| 'spaccato' | *half sweet, half dry* |
| si può anche mangiare | *one can also eat* |
| pecorino | *cheese made from sheep's milk* |
| ci viene | *comes here* |

## 9 La domenica al ristorante

On Sundays the inhabitants of Orvieto like to walk around town, they like to pass the time, and talk of this and that. Above all they like going to a good restaurant for lunch.

*Which restaurant serves a sauce containing two secret ingredients?*
*Of the wines in the cellar, which vintage is for friends only?*
*Is the sucking pig fried, baked, or roasted on a spit over a wood fire?*
*Apart from wheat for making bread, what other produce is grown locally?*
*Who often have pizza for dinner, cooked in their own wood oven?*

La domenica è per uscire con la famiglia, per mangiare fuori, in un buon ristorante. A Orvieto ci sono molti ristoranti: ristoranti eleganti con cucina internazionale, ristoranti semplici con cucina casalinga, tavole calde e pizzerie. E ogni ristorante ha le sue specialità.

Una specialità del *Ristorante del Pino*, per esempio, è la Salsa del Curato, fatta con moltissime erbe come il prezzemolo, il basilico, la salvia, la maggiorana e molte altre ancora. Ci sono anche olio e aceto, sale e pepe . . . e due ingredienti segreti. La salsa è servita con una buona bistecca e una bottiglia di vino locale.

Sotto al ristorante c'è una grande cantina dove il vino, rosso e bianco, è mantenuto a una temperatura ideale. C'è anche del vino particolarmente buono, e quello del 1968 è riservato solo agli amici. Ottimo!

All'*Hotel Ristorante La Badia* servono soprattutto molta carne cotta al girarrosto. Il maialino da latte, per esempio, viene preparato con aglio, rosmarino, finocchio selvatico, sale e pepe; viene poi arrotolato, legato con dello spago, infilato allo spiedo e cotto al girarrosto sul fuoco a legna.

La carne, la verdura, l'olio di oliva, il vino e il grano per fare il pane sono prodotti nella campagna intorno e si possono comprare nei negozi in città.

I contadini fanno tutto in casa: il pane casàreccio, cotto nel forno a legna, e per cena, molte volte, c'è la pizza. Un tipica pizza orvietana è fatta con pomodoro, olio, sale, e basta. Ottima!

| | |
|---|---|
| cucina casalinga | *family cooking* |
| tavole calde | *self-service restaurants* |
| Salsa del Curato | *Curate's sauce* |
| quello del 1968 | *the 1968 vintage* |
| finocchio selvatico | *wild fennel* |
| viene arrotolato | *it's rolled* |
| legato con dello spago | *tied with string* |
| infilato allo spiedo | *skewered* |

## 10 Il Corteo storico della Festa del Corpus Domini

Every year, on the first Sunday after Corpus Christi, the religious procession carrying the sacred **Corporale** through the streets of Orvieto (*see p 118*) is preceded by a **Corteo storico**. This is a procession in medieval costume in which are represented the city, military and judicial authorities, the four city districts, the craft guilds and the people of the medieval town.

The magnificent costumes, the boots and shoes, the shields and helmets, the swords and crossbows have been made over a period of years by local craftsmen and women, and the procession is organised by one single citizen of Orvieto, Mrs Pacini. The 330 participants are also local people and are individually selected by Mrs Pacini for their various roles.

Everything is stored in the huge medieval **Palazzo del Capitano del Popolo** and preparations begin at least two months before the event to make sure everything is spotless, polished and gleaming.

*How many years has it taken Franco Menichini to make all the boots and*
*    shoes by hand?*
*Where could you have something made in wrought iron as well as in*
*    precious metals?*
*Do the new boys start to get dressed before the old hands?*
*Who have to wear wigs and little red hats?*
*And who's got an armed escort of foot-soldiers and knights?*

Nel Palazzo del Capitano del Popolo tutto è pronto per il grande Corteo: costumi in velluto, in damasco, in lana e in seta, con ricami in oro e in argento; stivali e scarpe decorati in oro e in argento; corazze, elmetti, spade e scudi in metalli diversi.

Ci sono circa 330 paia di stivali e di scarpe, tutti fatti a mano in vent'anni di lavoro da Franco Menichini. Nella sua piccola bottega il signor Menichini, artigiano, fa tutti i lavori in pelle.

Nella bottega di Marcello Conticelli, invece, fanno lavori in ferro battuto e metalli preziosi. Sono trent'anni che fanno lavori per il Corteo, un po' per volta, un poco all'anno.

Il giorno della festa i preparativi cominciano molto presto. I primi a vestirsi sono i giovani, i principianti, curati in ogni dettaglio dalle aiutanti della signora Pacini. Quelli con esperienza, invece, fanno da sé. Qualcuno arriva anche in ritardo. Altri fumano una sigaretta.

I piccoli paggi sono vestiti con abiti di velluto azzurro ricamati in argento e con calze e guanti bianchi. Portano la parrucca e un cappellino rosso.

Il signor Menichini ripara un tamburo. I trombettieri provano le trombe. La signora Pacini vede e controlla tutto, a tutti mette il cappello e dà il tocco finale. Sono le dieci e trenta.

Il Corteo esce dal Palazzo in una marea di colori brillanti. Vessilli e insegne in rosso, verde, giallo, blu e bianco portano i simboli del Comune e dei quattro Quartieri della città. Il Podestà, autorità civile della città medievale, è vestito di porpora. Il Gonfaloniere di Giustizia, autorità giudiziaria, porta un magnifico mantello bianco, ricamato in nero, oro e argento. Il Capitano del Popolo, autorità militare, è vestito tutto di nero e ha una scorta armata di scudieri e di cavalieri. Entrano nel duomo, dove si forma la parte religiosa del Corteo.

Il Corteo esce
dal duomo

Suonano le trombe, rullano i tamburi, e il Corteo esce dal duomo con il Reliquiario del Sacro Corporale. Seguono autorità varie, la banda di Orvieto, i bambini piccoli e tutti gli altri. Comincia la processione per la città.

| fanno da sé | *manage on their own* |
| altri fumano | *others smoke* |
| dà il tocco finale | *gives the final touch* |
| marea | *sea tide* |
| vessilli, insegne | *flags, standards* |
| suonano, rullano | *play, roll* |
| seguono | *there follow* |

## 11  Un artigiano-falegname

Woodwork is a family tradition with Gualterio Michelangeli. His father was a carpenter, like his grandfather and his greatgrandfather before him. Today Michelangeli makes everything from furniture to decorative objects and wooden animals, large and small.

*Where will you find a basset hound next to an owl?*
*Are they all craftsmen in Michelangeli's workshop?*
*Would a decorative item receive as much attention as a dining room suite?*
*What's the name of the horse in Michelangeli's garden?*
*Does the goat have a name, or hasn't it been christened yet?*

Nella Via Albani c'è un negozio assai particolare, dove tutto è in legno. Nella strada e nelle vetrine si vedono facce strane, facce divertenti e molti animali: un gufo, un cane bassotto, un paio di gatti, una scimmia . . . Entrata: a sinistra.

Nell'interno del negozio c'è un leone, un aeroplano, un angelo: ci sono bambole e marionette, c'è Arlecchino, e ci sono due curati. Ma l'elemento più importante è l'arredamento: mobili moderni, una camera da letto, una sala da pranzo, un soggiorno.

Tutto questo è il lavoro di Gualterio Michelangeli, artigiano-falegname come il padre, il nonno e il bisnonno prima di lui. Per Michelangeli, la lavorazione del legno è una tradizione di famiglia. Nella sua bottega lavorano solo artigiani del legno.

*A destra:*
*La capra, nel*
*giardino di*
*Gualterio*
*Michelangeli*

Nella bottega il legno viene tagliato, piallato e levigato con le macchine. Poi viene lavorato e verniciato. Oggetti divertenti, decorativi e importanti vengono tutti rifiniti con la stessa cura, la stessa attenzione.

Gualterio Michelangeli è anche scultore. Nel suo giardino c'è Gallerte, un grande cavallo, e c'è la Lupa di Roma, con Romolo e Remo, una scultura a strati in legno di abete. C'è poi Augusto Imperatore, fatto 'a tutto tondo', cioè a blocchi di legno. E c'è una bellissima capra, l'animale preferito di Michelangeli. Non ha ancora un nome perché deve essere ancora battezzata!

| | |
|---|---|
| facce strane, facce divertenti | *strange faces, amusing faces* |
| bambole | *dolls* |
| l'arredamento | *interior design* |
| piallato, verniciato | *planed, varnished* |
| la Lupa di Roma | *she-wolf which suckled Romulus and Remus, founders of the city of Rome* |
| a strati | *in layers* |
| 'a tutto tondo' | *in solid blocks (of wood)* |
| preferito | *favourite* |

## 12 La ceramica: una vecchia tradizione

One of the great traditional crafts in Orvieto is pottery. Nowadays most of it is based on the designs of the great medieval and renaissance periods, but there's modern pottery, too. And for all potters the most exciting moment is when the pottery has been fired and the oven is opened.

La CLACO, una cooperativa di giovani ceramisti

*Of which period is the little head typical?*
*Does Luigi think two years are enough for learning to throw pots?*
*Do these young people all have the same day off?*
*Which one likes to stay in bed all day and sleep?*
*What period do Mastro Paolo's concentric lines recall?*

La CLACO è una fabbrica di ceramica tradizionale orvietana. E' una cooperativa di giovani ceramisti: Simonetta, Luigi, Carlo, Daniela e Anna. Lavorano in cooperativa da tre anni, dopo aver fatto un corso professionale di due anni. Fanno riproduzioni di ceramica etrusca, medievale e rinascimentale.

I ragazzi fanno le forme, le ragazze le decorazioni. Anna preferisce fare la decorazione medievale perché le piacciono i colori, il lavoro di graffito. Daniela preferisce quella tipica orvietana, la testina, del Quattrocento. Simonetta invece preferisce fare riproduzioni di piatti e di vasi etruschi.

| | |
|---|---|
| *Anna* | Quanto tempo ci vuole per imparare? |
| *Simonetta* | Mah, alcuni mesi, penso. |
| *Anna* | Soltanto? |
| *Simonetta* | Sì. |

Per Simonetta non ci vuole molto tempo per imparare a fare questo tipo di decorazione. Ma per Luigi, per imparare a formare gli oggetti ci vuole molto tempo. Luigi ha studiato per due anni, ma dice che due anni non bastano.

La fabbrica è aperta tutti i giorni, anche la domenica. I ragazzi però lavorano sei giorni alla settimana, dalle nove all'una e dalle due alle sette. Prendono un giorno di riposo a turno, un giorno che preferiscono loro. Non hanno un hobby preferito: a Daniela e a Luigi piace semplicemente andare in giro, a fare delle lunghe passeggiate; a Simonetta piace stare a casa, a riposarsi dentro il letto, e dormire!

Non tutti i ceramisti di Orvieto fanno ceramica su disegni tradizionali: c'è anche la ceramica moderna, di Mastro Paolo. Le sue forme richiamano quelle antiche, quelle tradizionali, e c'è un gioco di righe parallele e concentriche che richiama il Seicento popolare, ma il risultato è molto moderno.

Esempi della
ceramica
di Mastro Paolo

Per Mastro Paolo la cosa più affascinante della ceramica è l'imprevisto, l'effetto del fuoco sulla ceramica, sui colori. Per tutti i ceramisti il momento più importante è quando aprono il forno, e vedono il risultato della cottura.

| | |
|---|---|
| dopo aver fatto | *after having done* |
| le forme | *the shapes (ie the different items of pottery)* |
| dice che | *(he) says that* |
| che preferiscono loro | *that they prefer* |
| andare in giro | *to go around* |
| gioco | *play* |
| l'imprevisto | *the unexpected* |

Oggetti decorativi
nel negozio di
Gualterio
Michelangeli

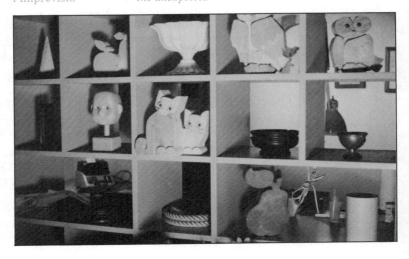

# 11 RICOMINCIAMO

## REVISION (3)

RADIO     1

Here's a reminder of how to ask the price of things. Gianna has gone into a florist's in Vicenza.

| | |
|---|---|
| *Gianna* | Buongiorno. |
| *Fioraio* | Buongiorno, signora. Desidera? |
| *Gianna* | Quanto costano le rose? |
| *Fioraio* | Ecco, le rose costano mille lire le rosse, ottocento le gialle e quattrocento le rosa. |
| *Gianna* | E i gladioli quanto costano? |
| *Fioraio* | Ottocento lire. |
| *Gianna* | Allora, mi dà sei gladioli gialli? |
| *Fioraio* | Va bene, signora. |

RADIO     2

Walter wants some batteries for his transistor.

| | |
|---|---|
| *Walter* | Buonasera. |
| *Commesso* | Buonasera. Che desidera? |
| *Walter* | Mi dà delle pile per la mia radio? |
| *Commesso* | Quante? |
| *Walter* | Cinque. |
| *Commesso* | E da che voltaggio? |
| *Walter* | Da un volt e mezzo. |
| *Commesso* | Ecco le pile. *(looking for a bag to put them in)* Un attimo . . . |
| *Walter* | Quant'è? |
| *Commesso* | Quattrocento a pila, per cinque . . . duemila. |
| *Walter* | Ecco. |
| *Commesso* | Grazie. |
| *Walter* | Grazie a lei. Buonasera. |
| *Commesso* | Buonasera. |

RADIO     3

And here Gianna is buying some groceries.

| | |
|---|---|
| *Salumiere* | Buongiorno, signora. |
| *Gianna* | Buongiorno. |
| *Salumiere* | Cosa desidera? |
| *Gianna* | Mi dà due etti di prosciutto? |
| *Salumiere* | Cotto o crudo? |
| *Gianna* | Crudo. |
| *Salumiere* | Va bene. *(cuts the ham)* Va bene? |
| *Gianna* | Sì. |
| *Salumiere* | Dopo, signora? |
| *Gianna* | Avete del parmigiano? |
| *Salumiere* | Sì, certo. Quanto ne desidera? |
| *Gianna* | Tre etti, circa. |
| | *(The grocer cuts and weighs the cheese)* |

| | |
|---|---|
| *Salumiere* | E' un po' di più. Va bene? |
| *Gianna* | Sì, va bene. |
| *Salumiere* | Desidera altro? |
| *Gianna* | Sì, un chilo di zucchero. |
| *Salumiere* | *(getting it down from the shelf)* Pronto lo zucchero! |
| *Gianna* | E sei uova. |
| *Salumiere* | *(gives her the eggs)* E poi? |
| *Gianna* | Basta così, grazie. Quant'è? |
| *Salumiere* | Subito. Prosciutto, tremilaseicento lire, parmigiano, tremila e trecento lire, zucchero, ottocento e sessanta, le sei uova, settecentoventi. Il totale, ottomilaquattrocentottanta. *(giving her the bill)* Ecco lo scontrino. S'accomodi alla cassa, signora. |

quanto ne desidera?   *how much (of it) would you like?*
è un po' di più      *it's a bit over*
s'accomodi alla cassa  *please pay at the cash desk*

---

In Orvieto, Sandra goes to Michelangeli's, a shop where everything's made of wood: furniture, gifts and items of all kinds including animals. She's looking for a wooden cat.

| | |
|---|---|
| *Commesso* | Signorina, buongiorno. |
| *Sandra* | Buongiorno. |
| *Commesso* | Desiderava? |
| *Sandra* | Vorrei comperare un gatto. |
| *Commesso* | Oh, di gatti ce ne sono diverse qualità, diversi tipi, dai grandi ai piccoli, e diversi prezzi, naturalmente. |
| *Sandra* | *(pointing to a pair of large cats)* Quei due lì, per esempio, quanto costano? |
| *Commesso* | Oh, questi due qua, novantacinquemila. |
| *Sandra* | Mm . . . ! |
| *Commesso* | Un po' caruccio! Voleva spendere meno? |
| *Sandra* | Sì, se è possibile. |
| *Commesso* | *(showing her a single, smaller cat)* Oh, per esempio, questo tipo qua. Questo viene sedicimila. |
| *Sandra* | Molto bello . . . *(but she seems doubtful)* |
| *Commesso* | Oh, vuole spendere ancora meno? |
| *Sandra* | Sì. |
| *Commesso* | Vediamo, vediamo. *(showing her a small pair)* Qui siamo a dodicimila, questa coppia. Sono due, bianco e nero. |
| *Sandra* | Sono molto carini. |
| *Commesso* | Poi abbiamo questo singolo, piccolino, nero. |
| *Sandra* | Sì, questo sì, mi piace molto. |
| *Commesso* | Di solito, piace . . . a tutti! Oh, poi abbiamo questo nuovo tipo. |
| *Sandra* | Anche questo. |
| *Commesso* | Mah, sono oggettini veramente simpatici. |
| *Sandra* | Quanto vengono questi? |
| *Commesso* | Questi, otto e sei, quattordicimila. |
| *Sandra* | Sì, prendo questi due. |
| *Commesso* | Questi qua? |
| *Sandra* | Sì. |
| *Commesso* | Oh, le faccio due pacchetti? |

| Sandra | Un pacchetto unico, grazie. *( paying )* Ecco a lei. |
|---|---|
| Commesso | Grazie. |
| Sandra | Grazie. Buongiorno. |
| Commesso | Buongiorno. |

| | |
|---|---|
| di gatti ce ne sono diverse qualità | *we've got all sorts of cats* |
| un po' caruccio | *a bit on the expensive side* |
| voleva spendere meno? | *did you want to spend less?* |
| ancora meno? | *less still?* |
| mah, sono oggettini veramente simpatici | *yes, they really are nice little things* |
| le faccio due pacchetti? | *shall I make you two parcels?* |

RADIO          5 Everyone enjoys a good memory game. At a party in Vicenza, Gianna laid out ten objects on a table, gave people half a minute to memorise them, and then covered the objects up.

Here's the result. First, Sandra.

| Gianna | Sandra, che cosa c'è sul tavolo? |
|---|---|
| Sandra | Dunque, c'è un bicchiere di vino. |
| Gianna | Bianco o rosso? |
| Sandra | Bianco. Un francobollo . . . |
| Gianna | Da quanto? |
| Sandra | Non lo so . . . *(laughs)* Un orologio, diecimila lire, un pacchetto di sigarette . . . |
| Gianna | Di che colore? |
| Sandra | Blu e rosso. Poi ancora . . . eh, non ricordo altro. |
| Gianna | Altro? |
| Sandra | No. |
| Gianna | Va bene. Grazie. |

| | |
|---|---|
| da quanto? | *what value?* |
| non (lo) so | *I don't know* |

Maddalena did the same with her friends in Orvieto. Here's Marisa, who
                    didn't do too well either.

| | |
|---|---|
| *Maddalena* | Marisa, cosa c'è sul tavolo? |
| *Marisa* | C'è un giornale . . . italiano. C'è un pacchetto di sigarette straniere. C'è una chiave, una cartolina illustrata . . . e un altro pacchetto di sigarette. |
| *Maddalena* | Ci sono soldi? |
| *Marisa* | C'è un biglietto da cinquemila lire, c'è una tazza da caffè, e un bicchiere di vino rosso. Ah! Un orologio! |
| *Maddalena* | Da uomo o da donna? |
| *Marisa* | Da uomo. |
| *Maddalena* | Grazie. |
| *Marisa* | Prego. |

da uomo, da donna   *man's, woman's*

Guido did rather better.

| | |
|---|---|
| *Maddalena* | Guido . . . |
| *Guido* | Sì? |
| *Maddalena* | Cosa c'è sul tavolo? |
| *Guido* | Quindi, sul tavolo c'è un giornale, un francobollo . . . |
| *Maddalena* | Da quanto? |
| *Guido* | Non so. Una chiave, un passaporto, una cartolina, una tazzina da caffè . . . e un . . . un pacchetto di sigarette. |
| *Maddalena* | C'è un bicchiere? |
| *Guido* | Un bicchiere? Sì, c'è un bicchiere. |
| *Maddalena* | C'è qualcosa nel bicchiere? |
| *Guido* | Non so. |
| *Maddalena* | C'è del vino. Due oggetti ancora. |
| *Guido* | Due oggetti. Ah, un orologio. |
| *Maddalena* | Da uomo o da donna? |
| *Guido* | Da uomo. |
| *Maddalena* | Ci sono soldi? |
| *Guido* | Ah, diecimila lire. *(laughs)* |
| *Maddalena* | Diecimila lire. *(Guido laughs again)* Grazie. |
| *Guido* | Prego. |

due oggetti ancora   *two more things*

And finally Silvio, who was the only one to remember ten objects though
                    he got one of them slightly wrong.

| | |
|---|---|
| *Gianna* | Silvio, che cosa c'è sul tavolo? |
| *Silvio* | C'è . . . un giornale. |
| *Gianna* | Italiano o straniero? |
| *Silvio* | Italiano. Una cartolina . . . |
| *Gianna* | Di dove? |
| *Silvio* | Una cartolina illustrata di . . . no, non so. |
| *Gianna* | E poi? |
| *Silvio* | E poi c'è un bicchiere di vino. |
| *Gianna* | Bianco o rosso? |
| *Silvio* | Bianco. Un orologio . . . |

| | |
|---|---|
| *Gianna* | Da uomo o da donna? |
| *Silvio* | Da uomo. Un francobollo. |
| *Gianna* | Da quanto? |
| *Silvio* | Da dieci lire . . . Poi c'è . . . *(recaps)* il giornale, cartolina, bicchiere di vino, orologio, francobollo. Poi c'è . . . tazza. |
| *Gianna* | Da tè o da caffè? |
| *Silvio* | E' da caffè. Poi c'è una chiave. |
| *Gianna* | Poi? |
| *Silvio* | Un passaporto. |
| *Gianna* | Soldi? |
| *Silvio* | Diecimila lire, diecimila lire e poi . . . e un pacchetto di sigarette. |
| *Gianna* | Basta! Bravo, grazie. |
| *Silvio* | Prego. |

## ALLORA . . .

### VOCABOLARIETTO

| | | |
|---|---|---|
| l'uomo | la radio | nuovo |
| la donna | la pila | carino |
| il passaporto | il voltaggio | simpatico |
| il giornale | | straniero |
| l'orologio | comprare | |
| l'oggetto | (*or* comperare) | il colore |
| il pacchetto | soldi | giallo |
| la sigaretta | un biglietto da | rosa |
| | cinquemila (lire) | |

By now you will have learnt quite a lot of words in Italian and there are several tricks you can use to help you build up your vocabulary.

A good one is to get a set of blank index cards, write the Italian for something on one side and the English on the other. Shuffle them and then go through the cards looking at the Italian first, thinking of the English equivalent and then checking by turning the card over. Put aside the ones you didn't remember correctly and go through those again. You can then repeat the game, but this time look at the English first and try to remember the Italian. You can play this game on your own or with others.

Another good trick, using the same cards, is to group words according to their meaning and add to them as you go along from chapter to chapter. In this chapter, for instance, there are two new words for colours, **giallo** and **rosa**, which you can add to the ones you've already met: **bianco**, **nero**, **rosso**, **blu**, **verde**, **marrone**, under the heading **colori**. You've now got a stock of eight colours. The new word **passaporto** can be put under **documenti**, together with **patente** and **carta di credito**. **Uomo** and **donna** can be added to **signore**, **signora**, **signorina**. And so on.

Some words, especially verbs, don't fit easily into a category, but you can always group them together under the kind of situation in which you'd use them. For instance under **viaggio** you could put **partire, arrivare, cambiare** and **prenotare**, as well as the more obvious **treno, pullman, biglietto**, etc.

## To talk about doing something

When referring to more than one person:

|  | parlare<br>arrivare | prendere<br>chiudere | partire<br>aprire |
|---|---|---|---|
| *we* (noi) | parl**iamo**<br>arriv**iamo** | prend**iamo**<br>chiud**iamo** | part**iamo**<br>apr**iamo** |

For *we*, the ending is always –**iamo**.

The ending –**iamo** without **noi** is also used for making suggestions:
*Let's . . . Why don't we . . . ?*
**Mangiamo** fuori stasera?
**Andiamo** al cinema?

|  | parl**ate**<br>arriv**ate** | prend**ete**<br>chiud**ete** | part**ite**<br>apr**ite** |
|---|---|---|---|
| *you* (**voi**) | | | |

For *you* (**voi**) the ending is different in each group of verbs.

| *they*<br>*you* (loro) | parl**ano**<br>arriv**ano** | prend**ono**<br>chiud**ono** | part**ono**<br>apr**ono** |
|---|---|---|---|

For *they* and for *you* (**loro**) the ending is –**ano** for the –**are** group and –**ono** for the other two. And notice how these forms are stressed:
**par**lano, **pren**dono, **par**tono.

---

## PAROLE E USANZE

oggetto ―object
oggettino

tazza
tazzina

pianta
piantina

piccolo
piccolino

grande
grandino

There are two ways of saying that something is small in Italian: you can either add **piccolo** or change the ending to –**ino** or –**ina**. A small cup can be either **una piccola tazza** or **una tazzina**; a small object either **un piccolo oggetto** or **un oggettino**.

You can use these 'diminutive' endings with some adjectives too. From **piccolo** *small* you can get **piccolino** *quite small*; from **grande** *large* you can get **grandino** *fairly large*.

**Caro** means *dear* in both senses: **caro Giovanni** and **questo ristorante è caro**. It has two diminutives: **carino**, which means *pretty, attractive*; and **caruccio**, which can mean *rather expensive* or *lovable*.

**Simpatico** has the meaning of *nice, likeable, friendly, pleasant* all rolled into one. You can use it to describe people, things, places, events:
    **è una persona simpatica**
    **sono oggetti veramente simpatici**
    **è simpatico questo ristorante**, . . . etc

**Soldi** is the usual word for money in Italian (the other is **denaro**). It is plural: **ci sono molti soldi** sul tavolo

Uomo *man* has an irregular plural: **uomini**

Uovo *egg* not only has an irregular plural, uova, but also changes from masculine to feminine.

un uovo fresco

sei uova fresche

## VITA ITALIANA

**Da che voltaggio?**
The voltage in Italy is 220v AC and in hotel bedrooms the sockets are generally 2-pin.

The size of sockets, though, is different from those in Britain, so if you're thinking of taking any appliances with you, you'll need an adaptor. International adaptors are available in this country, but if in doubt it's always best to consult the management of your hotel or camp-site.

## PROVA UN PO'...

1    Read this telephone conversation and then answer the questions:

*Maria*   Pronto?
*Anna*   Ciao, Maria. Sono Anna.
*Maria*   Ciao, Anna. Come stai?
*Anna*   Bene. Senti, devi uscire questa mattina o posso passare di lì?
*Maria*   Eh, mi dispiace, ma sono fuori tutta la mattina. Prima cosa vado in banca, poi vado in farmacia. Devo essere dal parrucchiere alle dieci e alle dodici e mezzo incontro Carlo al Bar Gigi per un aperitivo. Per pranzo andiamo a mangiare al Ristorante del Pino. E' così bello uscire insieme senza i bambini.
*Anna*   Sì, certo! Ma dopo pranzo sei a casa?
*Maria*   Sì, alle tre sono qua.
*Anna*   Allora vengo lì alle quattro. Va bene?
*Maria*   Benissimo. Ti aspetto alle quattro. Ciao!
*Anna*   Ciao!

1    Do Maria and Anna call each other *tu* or *lei*?
2    What does Anna want to do this morning?
3    What is Maria having done at 10 o'clock?

FARMACIA 'LA CENTRALE'
Orario: 08.00–12.30
16.00–19.30
Chiuso per turno il gio...

Ristorante del Pino
Orario
12.00–15.00
18.30–23.00
Chiuso il martedì

LUIGI
Parrucchiere per signora
08.30–12.30
15.30–18.30
Chiuso il lunedì

BAR GIGI
Orario di apertura
08.00–23.00
Chiuso per turno:
mercoledì

BANCA NAZIONALE DEL LAVORO
Aperta al pubblico dalle 08.20
alle 13.20
da lunedì a venerdì

4 Who is she meeting at 12.30 and who do you think he is?
5 Why do they like eating out sometimes?
6 What will she be doing at 4?
7 What day of the week is it?

2 The following exercise builds up into a set of situations you might well find yourself in. You have to meet an Italian business colleague, signor Mazzetti, in a town you've never been to before. All you know is that he's booked into the *Italia* Hotel in the centre of town and you're going to have to stay there overnight.

a) On arrival at the station you ask the lady at the newspaper kiosk how to get there.

| | |
|---|---|
| *You* | *(Attract the lady's attention and ask if there's a bus to get to the centre of town)* |
| *Signora* | Sì. Deve prendere il numero 15. |
| *You* | *(Ask her where the bus stop is)* |
| *Signora* | E' proprio qui davanti alla stazione, sulla destra. |
| *You* | *(Say thanks. Then ask how long the bus takes)* |
| *Signora* | Ma dipende un po' dal traffico. Un quarto d'ora circa. |
| *You* | *(Fine. And is the Italia Hotel there in the centre of town?)* |
| *Signora* | L'Hotel Italia? Sì, sì. Deve scendere in Piazza della Repubblica. L'albergo è proprio lì vicino. |
| *You* | *(Thank the lady)* |
| *Signora* | Prego, s'immagini. |

b) At the bus stop there's not a bus in sight, but there's a man waiting and you decide to check.

| | |
|---|---|
| *You* | *(Ask him how to get to Republic Square)* |
| *Signore* | Il 15. |
| *You* | *(Ask him if this is the bus stop)* |
| *Signore* | Sì, è questa. |
| | Still no bus in sight . . . |
| *You* | *(But when does the next bus arrive?)* |
| *Signore* | Mah! Ce n'è uno ogni dieci, dodici minuti e io sono qui già da dieci, perciò . . . |
| *You* | *(How much is the ticket?)* |
| *Signore* | Cento lire. |
| *You* | *(And can you buy the ticket on the bus?)* |
| *Signore* | Sì, sì. Ma ci vuole la moneta giusta per la biglietteria automatica, eh? Ha una moneta da cento lire oppure due da cinquanta? |
| *You* | *(A one hundred coin, no, but you have got two fifty lire coins)* |
| *Signore* | Quelle vanno bene. Ecco, arriva il 15. |

c) On the bus

| | |
|---|---|
| *Signore* | Lei va in Piazza della Repubblica, no? |
| *You* | *(Answer)* |
| *Signore* | Bene. Anch'io scendo lì. |

That's good. He probably knows where the hotel is.

| | |
|---|---|
| *You* | *(Say listen, the Italia Hotel, is it near the square?)* |

138

| | |
|---|---|
| *Signore* | L'Albergo Italia? Ah, lei deve andare lì? Sì, sì, è vicinissimo. Quando scendiamo le faccio vedere. |
| *You* | *(Say thank you)* |
| *Signore* | Prego, prego. Lei di dov'è? E' americano, forse? |
| *You* | *(Say no, you're English)* |
| *Signore* | Oh, scusi! Di dove in Inghilterra? |
| *You* | *(From Leeds)* |
| *Signore* | Leeds? Eh, vorrei tanto visitare l'Inghilterra . . ., e la Scozia anche. Lei è qui in vacanza o per lavoro? |
| *You* | *(Tell him you're here for work)* |
| *Signore* | Qual è il suo lavoro? |
| *You* | *(Tell him you've got a shop in Leeds)* |
| *Signore* | Interessante. Un negozio di che cosa? |
| *You* | *(A shoe shop. Then ask him what work he does)* |
| *Signore* | Oh, io sono pensionato. Non lavoro più io! Faccio niente! |
| *You* | *(Ask him if he likes doing nothing)* |
| *Signore* | Eh, mi piace moltissimo! *(the bus stops)* Eccoci qua, Piazza della Republica. Adesso le faccio vedere dov'è l'albergo. |

d) At the hotel reception desk

| | |
|---|---|
| *You* | *(Say good evening)* |
| *Portiere* | Buonasera. Mi dica. |
| *You* | *(Ask him if Mr Mazzetti is in this hotel)* |
| *Portiere* | Mazzetti? Sì, camera 36. Ma in questo momento è fuori. Ah, ma lei per caso è il signor . . . ? |
| *You* | *(Say you're Mr Searle)* |
| *Portiere* | Searle, sì. C'è un messaggio per lei, signor Searle, dal signor Mazzetti. |

The message says he'll be back at seven thirty, so you might as well book in and have a shower.

| | |
|---|---|
| *You* | *(Very good. Say you'd like a room)* |
| *Portiere* | Come la desidera? |
| *You* | *(A single with shower)* |
| *Portiere* | Benissimo. Per quante notti? |
| *You* | *(For one night. You are leaving tomorrow afternoon)* |
| *Portiere* | Va bene. Le posso dare la camera 21. |
| *You* | *(Ask how much the room costs)* |
| *Portiere* | Ventiduemilacinquecento per notte, tutto compreso. |
| *You* | *(And breakfast?)* |
| *Portiere* | E' servita nel bar dalle sette alle nove e trenta. Si paga a parte. |
| *You* | *(And how much is it?)* |
| *Portiere* | Tremila. |
| *You* | *(Say that's fine, thanks)* |
| *Portiere* | Mi dà un documento, per favore? |
| *You* | *(Say of course, and ask if tomorrow morning you can leave the luggage here)* |
| *Portiere* | Certo. Perché deve lasciare libera la camera entro mezzogiorno, va bene? |
| *You* | *(Yes, of course. And can you pay with a credit card?)* |
| *Portiere* | Senz'altro. E' tutto qui il bagaglio? |
| *You* | *(Tell him yes, you've only got this suitcase)* |
| *Portiere* | Bene. *(calling)* Marco, accompagna il signore alla 21 . . . |

# ANDIAMO IN TRENO

Crossword grid with clues:

Filled letters shown in grid: 2E, 4B, 7V, 13/O, 14R, (O near 13), M

**Across**

A che ora parte l' _____ (2) per Napoli?

Da quale _____ (4) parte?

C'è _____ (7) _____ (10) su questo _____ (11)?

C'è la _____ (17) classe sul _____ (14) delle _____ (13) e trenta per Roma?

E' in _____ (18) il treno?

Devo _____ (19) prima delle cinque.

**Down**

C'è la _____ (1) classe sul treno locale?

C'è un bar qui in _____ (3)?

Posso fare il _____ (4) sul treno?

Questo treno è in _____ (5) di dieci minuti!

Il diretto per Ancona _____ (7) Rimini _____ (6) dal binario tre.

Per favore, mi dà un biglietto di andata e _____ (8), seconda?

Il TEE da Zurigo è in _____ (9) sul binario sei.

La prossima _____ (12) è Piacenza.

Scusi, quanto costa un' _____ (15), prima, per Perugia?

Orvieto è sulla _____ (16) Milano–Roma.

# 12 MI PUÒ DARE UN NUMERO?

## ASKING FOR A SERVICE OR FAVOUR

RADIO    1

Walter asks the receptionist at his hotel if she can get him a number in Rome.

| | |
|---|---|
| *Walter* | Mi scusi, mi può dare un numero a Roma? |
| *Segretaria* | Che numero è? |
| *Walter* | Il sei sette otto, sei zero, quattro uno. |
| *Segretaria* | *(dialling)* Sei, sette, otto, sei, zero, quattro, uno. Si accomodi in cabina. |
| *Walter* | Grazie. |

> To ask someone if they can do something for you:
>
> **mi può** | dare un numero?
> | prestare mille lire?
> | cambiare dieci sterline?

RADIO    2

At her hotel one morning Maddalena is up before the breakfast bar opens and the receptionist, Cesare, directs her to the nearest café. But it's raining . . . .

| | |
|---|---|
| *Cesare* | Buongiorno, signorina. Già in piedi? |
| *Maddalena* | Eh, sì. Buongiorno. C'è un caffè aperto a quest'ora? |
| *Cesare* | Dunque, il bar dell'albergo apre alle sette e trenta, ma qui a sinistra c'è un bar aperto. |
| *Maddalena* | Oh, grazie. *(going out)* Buongiorno. |
| *Cesare* | *(calling after her)* Ma piove! |
| *Maddalena* | Oh! E' vero. Mi può prestare un ombrello? |
| *Cesare* | Sì, *( pointing to one in the umbrella stand )* eccolo. |
| *Maddalena* | Grazie. Buongiorno. |
| *Cesare* | Buongiorno. |

| | |
|---|---|
| già in piedi? | *up already?* |
| piove | *it's raining* |

TV    3

At the tourist office, Walter asks the assistant if she'll change some English money into lire.

| | |
|---|---|
| *Walter* | Buongiorno. Mi può cambiare queste sterline in lire italiane? |
| *Impiegata* | Sì, certo. |
| *Walter* | *(showing her some coins)* Mi può cambiare anche queste monete? |
| *Impiegata* | No, mi dispiace, ma per le monete non è possibile. |
| *Walter* | Allora cambio solo queste. Sono dodici sterline. |
| *Impiegata* | Sì. |
| *Walter* | Quant'è il cambio oggi? |
| *Impiegata* | Oggi è millenovecentodieci. |
| *Walter* | Grazie. |

| | |
|---|---|
| *Impiegata* | *(giving him 22,900 lire)* Venti, ventuno, ventidue . . . due, quattro, cinque. |
| *Walter* | Grazie. Buongiorno. |
| *Impiegata* | Buongiorno. |

quant'è il cambio?   *what's the exchange rate?*

A driver stops at a service station for some petrol, and then asks to have the oil and the water in the radiator and battery checked.

Facciamo benzina!

| | |
|---|---|
| *Automobilista* | Mi può controllare l'olio, per favore? |
| *Benzinaio* | Senz'altro. |
| *Automobilista* | L'acqua, tutto quanto, eh? |
| *Benzinaio* | Tutto quanto. |
| *Automobilista* | *(opens the bonnet)* Ecco. |
| *Benzinaio* | *(checking the oil)* L'olio è a posto. |
| *Automobilista* | A posto? Anche l'acqua? |
| *Benzinaio* | *(checking)* Manca un po'. *(he brings some water)* |
| *Automobilista* | Per gentilezza, mi guarda anche l'acqua della batteria? |
| *Benzinaio* | Senz'altro. *(he tops up the battery as well)* Tutto a posto. |
| *Automobilista* | Quant'è? |
| *Benzinaio* | Quindicimila. |
| *Automobilista* | Ecco a lei: dieci, quindici. |
| *Benzinaio* | Benissimo, grazie. Arrivederci. |
| *Automobilista* | Arrivederci. |

| | |
|---|---|
| senz'altro | *certainly* |
| tutto quanto | *the whole lot* |
| a posto | *in order, OK* |
| manca un po' | *it's a bit low* |
| mi guarda . . . ? | *will you look at . . . for me?* |

When shopping, people sometimes ask for a discount, **uno sconto**. Maddalena asks for one when buying a small coffee machine.

| | |
|---|---|
| *Commessa* | Buongiorno. |
| *Maddalena* | Buongiorno. |

| | |
|---|---|
| *Commessa* | Desidera? |
| *Maddalena* | Vorrei una caffettiera. |
| *Commessa* | Un attimo. *(she goes and gets one)* Di questo tipo? |
| *Maddalena* | Sì. |
| *Commessa* | Abbiamo da una tazza, da tre o da sei. |
| *Maddalena* | Questa da tre, quanto costa? |
| *Commessa* | Seimila e tre. |
| *Maddalena* | Mi può faré uno sconto? |
| *Commessa* | Sì, posso fare . . . seimila. |
| *Maddalena* | Va bene, prendo questa da tre. |
| *Commessa* | Va bene cosi? |
| *Maddalena* | Sì, va bene. Ecco. *(gives her 10,000 lire)* |
| *Commessa* | Sei, sette, otto . . . e dieci. Grazie. |
| *Maddalena* | Grazie. Buongiorno |
| *Commessa* | Buongiorno. |

da una tazza  *for one cup*
posso fare . . .   *I can make it . . .*

Da 3 Tazze

---

RADIO        6 Here Gianna's looking for a present for her mother. She wants to buy a jumper.

| | |
|---|---|
| *Commessa* | Buongiorno. |
| *Gianna* | Buongiorno. Cerco una maglia per fare un regalo. |
| *Commessa* | Che taglia desidera? |
| *Gianna* | Quarantasei. |
| *Commessa* | Che colore? |
| *Gianna* | Rosso o blu. |
| *Commessa* | Vediamo. *(getting one from the shelf)* Questa è rossa. Le piace? |
| *Gianna* | Sì, ma . . . *(examining it)* quanto costa? |
| *Commessa* | Quarantamila. |
| *Gianna* | E questa blu? |
| *Commessa* | Questa sessantaquattromila. |
| *Gianna* | Oh, è cara! *(examining the jumper)* E' bella, morbida, ma è un po' cara! |
| *Commessa* | Prenda l'altra. |
| *Gianna* | Ma mi piace di più questa. |
| *Commessa* | Va bene, le posso fare un piccolo sconto. |
| *Gianna* | Quanto? |
| *Commessa* | Sessanta, va bene? |
| *Gianna* | Sì, grazie. Allora prendo questa. |
| *Commessa* | D'accordo. Le faccio un pacchetto. |
| *Gianna* | Sì, grazie. *(handing her 100,000 lire)* Centomila. |
| *Commessa* | Grazie. Settanta, ottanta, novanta e cento. |
| *Gianna* | Grazie. |
| *Commessa* | Molto gentile, grazie a lei. |
| *Gianna* | Buonasera. |
| *Commessa* | Arrivederci. |

per fare un regalo   *to give as a present*
prenda l'altra      *take the other one*
le posso fare        *I can give (make) you*
molto gentile        *very kind of you*

Walter wants to buy his wife a woollen scarf for her birthday. He too asks for a discount, but he's unlucky.

| | |
|---|---|
| *Commessa* | Buonasera, signore. |
| *Walter* | Buonasera. |
| *Commessa* | Desidera? |
| *Walter* | Senta, vorrei regalare una sciarpa a mia moglie perché è il suo compleanno. |
| *Commessa* | Che tipo di sciarpa desidera? Di lana, di seta, o qualcosa d'altro? |
| *Walter* | Di lana. Posso vedere qualche articolo? |
| *Commessa* | Certo, signore. *(she brings him two scarves)* Questa è in pura lana, oppure c'è quest'altro articolo in alpaca e lana. |
| *Walter* | Mi piace questa. Ha altri colori? |
| *Commessa* | Sì, abbiamo marrone, nero, beige, rosa, celeste . . . |
| *Walter* | Posso vedere il marrone? |
| *Commessa* | Certo, signore. *(she shows him a brown scarf)* Ecco il marrone. |
| *Walter* | Sì, questo marrone mi piace. Prendo questa. Quant'è? |
| *Commessa* | Diecimila, signore. |
| *Walter* | Senta, posso avere uno sconto? |
| *Commessa* | No, signore, qui abbiamo i prezzi fissi. |
| *Walter* | Me la può incartare, per favore? |
| *Commessa* | Sì, certo. *(she wraps it up)* |
| *Walter* | Ecco le diecimila. |
| *Commessa* | Grazie, signore. |
| *Walter* | A lei. Buonasera. |
| *Commessa* | Buonasera e grazie. |

qualcosa d'altro    *something else*
qualche articolo    *some (items)*

---

In the Corso Cavour in Orvieto, there's a pottery cooperative, CLACO, where a group of young people make and sell pottery in the traditional Orvieto styles. Cecilia goes there to buy a coffee set.

| | |
|---|---|
| *Cecilia* | Buongiorno. |
| *Anita* | Buongiorno, signorina. Desidera? |
| *Cecilia* | Vorrei comprare un servizio da caffè. Che tipi ci sono? |
| *Anita* | Adesso le faccio vedere. Dunque, c'è questo in marrone con il cervo, stile rinascimento, marrone e avorio; poi c'è la foglia di ulivo, medievale, in azzurro e in verde; poi c'è questo, in verde e in avorio. |
| *Cecilia* | Mi piace molto quello blu e verde. |
| *Anita* | Questo? Questo è molto bello. Questo è tutto graffito, fatto a mano. |
| *Cecilia* | C'è anche la zuccheriera? |
| *Anita* | Sì, c'è anche la zuccheriera. Eccola. |
| *Cecilia* | E' un po' grande. |
| *Anita* | No, non è grande . . . |
| *Cecilia* | Non ce n'è una più piccola? |
| *Anita* | No, più piccola non c'è. Ma è molto bella. E' fatta tutta a mano. |
| *Cecilia* | Va bene. E quante tazzine ci sono? |
| *Anita* | C'è il servizio da sei e il servizio da dodici. |
| *Cecilia* | E quanto costano? |
| *Anita* | Costa . . . il servizio da sei trentacinquemila lire. |

| Cecilia | E' un po' caro! |
|---------|----------------|
| Anita | E' un po' caro questo da sei? |
| Cecilia | Eh, sì. Può farmi un piccolo sconto? |
| Anita | Le posso fare . . . trentaduemila. Va bene? |
| Cecilia | Va bene. Allora prendo quello. Può farmi un pacchetto, per favore? |
| Anita | Sì. Glielo incarto? |
| Cecilia | Sì, grazie. |

| | |
|---|---|
| adesso le faccio vedere | *I'll just show you* |
| tutto graffito | *all decorated in sgraffito (incised)* |
| fatto a mano | *hand made* |
| non ce n'è una più piccola? | *isn't there a smaller one?* |
| può farmi ( = mi può fare) | *can you give/make me* |
| glielo incarto? | *shall I wrap it for you?* |

## ALLORA . . .

### VOCABOLARIETTO

| | | |
|---|---|---|
| la maglia *sweater* | il compleanno | il cambio |
| la sciarpa *scarf* | il regalo | la moneta |
| la taglia *size* | regalare | la sterlina |
| la lana *wool* | l'articolo | la batteria |
| la seta | il tipo | controllare |
| puro | fatto a mano | a posto |
| cercare | il servizio | azzurro |
| fare uno sconto | da caffè | celeste |
| dare | la caffettiera | beige |
| prestare | la zuccheriera | |

**To ask** if someone can do something for you:

|  | |
|---|---|
| **mi può** | **dare** un numero? |
| | **cambiare** queste sterline? |
| | **controllare** l'olio? |

You can also say: *to check*

|  | |
|---|---|
| **può** | dar**mi** un numero? |
| | cambiar**mi** queste sterline? |
| | controllar**mi** l'olio? |

**In a shop,** if you haven't got anything very precise in mind, you can say *I'm looking for . . .*

|  | |
|---|---|
| **cerco** | una maglia per me |
| | una sciarpa per mia moglie |

And to ask if you can see what they have in stock:
**posso vedere qualche articolo?**

or what types they've got:
**che tipi ci sono?**

If you're buying clothes, you'll be asked the size:
  che taglia (desidera)?

and if the size isn't right, you can say:

| ha avete· | una taglia più | grande? piccola? |
| --- | --- | --- |

To ask if they've got other types or colours:

| ha avete | altri | tipi? colori? |
| --- | --- | --- |

If the price is more than you want to pay, you can always try asking for a discount:

| mi può fare può farmi posso avere | uno sconto? |
| --- | --- |

**Learn a verb a week.** It's a good idea to build up your stock of commonly used verbs bit by bit, so from now until the end of the book we'll be introducing one (or two) a week. This week:

| potere | |
| --- | --- |
| (io) posso | (noi) possiamo |
| (tu) puoi | (voi) potete |
| (lei) può | (loro) possono |

**Want to know more?**  See **Grammatica** 39, 43, 44, 46, 47

---

## PAROLE E USANZE

**Pila** and **batteria** both mean *battery*: **pila** is the type of dry battery used in radios and torches; **batteria** is the heavy wet type of battery used in cars.

### Two for the price of one
**Blu**, **azzurro**, **celeste** all mean *blue*: **blu** is the usual word, but tends to be used for the darker shades, **azzurro** and **celeste** for the lighter shades (**celeste** is literally *sky-blue*).

---

## VITA ITALIANA

### Uno sconto
In small shops where the seller is likely to be the owner, and at market stalls, it's not unusual for people to ask for a discount when buying items such as clothes, leather goods and gifts. If you waver and look as though you're not going to buy, you'll sometimes even find the seller offering a price cut without being asked: **posso farle un piccolo sconto**. But beware! Don't ask for discounts in very smart shops and department stores. And be prepared to be told **abbiamo prezzi fissi**. In some shops

you'll even see a sign to this effect over the counter. Many small shopkeepers, though, expect to be asked for, and give, **uno sconto** as part of the game of buying.

PREZZI FISSI

## Che taglia ha?

Clothes sizes vary not only from country to country, but from manufacturer to manufacturer. The following are the closest comparative sizes we can give.

| Women | | | | | |
|---|---|---|---|---|---|
| | UK | Italy | | UK | Italy |
| Dresses, suits, etc. | 10 | 42 | Tights, stockings | Small | 1 |
| | 12 | 44 | | Medium | 2 |
| | 14 | 46 | | | 3 |
| | 16 | 48 | | Large | 4 |
| | 18 | 50 | | | 5 |

| Men | | | | | |
|---|---|---|---|---|---|
| | UK | Italy | | UK | Italy |
| Trousers | 30 | 46 | Shirts, collars | 14 | 36 |
| | 32 | 48 | | $14\frac{1}{2}$ | 37 |
| | 34 | 50 | | 15 | 38 |
| | 35 | 52 | | $15\frac{1}{2}$ | 39 |
| | 36 | 54 | | 16 | 40 |
| | 38 | 56 | | $16\frac{1}{2}$ | 41 |

## Benzina

There are two grades of petrol available in Italy, **super** and **normale**. Apart from these, you can of course buy two-stroke, **miscela**, and diesel fuel, **gasolio**.

When you buy petrol you can state either a price or a number of litres. If you only know the capacity of your car's tank in gallons, just remember that 5 litres = 1.1 gallons, 10 litres = 2.2 gallons, 25 litres = 5.5 gallons, and so on. If you want your tank filled, just say: **il pieno, per favore**.

## La ceramica

In Central Italy, pottery was already a highly developed art in Etruscan times, much of it modelled on Greek pottery which the Etruscans also imported.

The first pottery using tin glazes appeared in the 11th and 12th centuries, and Orvieto, Viterbo and later Deruta were the main centres of production. The art reached its peak in the 15th century, after which it went into decline. Since the beginning of the 20th century there has been a revival of pottery-making in Orvieto and in Deruta, where they reproduce the traditional shapes and designs of the great medieval and renaissance periods, as well as the older Etruscan styles and some very modern pottery.

1    Here's a girl who is in a clothes shop looking for a present. Can you fill
     the gaps in her conversation with the saleswoman, using the words on
     the right? We've added five extra words that won't fit into any of the gaps.

| | | |
|---|---|---|
| Commessa | Buongiorno. Desidera? | articolo |
| Signorina | Buongiorno. Vorrei ............... una camicia. E' per un | cara |
| | ............... ............... vedere qualche modello? | prezzi |
| Commessa | Certo. Che ...............? | mi può |
| Signorina | Trentanove. | beige |
| Commessa | E che ...............? Abbiamo questo modello in blu, | bianchi |
| | verde, ............... | di |
| Signorina | Posso ............... il verde? | posso (2) |
| Commessa | Sì, un attimo. Oh, ............... dispiace. Il verde ce | comprare |
| | l'abbiamo soltanto nel quaranta. ............... vedere il blu? | compra |
| Signorina | Sì, grazie. | taglia |
| Commessa | Eccola. ............... piace? | amico |
| Signorina | Molto, ma è ............... cotone? | colore |
| Commessa | Cento ............... cento cotone, signorina. | vedere |
| Signorina | E quanto costa? | mi |
| Commessa | Trentaduemila. | lei |
| Signorina | Oh! E' un po' ...............! ............... fare uno sconto? | le |
| Commessa | Mi dispiace, ma qui abbiamo i ............... fissi. | per |
| Signorina | Va bene. La ............... | prendo |
| Commessa | ............... incartarla, signorina? | possiamo |
| Signorina | Sì, grazie. Ecco le trentaduemila. | lana |
| Commessa | Grazie a ............... Buongiorno. Arrivederla. | vuole |

2    You keep finding yourself in situations where you want to request a
     service or ask someone a favour. Using the phrases listed, make a series of
     requests, starting with **mi può** or **può** . . . as appropriate.

1   You've got to phone a friend
    in Rome.
2   Your soup lacks taste.
3   You want to go up to your hotel room.
4   You'd like to go to the disco in
    clean clothes.
5   You like the jumper but you think
    you can get it for less.
6   The bank's shut and you need some
    money for the evening.
7   You're at the petrol station about to
    set off on a long journey.
8   You'd like the present wrapped.
9   You've finished your meal and you
    want to pay.
10  The hotel porter's just popping over to the tobacconist's.
11  You need some small change for the ticket machine.
12  You've got to meet a friend off the coach but you can't find the stop.

| |
|---|
| fare un pacchetto? |
| prestare ventimila lire? |
| dare il sale? |
| controllare l'olio? |
| lavare questi pantaloni? |
| farmi uno sconto? |
| dirmi dove arriva il |
|    pullman da Venezia? |
| cambiare mille lire? |
| comprarmi un pacchetto |
|    di sigarette? |
| dare un numero a Roma? |
| dare la chiave? |
| portare il conto? |

**3**    Here's a telephone conversation between two young men. One of them wants to invite the other and his girlfriend round to supper. Can you fill the gaps, using the appropriate forms of *potere*?

*Gino*    Senti, Paolo, ............... (1) venire a casa mia venerdì sera con Roberta? Facciamo una piccola cena io e Luisa. ............... (2) venire anche Filippo e Giovanna.

*Paolo*    Venerdì? Io sì, ............... (3) venire, ma Roberta non ............... (4) Deve fare la babysitter per sua sorella!

*Gino*    Voi due, ............... (5) venire sabato, allora?

*Paolo*    Sabato, sì, ............... (6) venire tutti e due. Facciamo sabato, allora?

*Gino*    Ah no, scusa! Sabato niente! Filippo e Giovanna non ............... (7) venire. Sono via per il weekend. Allora senti, facciamo lunedì?

*Paolo*    Per me va bene, ma prima devo chiedere a Roberta. Se non ............... (8) venire ti richiamo!

*Gino*    Bene. Allora mi richiami tu?

*Paolo*    Sì. Ti telefono stasera. Ciao, e grazie, eh?

**4**    You've seen a shop with a lovely display of jumpers in the window, and you might buy one if they're not too expensive. So you'd better go in and find out . . .

*Commessa*    Buongiorno.

*You*    *(Say good morning. You're looking for a jumper)*

*Commessa*    Che taglia desidera?

*You*    *(Forty-four)*

*Commessa*    Di che colore?

*You*    *(Tell her blue or brown)*

*Commessa*    Allora, vediamo. C'è questa in blu, molto morbida, molto elegante . . .

*You*    *(Ask if it's in pure wool)*

*Commessa*    Sì, cento per cento lana. Tutte le nostre maglie sono di pura lana.

*You*    *(Tell her it's very beautiful, you like it a lot, and ask how much it costs)*

*Commessa*    Questa viene sessantamila lire.

*You*    *(Oh, it's a bit expensive!)*

*Commessa*    Sì, è cara, ma è molto elegante. E' il modello che vendiamo di più quest'anno.

*You*    *(Ask her if you can see a brown jumper)*

*Commessa*    Certo. Abbiamo questa, molto morbida anche. E' l'ultima che abbiamo nel quarantaquattro.

*You*    *(Tell her you like the colour and it's very soft. Then ask the price)*

*Commessa*    Questa è un po' meno cara. Costa . . . quarantaduemila.

*You*    *(Say nothing and look doubtful)*

*Commessa*    Posso farle un piccolo sconto . . .

*You*    *(How much?)*

*Commessa*    Quarantamila. Va bene?

*You*    *(Say that's fine. You'll take it)*

*Commessa*    Benissimo. Gliela incarto?

*You*    *(Say yes, thank you, and here's the 40,000)*

*Commessa*    Grazie a lei. Molto gentile. Arrivederla.

# 13 VIENE FATTO COSÌ

## TALKING ABOUT HOW THINGS ARE DONE

There's a shop in Orvieto where they make and sell fresh pasta. Walter asks the owner what kinds of pasta they make and if it's all home-made.

| | |
|---|---|
| *Walter* | Questa pasta è fatta tutta a mano? |
| *Signora* | Sì, fatta tutta a mano. |
| *Walter* | Quali tipi di pasta fate? |
| *Signora* | Facciamo tagliatelle, agnolotti, gnocchi, umbrichelle, ravioli, tagliolini, spaghetti, pasta verde. |
| *Walter* | Fate tutti i giorni tutti questi tipi di pasta? |
| *Signora* | No, ci sono dei giorni particolari che facciamo delle specialità. |
| *Walter* | Per esempio? |
| *Signora* | Martedì gnocchi, giovedì ravioli, venerdì umbrichelle. |
| *Walter* | Quali sono i tipi di pasta che gli italiani amano di più? |
| *Signora* | Un po' tutti, però apprezzano maggiormente le tagliatelle. |
| *Walter* | Le tagliatelle . . . E i gnocchi? |
| *Signora* | Sì, anche i gnocchi. Da noi è anche molto apprezzato l'umbrichelle. |
| *Walter* | E' una specialità locale? |
| *Signora* | E' una specialità umbra. |
| *Walter* | Grazie. |
| *Signora* | Prego. |

| | |
|---|---|
| fate, facciamo | *you make, we make* |
| dei giorni particolari che | *special days on which* |
| apprezzano maggiormente | *above all they enjoy* |
| l'umbrichelle | (= il piatto di umbrichelle) |

> To say something's done, or made:
> questa pasta **è fatta** a mano
> questi ravioli **sono fatti** in casa
> le tagliatelle **vengono fatte** così

Here's Walter talking to the chef of the *Ristorante Morino*, signor Paradiso. He asks him for the recipe of one of his specialities, an extremely rich dish: **le tagliatelle all'etrusca**, *tagliatelle Etruscan style*.

| | |
|---|---|
| *Walter* | Signor Paradiso, ci può dare la ricetta delle tagliatelle all'etrusca? |
| *Chef* | Sì. Le tagliatelle all'etrusca vengono fatte così, per cinque persone. Ci vogliono: duecentocinquanta grammi di burro, cinquanta grammi di parmigiano, duecentocinquanta grammi di funghi, un etto di panna, e tre etti, tre etti e mezzo di tagliatelle. Per il sugo bisogna prendere un tegame, poi mettere tutti questi ingredienti – burro, panna, funghi e parmigiano. Bisogna mescolarlo bene e scioglierlo. |
| *Walter* | Per quanto tempo bisogna mescolare? |
| *Chef* | Per quattro minuti. Poi prendere le tagliatelle e mescolarle insieme a questo sugo. |

| Walter | Ecco, le tagliatelle vanno cotte naturalmente a parte? |
| Chef | Si, le tagliatelle vanno cotte a parte. Le tagliatelle vengono cotte in un altro tegame con l'acqua bollente, circa due minuti, due minuti e mezzo. |
| Walter | Ci vogliono solamente due minuti? |
| Chef | Si, due minuti, due minuti e mezzo. E dopo, quando sono pronte, vengono passate in questo tegame, dove c'è tutta la salsa pronta. Poi mescolarle ancora, ancora per due minuti, due minuti e mezzo circa, e poi sono pronte. |
| Walter | Vanno servite ben calde? |
| Chef | Ben calde sì, anche i piatti ben caldi. |
| Walter | Grazie. |
| Chef | Prego. |

| ci può dare? | can you give us? |
| vengono fatte così | are made like this |
| ci vogliono | you need |
| bisogna | you must/have to |
| mescolarlo, scioglierlo | stir it, melt it |
| cotte, servite, passate | cooked, served, transferred |
| ben caldo | nice and hot |

---

RADIO 3    Mr Fredda is the head wine waiter at the restaurant. He talks about the different kinds of wine produced locally.

| Walter | Signor Fredda, qual è il vino più apprezzato dai clienti? |
| Sig. Fredda | Il vino bianco, vino bianco classico DOC. |
| Walter | Ci sono due tipi di vino classico Orvieto? |
| Sig. Fredda | Sì, c'è il classico abboccato e il classico secco. Il classico abboccato è un vino di entrata nel pasto, come aperitivo. Il secco invece è consigliato per carni bianche e pesce. |
| Walter | Lei, come sommelier, quali vini consiglia per il pasto? |
| Sig. Fredda | Io, come sommelier, consiglio dei vini bianchi con i primi piatti, come una pasta in bianco, le posso dire carni bianche come il pollo, vitello. Il rosso lo consiglio con delle carni rosse, di manzo, cacciagione e stufati. |
| Walter | Qual è il vino più venduto, il bianco abboccato, e secco, o il rosso? |
| Sig. Fredda | Be', il vino più venduto in Orvieto, e d'Orvieto, è il bianco secco. Poi viene il bianco abboccato e il rosso, che sta uscendo molto bene. |
| Walter | A lei personalmente, quale vino piace di più? |
| Sig. Fredda | Be', mi piacciono due tipi di vino, il bianco secco e il rosso. |

| un vino di entrata nel pasto | a wine to be drunk before the meal |
| il rosso lo consiglio | I recommend the red |
| che sta uscendo molto bene | which is coming on very nicely |

---

TV 4    Settimio Belcapo is a lawyer, **un avvocato**. He owns a farm outside Orvieto called *La Cacciata*, where he produces wine and olive oil. How does he divide his time between running the farm and his office in town?

| Anna | Avvocato, come divide il tempo fra le due attività? |
| Avv. Belcapo | Be', è una cosa molto semplice. Io m'alzo molto presto la mattina. Alle sette circa sono già in piedi e cerco di organizzare il lavoro degli operai, |

quindi sto in campagna fino alle nove. Poi alle nove vengo qui in studio.
Torno in campagna alla Cacciata, dove abito, all'una, una e un quarto,
pranzo, e poi torno in campagna fino alle cinque. Alle cinque torno in
studio fino alle otto, otto e mezzo, fino a che è necessario.

| | |
|---|---|
| *Anna* | E' una giornata lunga per lei. |
| *Avv. Belcapo* | Eh, abbastanza! |

| | |
|---|---|
| io m'alzo molto presto | *I get up very early* |
| quindi sto in campagna | *so I stay on the farm (in the country)* |
| fino a che è necessario | *as long as it's necessary* |

---

**TV     5**

A large vineyard like Luigi Barberani's, overlooking Lake Corbara,
produces around 3,000 hectolitres (300,000 litres) of wine a year, mostly
Orvieto Classico white, but also some red, some rosé and some other
types of wine.

| | |
|---|---|
| *Anna* | Signor Barberani, quanto vino produce in media all'anno? |
| *Sig. Barberani* | Ma dipende un po' dalle annate, all'incirca duemilacinquecento, tremila ettolitri di vino. |
| *Anna* | E' tutto vino bianco o fate anche del rosso? |
| *Sig. Barberani* | Ma in maggior parte è vino bianco, circa duemila ettolitri; il rimanent. è vino rosso. Ce n'abbiamo anche del vino rosato e qualche altro tipo di vino. |
| *Anna* | E quali sono i diversi tipi di vino bianco? |
| *Sig. Barberani* | Ma la produzione fondamentale è l'Orvieto Classico di due tipi: secco, che è la produzione più importante, e poi c'è dell'Orvieto Classico abboccato. |

| | |
|---|---|
| in media all'anno | *on average per year* |
| ce n'abbiamo anche | *we also have* |

---

**TV     6**

Settimio Belcapo also produces Orvieto Classico DOC, but he's
particularly proud of his red wine, which he very much wants to promote.

| | |
|---|---|
| *Avv. Belcapo* | Io faccio anche del vino rosso, anche se Orvieto è specializzata per il DOC, per il bianco, ma io tengo moltissimo a che s'affermi il vino rosso della Cacciata, cioè della zona dove è la mia azienda, perché è un vino veramente meraviglioso – immodestamente lo dico, ma è meraviglioso! |

| | |
|---|---|
| tengo moltissimo a che s'affermi il vino rosso | *I'm very keen that the red wine should become established* |
| immodestamente lo dico! | *it's immodest of me to say so!* |

---

**TV     7**

In contrast to most other producers, he also believes that the white wine
can be allowed to age before it's put on the market.

| | |
|---|---|
| *Avv. Belcapo* | Oggi c'è una tendenza del mercato a mettere al consumo, di portare subito al consumo, il vino giovane, praticamente, quando ha un anno, al massimo un anno e mezzo. Io sostengo che il vino nostro d'Orvieto, che è veramente molto pregiato e molto buono, può essere portato al commercio anche dopo tre anni, tranquillamente. |

| | |
|---|---|
| quando ha un anno | *when it's a year old* |
| io sostengo che | *I maintain that* |

Luigi Barberani is of the opposite opinion.

*Anna*    Il vostro vino viene imbottigliato e venduto subito o lo lasciate invecchiare?

*Sig. Barberani*    Ma generalmente i vini bianchi sì, cioè i vini bianchi debbono essere presentati piuttosto giovani e quindi cerchiamo di imbottigliarli molto presto, a partire già dal mese di marzo dopo la vendemmia.

| | |
|---|---|
| viene imbottigliato, venduto | *is bottled, sold* |
| lo lasciate invecchiare? | *do you let it age?* |
| debbono essere presentati | *must be offered for sale* |
| a partire già da . . . | *from as early as . . .* |

Many small producers and local farmers take their grapes to the wine cooperative in Sugano, a village up in the hills not far from Orvieto. Giovanni Roticiani is the secretary of the cooperative.

*Anna*    Senta, le piace il vino che fate qui?

*Sig. Roticiani*    Sì.

*Anna*    Quanto ne beve, circa, in una giornata?

*Sig. Roticiani*    Io? Eh, un litro circa.

*Anna*    Un litro?

*Sig. Roticiani*    Troppo?

*Anna*    No . . .

*Sig. Roticiani*    Giusto!

quanto ne beve, circa?    *how much (of it) do you drink, roughly?*

## ALLORA . . .

### VOCABOLARIETTO

| | | |
|---|---|---|
| pranzare | il litro | andare |
| la ricetta | abboccato | venire |
| l'ingrediente | rosato | tornare |
| il tegame | giovane | |
| cotto | | prendere |
| servire | l'annata | mettere |
| | la giornata | portare |
| caldo | | |
| lungo | pronto | amare |
| semplice | presto | fare |
| meraviglioso | | organizzare |

**To say** that something is done or made . . . :

la pasta **è fatta**
il pane **è fatto** | a mano
le tagliatelle **sono fatte** | in casa
i ravioli **sono fatti**

> **fare** *to make, to do;*    **fatto,** –a, –i, –e *made, done*

You can say the same thing using **viene** instead of **è** and **vengono** instead of **sono**:

il vino **viene** | **imbottigliato** a marzo
  | **venduto** subito
  | **bevuto** fresco

le tagliatelle **vengono** | **fatte** a mano
  | **cotte** per due minuti
  | **servite** ben calde

> To form the words for *bottled*, *sold*, *served*, etc. there is a pattern you can follow:
>
> | passare<br>imbottigliare | vendere<br>conoscere | preferire<br>servire |
> | --- | --- | --- |
> | passato<br>imbottigliato | venduto<br>conosciuto | preferito<br>servito |
>
> Not all verbs follow this pattern, and those that don't are shown as follows from now on:
>
> **bere** (bevuto); **cuocere** (cotto); **fare** (fatto), etc.

**Learn a verb (or two) a week**

| andare (andato) | | venire (venuto) | |
| --- | --- | --- | --- |
| vado | andiamo | vengo | veniamo |
| vai | andate | vieni | venite |
| va | vanno | viene | vengono |

**Want to know more?**    See **Grammatica** 32; 38; 45; 53; 62; 81

---

PAROLE E USANZE

---

il vino bianco | **è**<br>**viene**<br>**va** | servito molto fresco.

le tagliatelle | **sono**<br>**vengono**<br>**vanno** | servite ben calde.

People use **è**, **viene**, **sono** and **vengono** to say how things actually are done; they use **va** and **vanno** to say how things should be, or ought to be, done.

Giorno and giornata both mean *day* in English; giorno is used to talk of the day as a unit of 24 hours:

> siamo chiusi **un giorno** alla settimana
> il mese di settembre ha **30 giorni**

giornata is used to talk of the contents of the day:

> quanto vino beve in **una giornata?**
> che bella **giornata!**
> è **una giornata** lunga!

The same difference underlies **anno** and **annata**.

Tornare means *to return*, both in the sense of *to go back* and *to come back*:

> torno in campagna, dove abito, all'una,
> poi alle cinque **torno** in studio fino alle
> otto, otto e mezzo . . .

Gli gnocchi, i gnocchi: gli gnocchi is the correct form, but people often say i gnocchi.

**Two for the price of one**
abboccato and amabile both mean *sweet* when referring to wine.

## VITA ITALIANA

### La pasta
Whether or not Italians begin their meal with a starter, **un antipasto**, **pasta** remains the most popular first course to a meal. And virtually no other food lends itself so readily to such a wide variety of styles of preparation.

The word actually means 'pastry' or 'dough' (Italians use the same word for a pastry from the cake shop), and whatever shape or size it is eventually cut into, the dough is basically the same – a mixture of hard wheat flour, salt and water. Some varieties are also available made with egg (**pasta all'uovo**) or with the addition of spinach puree (**pasta verde**).

There are many dozens of different shapes and sizes, each with its own name, and an equally large number of sauces to serve with them. The popularity of different types varies greatly from region to region, but here is a list of some of the most common types (see next page):

| Pasta for soup | Pasta for boiling or baking | |
|---|---|---|
| 1 conchigliette | 5 fusilli | 10 farfalle |
| 2 anellini | 6 spaghetti | 11 lumache |
| 3 semini | 7 penne | 12 tagliatelle |
| 4 vermicelli | 8 lasagne | 13 rigatoni |
| | 9 ruote | |

Pasta which is filled either with a meat stuffing or with a spinach and cheese or cream stuffing (**di magro**).

| | |
|---|---|
| àgnolotti | cannelloni |
| ravioli | tortellini |

## Il vino Orvieto Classico

Wine-making in Orvieto on a commercial scale is an ancient affair. The Etruscans ran a flourishing wine trade with the Gauls and other peoples of northern Europe, and the Romans expanded the business, shipping the wine from their inland port at Pagliano, about 10 kilometres south-east of Orvieto, where the river Paglia flows into the Tiber. The wine then was almost certainly sweet, **amabile** or **abboccato**. This is because it was made in cellars cut deep into the rock beneath the city where the temperature was, and still is, perfect for storing the wine, but too low to allow for a complete fermentation, leaving a certain amount of natural sugar in the liquid. On the other hand, this system of making wine underground at a constant temperature would have guaranteed the result and produced a wine far superior to the average of the time.

In later centuries, the wine was highly appreciated by a succession of popes, many of whom resided at various times in Orvieto when Rome was under the threat of invasion. Clement VII, with whom Henry VIII clashed over the question of divorce with such historic consequence, resided much of the time in Orvieto. And there are instances of artists employed by the Church being part paid in wine. One was Luca Signorelli, who painted the magnificent frescoes in the Cappella Nuova in the cathedral. Another, Bernardino da Perugia, better known as *il*

*Pinturicchio*, was sacked for consuming '. . . too much gold, too much blue and too much wine'.

Nowadays, Orvieto Classico DOC is made by modern methods and according to strict regulations as to proportions of certain grapes, and is grown within a clearly defined area. You can buy it dry, **secco**, or sweet, **abboccato**, and the wine bottled for shipment abroad is of a consistent quality. In and around Orvieto itself you can have a fascinating time going from bar to bar, and from restaurant to restaurant, discovering the different qualities of wine, according to which vineyard the proprietor buys from or, in some cases, even owns. You can also drink the wine **spaccato**, half dry, half sweet, and when it's very young – which it normally will be – it will fizz like a sparkling wine when poured. It isn't too difficult to understand why the popes approved!

## PROVA UN PO'...

1 Can you fill in the gaps with the appropriate forms of **chiuso** or **aperto**?

In Italia i negozi sono ............... (1) la mattina fino a mezzogiorno; molti rimangono ............... (2) fino alle quattro, dopo di che sono ............... (3) fino alle otto di sera.

Le banche sono ............... (4) da lunedì a venerdì; sono ............... (5) sabato e domenica.

I ristoranti sono ............... (6) per turno un giorno alla settimana; i bar, invece, sono sempre ............... (7) E c'è sempre una farmacia ............... (8) per turno alla sera e al weekend.

I musei statali non sono ............... (9) il lunedì.

Durante la stagione turistica molti negozi sono ............... (10) sette giorni alla settimana, ma non nelle grandi città come Roma, Milano, Torino. In agosto, nelle grandi città, molti negozi e ristoranti sono ............... (11) per ferie. In questo periodo non è sempre facile trovare un ristorante ............... (12)

2 Can you complete the sentences, using the appropriate form of the verbs given in brackets.

1 I vini italiani sono ............... non solo in Italia ma anche all'estero. *(vendere)*
2 Sono ............... in Gran Bretagna, dove sono molto ............... *(conoscere, apprezzare)*
3 Un buon vino rosso può essere ............... invecchiare per qualche anno; i vini bianchi, invece, vanno ............... giovani. *(lasciare, bere)*
4 Il vino bianco va ............... fresco e va ............... con il pesce, il pollo ed altre carni bianche, come il vitello. *(servire, bere)*
5 I vini rossi, invece, vanno ............... a temperatura ambientale e sono ............... con le carni rosse, come il manzo. *(servire, consigliare)*
6 I vini di qualità vengono ............... dalle case produttrici. *(imbottigliare)*

3 Can you fill the gaps in the following, using the appropriate form of the verbs given in brackets?

Una serata tipica? Allora, io (1 *lavorare*) fino alle cinque ma non (2 *tornare*) subito a casa. Generalmente (3 *restare*) un po' in città e (4 *andare*) in un bar del centro dove (5 *prendere*) l'aperitivo con gli amici. (6 *parlare*), così, di un po' di tutto per una buona mezz'ora. Poi, dato che i negozi (7 *essere*) aperti fino alle otto, quando c'è bisogno (8 *andare*) in piazza e (9 *comprare*) un po' di vino, o della frutta, o un pacchetto di sigarette. Dopo di che, (10 *prendere*) l'autobus e (11 *arrivare*) a casa tra le otto e le otto e mezzo. In genere, (12 *mangiare*) tutti insieme, Sandra, io e i ragazzi, ma qualche volta Sandra e io (13 *lasciare*) i ragazzi a casa e (14 *andare*) a mangiare fuori, in un ristorante. Una volta alla settimana (15 *venire*) degli amici a mangiare da noi, oppure (16 *prendere*) la macchina e (17 *andare*) tutti in campagna a cenare in una piccola trattoria dove si mangia molto bene. Quando (18 *cenare*) fuori, non (19 *tornare*) mai prima di mezzanotte.

4     You're in a restaurant in Orvieto with a couple of friends and rather than take the house red as you usually do, you've decided to ask the wine waiter something about the wines.

| | |
|---|---|
| *Cameriere* | Allora, cosa prendono da bere? |
| *You* | *( Ask him if he's got a red wine from the region )* |
| *Cameriere* | Certo. Ma siamo a Orvieto, signore. Abbiamo i nostri famosissimi vini bianchi! |
| *You* | *( Say fine and ask if it's dry )* |
| *Cameriere* | Ci sono due tipi, il classico secco e il classico abboccato. |
| *You* | *( Ask him why 'classic' )* |
| *Cameriere* | Classico vuol dire che il vino viene prodotto in certe zone limitate della nostra regione. |
| *You* | *( And ask him if the classic Orvieto is drunk young )* |
| *Cameriere* | Sì, sì. Il nostro vino bianco va bevuto molto giovane, massimo due anni. Allora, una bottiglia? |
| *You* | *( Tell him yes, but you don't know if you'll have the dry or the sweet )* |
| *Cameriere* | Allora, sono ottimi tutti e due. Come aperitivo consiglio l'abboccato. Il secco invece va bevuto con il pesce, le carni bianche . . . |
| *You* | *( Very good. Say you'll have half a bottle of sweet straight away )* |
| *Cameriere* | Benissimo . . . |
| *You* | *( And then a bottle of dry )* |
| *Cameriere* | Perfetto, signori! E buon appetito! |

# 14 COSA HA FATTO?

## TALKING ABOUT WHAT YOU'VE BEEN DOING

RADIO      1

Gianna did a survey in Vicenza on people's shopping habits. First she stopped a man who'd just come through a supermarket checkout, so he knew exactly how much he'd spent.

*Gianna*    Scusi, signore, lei ha fatto la spesa, vedo. Che cosa ha comprato?

*Signore*    Ho comperato un po' di tutto. Dal detersivo alla frutta, allo zucchero, alle bibite, al latte.

*Gianna*    Ha comperato vino?

*Signore*    No, vino niente.

*Gianna*    Olio?

*Signore*    Olio nemmeno.

*Gianna*    Verdura?

*Signore*    Verdura neanche.

*Gianna*    Quanto ha speso in tutto?

*Signore*    Ventimilacentosettantacinque lire.

*Gianna*    Ha comprato tutto al supermercato?

*Signore*    Tutto qua, tutto al supermercato.

*Gianna*    E trova che la vita è cara?

*Signore*    In confronto a un anno fa, sì. Io direi venti per cento.

*Gianna*    Fa sempre lei la spesa?

*Signore*    Sempre io.

*Gianna*    Sì? Grazie.

*Signore*    Prego. Prego.

| | |
|---|---|
| lei ha fatto la spesa, vedo | *you've done the shopping, I see* |
| che cosa ha comprato? | *what have you bought?* |
| quanto ha speso? | *how much have you spent?* |
| in confronto a un anno fa | *compared to a year ago* |
| io direi | *I'd say* |

> To say you did, or have done, something:
>
> | | |
> |---|---|
> | | **fatto** la spesa |
> | **ho** | **comprato** un po' di tutto |
> | | **speso** venticinquemila lire |

RADIO      2

Next a young woman carrying a couple of heavy shopping bags.

*Gianna*    Signora, scusi, lei ha fatto la spesa oggi?

*Signora*    Sì, ho fatto la spesa.

*Gianna*    Che cosa ha comprato?

*Signora*    Della pasta, del pane . . .

*Gianna*    Olio?

*Signora*    No, olio, no. Del burro, della panna.

*Gianna*    Ha comprato frutta?

*Signora*    Sì, ho comprato dei pompelmi. *grapefruit*

| | |
|---|---|
| *Gianna* | Ha comprato verdura? |
| *Signora* | No, la verdura non l'ho comprata ancora. |
| *Gianna* | E quanto ha speso in tutto? |
| *Signora* | Ho speso ventiduemila e qualcosa. |
| *Gianna* | E' cara la vita? |
| *Signora* | Abbastanza. |
| *Gianna* | E' cara la carne? |
| *Signora* | Si, la carne tantissimo. |
| *Gianna* | E la verdura? |
| *Signora* | La verdura? Non ne parliamo! |
| *Gianna* | Ha comprato vino? |
| *Signora* | No, ho comprato un <u>amaro</u>. *after dinner liqu* |
| *Gianna* | Grazie. |
| *Signora* | Prego. |

| | |
|---|---|
| la verdura non l'ho comprata ancora | *I haven't bought the vegetables yet* |
| non ne parliamo! | *don't let's talk about that!* |

Un supermercato. Puoi fare la spesa qui a mezzogiorno?

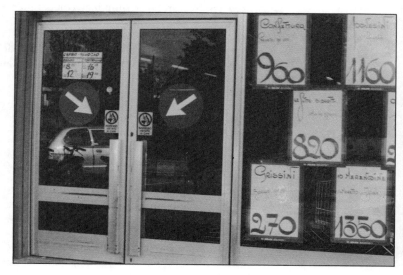

And here's a man who has come into Vicenza market from the countryside.

| | |
|---|---|
| *Gianna* | Signore, scusi, vedo che ha fatto la spesa. Che cosa ha comprato oggi? |
| *Signore* | Quindi, ho comperato della carne, verdura, vino, noci, Coca Cola, carote . . . |
| *Gianna* | *(seeing a bottle of oil amongst his shopping)* Olio, vedo. |
| *Signore* | Olio, mele . . . |
| *Gianna* | E quanto ha speso in tutto? |
| *Signore* | Circa venticinquemila lire. |
| *Gianna* | Trova che è cara la vita? |
| *Signore* | Eh! Purtroppo che è cara, purtroppo! |
| *Gianna* | E' cara la carne? |
| *Signore* | Verso le dieci o dodicimila lire al chilo! |

L2.180/Kg

161

| | |
|---|---|
| *Gianna* | E la verdura? |
| *Signore* | E la verdura, secondo la verdura. Gli spinaci come ho comprato questa mattina, duemila cento e ottanta al chilo. |
| *Gianna* | Mamma mia! E il vino? E' caro? |
| *Signore* | Il vino, millecento due litri. |
| *Gianna* | Grazie. |
| *Signore* | Prego. |

secondo la verdura    *depending on the vegetables*
come ho comprato    *like the kind I bought*
mamma mia!    *goodness me!*

RADIO          4    Finally a woman who looked as though she'd been stocking up for weeks ahead.

| | |
|---|---|
| *Gianna* | Signora, scusi, lei ha fatto una grossa spesa, vedo. Che cosa ha comperato? |
| *Signora* | Sono andata dal macellaio e ho comperato della carne per metterla in frigorifero – in freezer, no? E quindi ho comperato vari pezzi di varie qualità. |
| *Gianna* | Che cosa, per esempio? Che carne? |
| *Signora* | Ho comperato, per esempio, delle fette di tacchino, della gallina, del manzo, eh . . . del pesce surgelato e anche dei piselli, della verdura surgelata, dei salami. |
| *Gianna* | Ha comperato olio? |
| *Signora* | No. Oggi non ho comperato olio. Sono andata invece dal panettiere e ho comperato del pane e della pasta e anche una torta. |
| *Gianna* | E verdura fresca? |
| *Signora* | No, oggi non ho comperato verdura fresca perché . . . |
| *Gianna* | *(suggesting a reason)* Ne ha già in casa. |
| *Signora* | Quindi ne ho ancora. |
| *Gianna* | E quanto ha speso in tutto, pressappoco? |
| *Signora* | Pressappoco ho speso circa trentamila lire. |
| *Gianna* | Trova che la vita è cara? |
| *Signora* | Abbastanza cara, direi. |
| *Gianna* | E' aumentata molto in questi ultimi tempi? |
| *Signora* | Be' sì, è aumentata e è diventata più cara di prima. |
| *Gianna* | E' aumentata di più la carne o la verdura o . . .? |
| *Signora* | Ma io credo più la verdura della carne. |
| *Gianna* | Sono d'accordo. Grazie, signora. |
| *Signora* | Prego. Arrivederla. |

sono andata dal macellaio    *I've been to the butcher's*
ne ha già in casa    *you've already got some at home*
ne ho ancora    *I've still got some*
è aumentata molto?    *has it gone up a lot?*
è diventata    *it's become*
più la verdura della carne    *vegetables more than meat*

To say you've been somewhere:

| | | |
|---|---|---|
| **sono** | **andata** | al supermercato |
| | **andato** | dal macellaio |

There are probably more cooperatives in the area around Orvieto than anywhere else in Italy. One of them is a cattle farm producing milk and veal. It's been going for three years and membership has risen from nine to forty-seven. The hardworking president is Fernando Graziani.

*Anna* Signor Graziani, ha fondato lei questa cooperativa?
*Sig. Graziani* Be', dire che l'ho fondata io, no. Diciamo che siamo un gruppo di coltivatori che abbiamo fondato la cooperativa.
*Anna* In quanti siete?
*Sig. Graziani* Alla fondazione, siamo partiti in nove; oggi siamo quarantasette.
*Anna* E siete tutti agricoltori?
*Sig. Graziani* Tutti agricoltori, sì.

| | |
|---|---|
| dire che | *to say that* |
| diciamo che siamo | *let's say we are* |
| in quanti siete? | *how many of you are there?* |
| siamo partiti in nove | *there were nine of us to start with* |

The fishermen on Lake Corbara got together as a cooperative some years ago because they realised that individually they could not survive. They now have a small but flourishing business.

*Anna* In quanti siete nella cooperativa?
*Sig. Petrocchi* Dieci circa.
*Anna* E c'è del buon pesce qui nel lago?
*Sig. Petrocchi* Be', pesce d'acqua dolce, e ci stanno delle specie pure buone.
*Anna* Pescate tutti i giorni?
*Sig. Petrocchi* No; lunedì, martedì, mercoledì e giovedì.
*Anna* E poi fate riposo?
*Sig. Petrocchi* Riposo, sì.
*Anna* Perché avete fondato una cooperativa?
*Sig. Petrocchi* Perché è un lavoro che da soli non si fa.
*Anna* Non è abbastanza . . .
*Sig. Petrocchi* Non è abbastanza, no. Si lavora male, si fatica molto e rende poco.

| | |
|---|---|
| ci stanno delle specie pure buone | *there are some quite good ones* |
| che da soli non si fa | *that you can't do on your own* |
| si lavora male, si fatica molto e rende poco | *you can't work properly, it's very tiring and there's little return* |

A group of mostly young people run a cooperative to provide guided tours, help in the work of the local tourist office and teach English. President of this cooperative is Silverio Lupi, who lived in Canada for thirteen years and now runs the English classes with his Canadian wife.

| | |
|---|---|
| *Anna* | Da quanti anni abiti qui a Orvieto? |
| *Silverio* | Un anno solo. |
| *Anna* | Ma dove hai imparato l'inglese? |
| *Silverio* | In Canadà, dove sono stato per tredici anni. |
| *Anna* | Perché sei andato nel Canadà? |
| *Silverio* | Ma . . . per lavoro e per studio. |
| *Anna* | Dove hai studiato? |
| *Silverio* | A London, Ontario. |
| *Anna* | Ontario. E quando sei tornato in Italia? |
| *Silverio* | L'anno passato. |
| *Anna* | E sei venuto a vivere qui? |
| *Silverio* | Qui vicino, in un paese che si chiama Fabro. |
| *Anna* | E tu e tua moglie insegnate l'inglese qui? |
| *Silverio* | Sì. |
| *Anna* | Quanti studenti avete? |
| *Silverio* | L'altr'anno ne abbiamo avuto quarantadue. Quest'anno si spera di più. |
| *Anna* | Perché tutti vogliono imparare l'inglese? |
| *Silverio* | In generale, qui a Orvieto, c'è una necessità perché appunto vi sono molti turisti e l'economia è legata al turismo. In più c'è un interesse vero e proprio a scopo culturale e d'interesse generale a sapere la lingua inglese. |

| | |
|---|---|
| dove sono stato | *where I lived* |
| l'altr'anno ne | *last year* |
| abbiamo avuto | *we had* |
| si spera di più | *we're hoping (one hopes) for more* |
| tutti vogliono | *everybody wants* |
| perché appunto vi sono | *because there are in fact* |
| vero e proprio | *very real* |
| a scopo culturale | *for cultural reasons* |

## ALLORA . . .

### VOCABOLARIETTO

| | | |
|---|---|---|
| fare la spesa | lavorare | il gruppo |
| spendere | insegnare | il turista |
| piselli | pescare | il paese |
| carote | la vita | la campagna |
| | vivere *to live* | |
| *butcher* il macellaio | credere *to believe* | grosso |
| *baker* il panettiere | sperare *to hope* | fresco |
| *farmer* l'agricoltore | diventare *to become* ultimo | |
| *fisherman* il pescatore | aumentare *to go up* | |

To say you did, or have done something:

|   | |
|---|---|
| ho | **fatto** la spesa |
| | **comprato** un po' di tutto |
| | **imparato** l'inglese in Canadà |

When talking about something you've done in the past, you use **ho** *I have* followed by the words for *made*, *bought*, *learnt*, etc.

**To ask** another person what he or she did, or has done:

cosa ha | fatto?
comprato?
imparato?

To form the words for *made*, *bought*, *learnt*, etc., see the pattern on p 154.

**To say** you went, or have been somewhere:

sono | andato *(if you're male)*
andata *(if you're female)*

**sono**, not **ho**, is used with a number of verbs, most of them to do with coming and going like **andare, venire, partire, arrivare**, and a few miscellaneous ones like **essere** and **diventare**.

Oggi Maria **è andata** dal macellaio
Silverio **è tornato** in Italia dal Canadà
Il treno per Roma **è partito** alle cinque
**Sono arrivate** due cartoline dalla Francia

When using **sono**, **è**, etc., the endings of **andato, venuto, partito**, etc. change according to what they refer to.

### Learn a verb (or two) a week

To talk about the past, you need to be familiar with **avere** *to have* and with **essere** *to be*.

| avere (avuto) | | essere (stato) | |
|---|---|---|---|
| ho | abbiamo | sono | siamo |
| hai | avete | sei | siete |
| ha | hanno | è | sono |

In the glossary at the back of the book, verbs that use **essere** in the past are marked with an asterisk, eg: **partire***

**Want to know more?** See **Grammatica** 54, 63; 72, 74

PAROLE E USANZE

When answering a series of questions, Italians tend not to keep repeating **si**, or **no**, but use other words instead:

| Ha comprato del vino oggi? | Sì | No |
|---|---|---|
| E olio? | Anche | Neanche |
| E verdura? | Pure | Neppure/Nemmeno |

**Paese** means country, as in *foreign country*, but it's also the word for a small town or village: **un paese che si chiama Fabro**. *The country* in the sense of countryside is **la campagna**.

**Siamo in** plus a number means *there are ... of us*:

| siamo in | due |
| | tre |
| | nove |

This is how you tell a waiter how many of you there are when you go into a restaurant.

**Sono andato, –a** *I've been to, I went to:*
use **a** for the name of a town:

| sono andato | a Roma |
| | a Glasgow |
| | a Londra |

use **da** for the home or shop of a particular person:

| sono andato | da Giovanni |
| | da Maria |
| | dal medico |
| | dal macellaio |

use **in** for an area or country:

| sono andato | in Umbria, in Toscana |
| | in Italia, in Scozia |
| | in centro, in campagna, in montagna |

with establishments, work places, etc, it varies between **a** and **in**:

| sono andato | in banca, in farmacia |
| | in ufficio, in fabbrica |
| | a scuola, all'ufficio postale, al cinema |

**Two for the price of one**
**L'anno passato** and **l'altr'anno** both mean *last year* – and you'll also hear lots of people say **l'anno scorso**.

**Ci sono, vi sono** and **ci stanno** all mean *there are*; **ci sono** is the more usual.

## VITA ITALIANA

### Cooperative nell'orvietano
There are many cooperatives in the Orvieto area, and part of the reason for this is ideological. By law, a cooperative must be non profit-making, the aim being to provide a social service. Any surpluses must therefore be ploughed back to improve the service and reduce the cost to the public. But in an economy which is mainly agricultural there are other reasons, too. Many activities are simply not viable unless carried out by a group of people. The fishermen of Lake Corbara are an instance of this, and on a larger scale, the cattle farm *Co-opaz* is the result of local farmers realising that raising the odd head of cattle

individually was totally uneconomical. And there are other cooperatives, involving builders, craftsmen, and architects. To help with these enterprises there are state subsidies, grants and low interest loans. Several cooperatives have also been formed to provide employment for young people, for whom there is a further subsidy.

## PROVA UN PO' . . .

1   Can you complete the following, using the correct forms of **avere** or **essere** as appropriate?

Stamattina ............... (1) fatto la spesa al mercato. ............... (2) comprato della frutta e della verdura fresca e un bel mazzo di fiori per mia moglie. Poi ............... (3) andato dal macellaio, dove ............... (4) comprato un chilo di carne per fare il bollito. In tutto ............... (5) speso quasi ventimila lire. La carne soprattutto è carissima! Poi ............... (6) tornato a casa dove ............... (7) trovato un messaggio da mia moglie: '............... (8) andata in farmacia. Torno tra cinque minuti'. Non ............... (9) tornata in cinque minuti: ............... (10) tornata dopo venti. Così ............... (11) dovuto mettere io la verdura nel frigorifero e i fiori in un po' d'acqua fresca. Poi ............... (12) telefonato mia suocera: arriva alle tre. Mi ............... (13) domandato se posso andare a prenderla alla stazione. Mamma mia, che mattinata!

2   Here's a conversation that might well take place between a girl doing market research and a shopper. But we've left out 20 words. Can you fill the gaps, using the words listed in the box?

| vino | torta | casa | carne | panettiere |
|------|-------|------|-------|-----------|
| cara | carissimo | del | degli | dei |
| tutto | comprato | andata | trova | fatto |
| scusi | sono | ho | speso | abbastanza |

| | |
|---|---|
| *Ragazza* | Signora, .............., lei ha ............... la spesa, vedo. |
| *Signora* | Sì. |
| *Ragazza* | Che cosa ha ............... oggi? |
| *Signora* | Ma oggi sono ............... dal macellaio e ............... comprato della carne. Dopo, ............... andata al mercato e lì ho comprato ............... pesce e della verdura: ............... piselli, ............... spinaci, un po' di ............... . E poi sono andata dal ............... e ho comprato del pane e una ..............., ecco! |
| *Ragazza* | Ha comprato del ............... oggi? |
| *Signora* | No, oggi no perché ne ho già in ............... . |
| *Ragazza* | E quanto ha ..............., più o meno? |
| *Signora* | Verso le trentamila lire. |
| *Ragazza* | Lei ............... che la vita è *cara*? |
| *Signora* | ............... . |
| *Ragazza* | E' cara la *carne* . |
| *Signora* | Molto! |
| *Ragazza* | E il pesce? |
| *Signora* | *carissimo* |
| *Ragazza* | Grazie, signora. |
| *Signora* | Prego. |

3  You're out in the market and you can't help overhearing this conversation between two ladies. Read the text carefully and then see if you can answer the questions, in English, afterwards.

| | |
|---|---|
| *Sig.ra Magli* | Buongiorno, signora Moretti! |
| *Sig.ra Moretti* | Buongiorno! Tanto tempo che non ci vediamo! Come vanno le cose? |
| *Sig.ra Magli* | Io abbastanza bene, ma la famiglia . . . |
| *Sig.ra Moretti* | Perché? |
| *Sig.ra Magli* | Dunque mia figlia è andata in Inghilterra, per imparare l'inglese, no? Sta con una buona famiglia ma non telefona mai, non·scrive mai. E poi mio figlio non lo vediamo quasi mai perché va fuori tutte le sere o con una ragazza o con l'altra, e non torna mai a casa prima di mezzanotte . . . ! |
| *Sig.ra Moretti* | Eh, povere mamme! I ragazzi pensano che siamo qui solo per lavorare, cucinare, lavare, fare la spesa . . . e non ci aiutano mai. |
| *Sig.ra Magli* | Senta, ha visto quanto costa tutto? |
| *Sig.ra Moretti* | Be', io questa mattina, con queste poche cose che ho comprato ho speso più di ventimila lire. |
| *Sig.ra Magli* | Non ne parliamo! Io sono arrivata qui alle nove con più di quarantamila lire nella borsa e adesso ne ho meno di dieci! |
| *Sig.ra Moretti* | Mamma mia, è una cosa impossibile! |
| *Sig.ra Magli* | Soltanto dal macellaio ho speso dodicimila lire per quattro piccole bistecche! E poi altre seimila per la verdura, e quasi quindicimila al supermercato. |
| *Sig.ra Moretti* | Incredibile! Noi stasera andiamo a mangiare fuori in una pizzeria. Quasi quasi costa meno! |
| *Sig.ra Magli* | Senta, signora, perché non andiamo a prenderci qualcosa al caffè per consolarci? |
| *Sig.ra Moretti* | Ma sì, perché no? |

1  Do the ladies meet frequently?
2  Is Mrs Magli feeling well today?
3  Has her daughter gone to England to teach English, to learn English, or to marry an English man?

4 Does her son have a steady girlfriend?
5 Do the children help with the housework?
6 Did Mrs Moretti buy a lot of things this morning?
7 How much did Mrs Magli spend – approximately?
8 Did she spend more or less at the supermarket than anywhere else?
9 Does Mrs Moretti think it's cheaper to eat out these days?
10 Has Mrs Moretti got time for a coffee?

**4** You've become quite friendly with the woman who runs the local tobacconist's where you always buy your postcards and stamps. So when you go in there one morning carrying a lot of parcels, she's more than keen to chat . . .

| | |
|---|---|
| *Tabaccaia* | Buongiorno. Tutto bene? |
| *You* | *(Say very well, thanks, and her?)* |
| *Tabaccaia* | Anch'io benissimo, come sempre! Cosa desidera oggi? |
| *You* | *(Eight stamps for Great Britain)* |
| *Tabaccaia* | Eccoli qua. Ha fatto delle compere, vedo. |
| *You* | *(Tell her yes, you've bought some presents)* |
| *Tabaccaia* | Ah, che bello! Per la famiglia? In Inghilterra? |
| *You* | *(Tell her yes. You've been to the market)* |
| *Tabaccaia* | Già, è vero, oggi c'è il mercato. |
| *You* | *(And you've bought a lovely bag for a girlfriend. Ask her if she likes it)* |
| *Tabaccaia* | E' bellissima! E nemmeno cara, vedo! E' tutto così caro qui in Italia oggi . . . ! |
| *You* | *(Tell her you know. But today you've bought a bag, a scarf and a pair of sandals and you've only spent 50.000 lire)* |
| *Tabaccaia* | Sì, ma la carne e la verdura, guardi, sono carissime! |
| *You* | *(Say in England too)* |
| *Tabaccaia* | Ieri ho comprato delle bistecche per mio marito e i figli e ho speso quasi undicimila lire! |
| *You* | *(My goodness!)* |
| *Tabaccaia* | E dopo ho speso ancora ottomila lire dal fruttivendolo! |
| *You* | *(Tell her life has become very expensive in England too)* |
| *Tabaccaia* | Ecco, anche lì! Poveri noi! Cosa ci possiamo fare? |
| *You* | *(Tell her you don't know, and then ask how much it is)* |
| *Tabaccaia* | Allora, otto francobolli da centosettanta, milletrecentosessanta lire. |
| *You* | *(Say at least, **almeno,** the stamps aren't too expensive! Goodbye!)* |

# 15 SONO STATO A...

## SAYING WHERE YOU'VE BEEN

Venezia:
la Basilica di
San Marco

On a cold but sunny February morning, Gianna interviewed people strolling around Piazza San Marco in Venice. She wanted to know why they were visiting Venice and what other Italian cities they had been to. First an elderly man, who turned out to be Venetian.

| | |
|---|---|
| *Gianna* | Scusi, signore, lei è di Venezia? |
| *Vecchietto* | Di Venezia. So' nato a Venezia. |
| *Gianna* | E è sempre vissuto a Venezia? |
| *Vecchietto* | Sempre vissuto a Venezia. |
| *Gianna* | Quali altre città d'Italia conosce? |
| *Vecchietto* | So' stato a Roma, so' stato a Milano, so' stato a Novara, Torino, Firenze, Pescara ... |
| *Gianna* | Ha viaggiato molto, allora? |
| *Vecchietto* | Sì. |
| *Gianna* | Quale città d'Italia preferisce? Quale città le è piaciuta di più? |
| *Vecchietto* | Io sono nato a Venezia e Venezia mi piace molto di più di tutte le altre città d'Italia. *(laughs)* |
| *Gianna* | Senta, lei quanti anni ha, scusi? |
| *Vecchietto* | Ottanta. |
| *Gianna* | Ah, complimenti! Li porta molto bene. Grazie. |
| *Vecchietto* | Grazie. *(laughs)* |

| | |
|---|---|
| so' nato = sono nato | *I was born* |
| so' stato = sono stato | *I've been* |
| è sempre vissuto? | *have you always lived?* |
| quale città le è piaciuta di più? | *which town did you like best?* |
| li porta molto bene | *you don't look it* |
| | *(you carry your years very lightly)* |

Now a young woman who had come specially to see the exhibition of the Russian artist, Kandinsky.

| | |
|---|---|
| *Gianna* | Scusi, signora, lei è di Venezia? |
| *Signora* | No, non sono di Venezia, sono di Padova. |
| *Gianna* | E perché è venuta a Venezia? |
| *Signora* | Sono venuta a Venezia a visitare una mostra di pittura. |
| *Gianna* | La mostra di Kandinsky? |
| *Signora* | Esatto. |
| *Gianna* | Le è piaciuta? |
| *Signora* | Mi è molto interessata. |
| *Gianna* | E lei ha visitato l'Accademia? |
| *Signora* | Sì, alcuni anni fa, perché in questi ultimi due anni l'ho sempre trovata chiusa. |
| *Gianna* | Senta, lei ha visitato altre città d'Italia? |
| *Signora* | Sì, io conosco l'Italia molto bene, soprattutto l'Italia del sud, che amo molto. |
| *Gianna* | Che cos'ha visto, per esempio? |
| *Signora* | Sono stata in Sicilia, sono stata in Calabria, in Puglia, in Campania. |
| *Gianna* | Lei ha visto Capri? |
| *Signora* | No, Capri non l'ho mai visitata. |
| *Gianna* | E nel nord ha visto Milano, Torino? |
| *Signora* | Sì, Milano, Torino, ho lavorato a Milano, e poi ho lavorato anche a Genova . . . |
| *Gianna* | Quando è arrivata lei da Padova? |
| *Signora* | Oggi pomeriggio alle due sono arrivata da Padova in corriera. |
| *Gianna* | E' venuta sola o con amici? |
| *Signora* | Con degli amici e una mia amica tedesca che ho portato a visitare un po' la città. |
| *Gianna* | Grazie. |
| *Signora* | Grazie anche a lei . . . Arrivederci. |
| *Gianna* | Arrivederla. |
| *Signora* | . . . e buon lavoro! |
| *Gianna* | Grazie. |

Next a man who was in Venice for a sentimental reason. His wife was too shy to be interviewed.

| | |
|---|---|
| *Gianna* | Scusi, lei è di Venezia? |
| *Signore* | No, sono di Firenze, sono in viaggio . . . , direi, quasi di nozze, perché è il ventiseiesimo anniversario del nostro matrimonio. |
| *Gianna* | Oh, complimenti! Eh, senta, è la prima volta che lei viene a Venezia? |
| *Signore* | No, veniamo tutti gli anni per ricordare il giorno che ci siamo sposati. |
| *Gianna* | E che cosa ha visitato qui in città? |
| *Signore* | La solita visita turistica: San Marco, abbiamo visto la Chiesa dei Frari, la Chiesa della Madonna della Salute, Rialto . . . |
| *Gianna* | Ed è stato a Murano? |
| *Signore* | No, non sono stato a Murano. |
| *Gianna* | Dove ha mangiato qui a Venezia? |
| *Signore* | Ho mangiato in alcune trattorie tipiche veneziane. |
| *Gianna* | Che cos' ha mangiato di buono? |
| *Signore* | Be', le specialità veneziane: risi e bisi . . . |

| | |
|---|---|
| *Gianna* | E' stato trattato bene, comunque? |
| *Signore* | Non tanto, non tanto. *(laughter)* I veneziani hanno una particolare predilezione per il turismo. Quando vedono un turista aumentano il conto! |
| *Gianna* | Sì. Senta, lei ha visto Vicenza? |
| *Signore* | Ci sono solo passato. La conosco però. *However* |
| *Gianna* | Sì. Ha visto qualche altra città venendo da Firenze? |
| *Signore* | No, questo è . . . è un viaggio di ricordi. |
| *Gianna* | Ma altre volte ha visitato altre città italiane? |
| *Signore* | Be', l'Italia la conosco molto bene. Sono stato a Roma, sono stato a Napoli, sono stato a Genova . . . |
| *Gianna* | Qual è la città che le è piaciuta di più? |
| *Signore* | Venezia, come prima, e Firenze perché è la mia città ed è una bellissima città. |
| *Gianna* | Grazie. |

| | |
|---|---|
| sono in viaggio, direi, quasi di nozze | *I'm almost, sort of on my honeymoon* |
| il giorno che ci siamo sposati | *the day we got married* |
| che cos'ha mangiato di buono? | *had anything nice to eat?* |
| è stato trattato bene? | *have you been treated well?* |
| ci sono solo passato | *I've only been through it* |
| venendo da Firenze | *on the journey from Florence* |

| RADIO | 4 | And lastly another man who has come to Venice to visit the Academy Gallery. |
|---|---|---|

| | |
|---|---|
| *Gianna* | Scusi, lei è di Venezia? |
| *Signore* | No, sono di Padova. |
| *Gianna* | E' venuto qui per visitare la città o qualche mostra? *exhibition* |
| *Signore* | Sono venuto qui per visitare l'Accademia. |
| *Gianna* | Le è piaciuta? |
| *Signore* | Sì, abbastanza. |
| *Gianna* | Che cosa ha visto di bello, di particolare? |

| | |
|---|---|
| *Signore* | Diversi pittori, ma soprattutto ho visto il Tintoretto e anche il Tiziano. |
| *Gianna* | Lei ha visitato il Palazzo Ducale? |
| *Signore* | Non oggi; l'ho visitato anni fa. |
| *Gianna* | Lei è venuto questa mattina? |
| *Signore* | Sì, sono partito alle nove e mezzo da Padova e sono venuto a Venezia in automobile. |
| *Gianna* | E' venuto da solo o con amici? |
| *Signore* | No, sono venuto con la mia fidanzata. |
| *Gianna* | Senta, lei ha visto qualche altra città d'Italia? |
| *Signore* | Sì, ho visitato bene Firenze, Napoli, e anche Milano. |
| *Gianna* | Ha visto Capri? |
| *Signore* | No, non ci sono mai stato. |
| *Gianna* | E ha visto la Sicilia? |
| *Signore* | Sì, l'ho visitata quattro anni fa. |
| *Gianna* | Qual è la città che preferisce? |
| *Signore* | Eh, preferisco Venezia, vengo molto spesso qui. |
| *Gianna* | Perché Venezia? |
| *Signore* | Be', preferisco Venezia perché è una città molto calma, senza automobili, che si può camminare, ricca di patrimonio artistico. A me piace e vengo per quello. |
| *Gianna* | Grazie. |
| *Signore* | Prego. |

| | |
|---|---|
| che cosa ha visto di bello? | *see anything nice?* |
| non ci sono mai stato | *I've never been there* |
| che (= dove) si può camminare | *where you can walk around* |
| ricca di patrimonio artistico | *with a rich artistic heritage* |
| a me piace | *I like it* |

---

**TV                    5**

In the plain below Orvieto there are several large tobacco plantations, one of which is owned by the Istituto Piccolomini, an old people's home. The harvest begins early July and is usually over by the end of September, but this year, the weather hasn't been too good. We talked to the farm manager, Tomaso Orsini.

Il tabacco, nella
piantagione
dell'Istituto
Piccolomini, vicino
a Orvieto

|              |                                                           |
|-------------:|-----------------------------------------------------------|
|         *Anna* | Quest'anno quanti ettari avete piantato?                |
|   *Sig. Orsini* | Circa diciannove. Diciotto, diciannove ettari.          |
|         *Anna* | Sì. E la raccolta quando è cominciata qui?               |
|   *Sig. Orsini* | I primi di luglio. S'inizia verso il 10, il 15 di luglio. |
|         *Anna* | E quando si finisce?                                     |
|   *Sig. Orsini* | Per solito settembre, mentre quest'anno, forse, avremo tutto ottobre. |

| | |
|---|---|
| ettaro | *hectare ( 10,000 square metres)* |
| s'inizia, si finisce | *it begins, it ends* |
| avrèmo tutto ottobre | *we'll be at it the whole of October* |

---

**TV**       **6**     The old people's home is a charitable institution. Signora Conticelli, a local primary school teacher and honorary president of the trust, explains where the residents come from and who pays for them.

|                      |                                                           |
|---------------------:|-----------------------------------------------------------|
|              *Anna* | La casa adesso è completa? C'è una lista d'attesa?         |
| *Sig.ra Conticelli* | Sì, in questo . . . ecco, a tutt'oggi c'è una lista d'attesa di trenta persone. |
|              *Anna* | E queste persone sono tutte di qui, della zona?            |
| *Sig.ra Conticelli* | Sì, di Orvieto e del circondario di Orvieto.              |
|              *Anna* | E chi paga per loro?                                       |
| *Sig.ra Conticelli* | Ogni ospitato, ogni ospite, paga i due terzi della pensione e il resto, fino a dodicimila lire al giorno, è integrato dal comune di appartenenza – soprattutto è il comune di Orvieto. |

| | |
|---|---|
| a tutt'oggi | *up till now* |
| è integrato dal comune di appartenenza | *is made up by their local authority* |

---

**TV**       **7**     The mother superior at the old people's home is Sister Giuseppina. Her main concern is to create a family atmosphere and provide the constant care and attention the old people need.

*Suor Giuseppina*    Hanno bisogno di molte cure ma in maggior modo di assistenza, come si può dire . . . attenzione più che assistenza. Cioè correrle dietro, vedere se hanno mangiato, vedere se hanno dormito, se il respiro è buono. Perché loro stesse non hanno quella intelligenza pronta di comunicarci subito le cose; allora le attenzioni, così, continue, ci vogliono.

| | |
|---|---|
| come si può dire . . . | *how can I put it . . .* |
| correrle (= corrergli) dietro | *run around after them* |
| loro stesse | *they themselves* |
| di comunicarci subito le cose | *to let us know what's wrong straightaway* |
| ci vogliono | *are needed* |

And Sister Giuseppina describes how a typical day might begin when the residents get up in the morning.

*Suor Giuseppina*   Si alzano al mattino . . . Però hanno un orario libero, non si alzano tutti alla stessa ora. Bisogna aiutarli, una parte di questi ospiti, a vestirsi, a allacciarsi le scarpe, lavarsi, tutto quanto. Altri invece, alcuni, che sono pochi, fanno anche per conto suo, però bisogna sempre osservarli perché magari mettono la camicia a rovescio, oppure mettono due cravatte come alcuni hanno fatto, ecco!

*Anna*   E dopo di questo?

*Suor Giuseppina*   Dopo di questo si fanno la loro colazione alle otto, poi sono liberi; chi va in giardino, chi va a fare la sua passeggiata . . .

| | |
|---|---|
| si alzano | *they get up* |
| bisogna aiutarli | *you've got to help them* |
| . . . a vestirsi | *get dressed* |
| che sono pochi | *but not many* |
| fanno anche per conto suo | *manage on their own* |
| (= per conto loro) | |
| a rovescio | *inside out* |
| chi va . . . | *some go . . .* |
| a fare la sua passeggiata | *to take their walk* |

## ALLORA . . .

### VOCABOLARIETTO

| | | |
|---|---|---|
| la persona | la camicia *shirt* | il ricordo |
| l'amico | la cravatta *tie* | ricordare |
| il fidanzato | | dormire |
| | alzarsi | finire |
| sposarsi | lavarsi | |
| il matrimonio | vestirsi | avere bisogno di . . . |
| l'anniversario | | aiutare |
| il viaggio di | camminare | |
| nozze | fare una | completo |
| | passeggiata | ricco |
| il viaggio | visitare | calmo |
| *exhibition* — la mostra | viaggiare | spesso— *often* |

**To tell** people about your travels, you can say you've *visited* . . . :
   **ho visitato** Firenze.

or that you've *been to* . . . :

   **sono** | **stato** / **stata** | a Firenze.

You can also say that you *know* . . . :
   **conosco** Firenze.

**To say** that you've *never been to* . . . :

   **non** sono **mai** | stato / stata | a Venezia

And you can use **mai** on its own:
Ha visitato Venezia?   **Mai!**

If people ask you if you've been to a certain place, you can
avoid repeating the name by using **ci** *there*:

Lei è | stato / stata | a Venezia?     No, non **ci** sono mai | stato / stata

**To tell** someone where you were born:

sono | nato / nata | a Oxford

**To say** *I get up*, eg at seven: (io) **mi alzo** alle sette

**To ask someone else** when he or she gets up: a che ora **si alza?**

Many verbs in Italian are used with the extra words **mi, si,** etc.,
and you'll recognise them in dictionaries because they are given
as **alzarsi, vestirsi, chiamarsi,** and so on. A lot of them
convey the idea of doing something to oneself.

| alzarsi | *to get up* |
|---------|-------------|
| mi alzo | ci alziamo |
| ti alzi | vi alzate |
| si alza | si alzano |

**To say** *I got up*, eg at seven:

mi sono | alzato / alzata | alle sette | *(if you're male)* / *(if you're female)*

When talking about the past, these verbs are used with **essere**
and the endings of words like **alzato** change according to who is
being referred to.

| mi sono alzato, −a | ci siamo alzati, −e |
|--------------------|---------------------|
| ti sei alzato, −a | vi siete alzati, −e |
| si è alzato, −a | si sono alzati, −e |

**Learn a verb a week**

| fare (fatto) | |
|--------------|--------|
| faccio | facciamo |
| fai | fate |
| fa | fanno |

**Want to know more?**   See **Grammatica** 17; 37; 40, 41; 49; 61; 78, 83

PAROLE E USANZE

**Un amico, due amici. Amico** doesn't follow the rule in the plural (see
p 253), though **amica** does: **un'amica, due amiche.**

176

The same thing goes for all adjectives ending in –ico, like **artistico,
simpatico, tipico**:

| In questa città ci sono | molti ristoranti **tipici** |
| | molte trattorie **tipiche** |

**Città, specialità**: words that end in an accented vowel don't change in
the plural: **due città famose; le specialità tipiche della regione; tre
caffè, per favore.** The same applies to words that end with a consonant:
**un bar, due bar; i pullman che vanno a Padova.**

**Sapere** and **conoscere** both mean *to know*, but they're not
interchangeable. **Sapere** means to know something: *information*
So dov'è il ristorante ma non **so** se fanno delle specialità veneziane.
**Conoscere** is to know a person or place:
    Conosco Giovanni ma non **conosco** sua moglie.
    Conosco l'Italia molto bene, ma la Francia no.

**Fare** *to do*, *to make*, turns up in a number of useful expressions:

| fare la spesa | *to do the shopping* |
| fare il biglietto | *to buy your ticket* |
| fare riposo | *to have a rest* |
| fare colazione | *to have breakfast* |
| fare la valigia | *to pack your bags* |
| fare benzina | *to get some petrol* |
| fare un bagno | *to have a bath, go for a swim* |

**Two for the price of one**
**Macchina** and **automobile** both mean *car*. **Macchina** is the
more usual.

**Stesso** means *same* when it comes before the word it applies to: **la
stessa cosa; la stessa ora; lo stesso treno.** When it is after it means
*self* or *selves*: **io stesso** *I myself*; **loro stesse** *they themselves*.

**Ci**  Ha visto Vicenza? Sì, **ci** sono stata due volte.
    Cosa **c'è** da vedere?
    **Ci** sono molte cose interessanti . . .

In these sentences, **ci** means *there*. But it can also mean *us*: **ci** può dare la
ricetta? (p 150)
it can mean *ourselves*: **ci** alziamo sempre alle sette
and it can mean *each other*: il giorno che **ci** siamo sposati . . .

## VITA ITALIANA

### Venezia
Nobody who goes to Venice can fail to be struck by the city's unique
character and beauty. It is an extraordinarily romantic town, with canals
for streets, bridges everywhere and delightful small squares and
courtyards. There are boats instead of buses, motorboats instead of taxis
and gondolas for leisurely, if expensive, sightseeing. And as if the town
itself didn't have enough to offer, it's surrounded by a necklace of
smaller islands, each with its own special attraction: glass in Murano,

mosaics in Torcello, lace in Burano. And there's the Lido with its beaches and luxury hotels. The very word *lido* is originally Venetian.

Gondole e battelli sul Canal Grande, Venezia

For Italians and a good many non–Italians, Venice has been for years the mecca of honeymooners. One word of warning, however, whether you are on honeymoon or not: for visitors needing restaurants and hotels, Venice can be the most expensive city in Italy.

### Specialità veneziane
A number of local dishes from Venice and its region (which includes Vicenza) are well-known all over Italy. They include:

**Risi e bisi**: rice and peas cooked in butter with ham, onions and parmesan.

**Fegato alla veneziana**: a famous dish, consisting of calves' liver, thinly sliced and fried with onion in butter.

**Baccalà alla vicentina**: salt cod simmered in milk with onion, garlic and anchovies.

**Polenta**: ground maize cooked in salt water to the consistency of a stiff porridge. It's eaten with a variety of dishes made with lentils, mushrooms, sausages, game, etc.

## PROVA UN PO' . . .

1   Can you fill the gaps with the correct forms of the verbs in the box? You'll find they're listed in the correct order for both a) and b)

| | | |
|---|---|---|
| visitare | vedere | camminare |
| andare | comprare | spendere |
| tornare | alzarsi | andare |
| dormire | arrivare | |

a)   Stefano e Giulia sono stati a Firenze per tre giorni. Che cosa hanno visto in così poco tempo? Ci parla Stefano.

Ci siamo divertiti molto! In tre giorni ............... il Duomo, il Palazzo Vecchio, il Palazzo Pitti, la Galleria degli Uffizi, il Museo Nazionale, la Galleria dell'Accademia. ............... chiese e palazzi vari e ............... per tutta la città. ............... anche a San Miniato e a Fiesole. Poi ............... due belle stampe antiche di Firenze e ............... veramente poco. Firenze non è cara se sai dove andare! ............... ieri sera, stanchi morti. Questa mattina io mi ............... alle sette e ............... a lavorare, ma Giulia ............... fino alle nove. ............... in ufficio con un po' di ritardo!

b) Anna e Silvia sono state a Napoli per tre giorni. ............... la città, il Museo Nazionale, la Pinacoteca, Capodimonte, e ............... anche il Vesuvio. ............... moltissimo! Poi ............... a Pompei e a Capri. ............... della ceramica da portare a casa e non ............... molto. Sono state abbastanza fortunate! ............... ieri sera, molto stanche e stamattina Silvia si ............... alle otto ed ............... a lavorare. Anna invece ............... fino alle undici. E' ............... in ufficio dopo pranzo.


2   Here's a conversation between two young men, Silvio and Marco, about a party that took place last night. Can you answer the questions that follow it?

Marco   Senti, ma Pia è venuta?
Silvio  Sì, sì, è venuta ma è rimasta soltanto mezz'ora e poi è andata via.
Marco   Perché?
Silvio  Ah, non lo so. Non ha detto niente. Almeno con me non ha parlato.
Marco   E Angela?
Silvio  Angela è venuta con Paolo. Sono arrivati insieme verso le otto. Sono stati inseparabili tutta la sera. Non hanno parlato con nessuno!
Marco   E Giulio, cos'ha detto quando li ha visti insieme?
Silvio  Niente. E' venuto con Gianna, hanno ballato un po' e sono andati via verso le nove, le nove e mezzo.
Marco   E Giancarlo? Ha portato una ragazza?
Silvio  No, Giancarlo è arrivato da solo, ma poi ha cominciato a parlare con quella ragazza di Verona, non mi ricordo come si chiama. Deve aver fatto colpo perché più tardi la veronese mi ha chiesto se lo vedo spesso e se esce con qualche altra.
Marco   E lui?
Silvio  Mah, lui veramente non so, ha detto poco. Ha detto soltanto che è carina ma preferisce le bionde!
Marco   E cos'avete fatto tutti!
Silvio  Ma abbiamo bevuto, chiacchierato, ballato . . . Dopo siamo andati tutti in giardino, abbiamo mangiato qualcosa, abbiamo ballato ancora un po' . . .
Marco   Vi siete divertiti, allora!
Silvio  Abbastanza.

Now say which of these statements are **vero** (*true*) and which are **falso** (*false*) by marking **v** or **f** against the sentences.

1a) Pia came with Angela but left on her own   F
  b) She came on her own but left with Angela   F
  c) She came and left on her own   T

2a) Angela and Paolo arrived at about eight
  b) They chatted to everyone in sight
  c) They didn't mix with anyone else

3a) Gianna came on her own
  b) She came with Giulio
  c) She stayed late

4a) Giancarlo met a girl from Verona
  b) He comes from Verona
  c) He came with a girl from Verona

5a) The girl from Verona is called Veronica
  b) She's called Barbara
  c) Silvio doesn't remember her name

6a) Afterwards Giancarlo kept talking about her
  b) He said she's quite pretty
  c) He said she's blonde

3 **Camping Sabaudia** You've come here on your own, but it hasn't taken you long to get to know people. Here's a brief run down of what's happened so far. When you've read it through, try answering the questions that follow, in Italian this time. Don't make your answers too short, but try to turn the whole thing into a conversation.

Oggi è giovedì e sei qui da due giorni. Appena arrivato incontri Enrico e Antonella. La sera stessa vai con loro al cinema. Tornate dopo mezzanotte. La mattina dopo ti alzi presto e vai a fare la spesa. Compri del pane, burro e latte fresco per la colazione. Antonella prepara il caffè – ottimo! Poi, in spiaggia, incontri due ragazze molto simpatiche, Iole e Valeria. Passi tutta la giornata con loro. Per pranzo compri delle pizze e una bottiglia di vino alla pizzeria qui vicino, e mangiate in spiaggia. Più tardi, da Roma, arriva Giorgio, l'amico di Valeria. La sera mangiate tutti insieme alla Trattoria dei Pescatori: spaghetti alle vongole, pesce con insalata e frutta fresca. E bevete molto vino, naturalmente, un buon vino locale. Stamattina dormi fino alle undici!

1  Da quanti giorni sei qui?
2  Che giorno sei arrivato?
3  Dove sei andato la prima sera?
4  Sei andato da solo?
5  Siete tornati presto?
6  E ieri mattina, cos'hai fatto?
7  Cos'hai comprato?
8  Hai preparato tu il caffè?
9  E' buono il caffè di Antonella?
10 Chi hai conosciuto ancora?
11 Dove le hai incontrate?
12 Siete stati in spiaggia tutto il giorno?
13 Avete mangiato alla tavola calda del camping?
14 Hai conosciuto Giorgio?
15 E poi la sera, cos'avete fatto?
16 Cos'avete mangiato di buono?
17 E come vino?
18 Ti sei alzato presto stamattina, come ieri?

4 You're on the beach at Santa Marinella, a seaside resort not far from Rome, thinking about the nice lunch you're going to have in half an hour's time. There's a young Italian couple a few feet away. Suddenly the woman gets up and comes over to you holding a cigarette. Take part in the conversation that follows (you're a woman).

| | |
|---|---|
| *Signora* | Signora, scusi, mi può accendere? |
| *You* | *(She wants a light. Say certainly)* |
| *Signora* | Grazie. Scusi, lei non è italiana, vero? |
| *You* | *(Say no, you're English)* |
| *Signora* | Ma parla l'italiano benissimo! Viene qui a Santa Marinella ogni anno? |
| *You* | *(Say no, this is the first time)* |
| *Signora* | Le piace? |
| *You* | *(Very much indeed)* |
| *Signora* | Anche a noi. E' sempre abbastanza tranquillo qui in settembre. |
| *You* | *(Tell her you always go on holiday in September because there aren't too many people)* |
| *Signora* | Giusto. Lei è qui da sola? |
| *You* | *(Tell her no, you're with your husband . . .)* |
| *Signora* | Ah! |
| *You* | *( . . . but he's gone to buy an ice cream, **un gelato**)* |
| *Signora* | Ho capito. Lei conosce molto bene l'Italia? |
| *You* | *(As a girl, **da ragazza**, you visited Florence with the school)* |
| *Signora* | Firenze, che bella città! Conosce anche Roma? |
| *You* | *(Say no, you don't know it. You're now talking for both your husband and yourself: tell her you arrived last night at Fiumicino . . .)* |
| *Signora* | Ah, all'aeroporto! Ho capito. |
| *You* | *( . . . and from there you came here by car)* |
| *Signora* | Ah, ma dovete vedere Roma! Noi siamo di Roma, sa? |
| *You* | *(Tell her your husband came to Rome last year)* |
| *Signora* | Ah, per lavoro? |
| *You* | *(No, on holiday)* |
| *Signora* | Da solo? |
| *You* | *(No, he came with a (male) friend)* |
| *Signora* | E lei è rimasta a casa in Inghilterra? |
| *You* | *(Say no, you went to Scotland with a girl friend)* |
| *Signora* | Davvero? |
| | *(Your husband arrives with the ice cream)* |
| *You* | Thank you, darling! *(Now say to the lady: this is Bob)* |
| *Signora* | Buongiorno! Piacere! *(they shake hands)* Sua moglie parla molto bene l'italiano. |
| *You* | *(Tell her Bob doesn't speak Italian)* |
| *Signora* | Ho capito . . . ! |
| *You* | *(Again you talk for both of you: tell her you got married last week)* |
| *Signora* | Ah, siete in viaggio di nozze, allora! Complimenti! Paolo, vieni qua. Anche questi signori sono in viaggio di nozze! Sentite, andiamo a prendere l'aperitivo tutti insieme. Qui bisogna festeggiare! Io mi chiamo Adriana . . . |

# 16 RIVEDIAMO UN PO'...

## REVISION (4)

You should now be able to buy clothes and give quite a lot of information about what you want. Here's Maddalena buying a shirt in a boutique. She and Antonella, the salesgirl, are friends and so they use *tu*.

| | |
|---|---|
| *Antonella* | Ciao, Maddalena. |
| *Maddalena* | Oh, ciao, Antonella. |
| *Antonella* | Dimmi. |
| *Maddalena* | Posso vedere quella camicia in vetrina? |
| *Antonella* | Quale? |
| *Maddalena* | Quella gialla. |
| *Antonella* | Sì. *(getting one off the shelf)* Questa? |
| *Maddalena* | Sì, questa. |
| *Antonella* | La misura? |
| *Maddalena* | Una quaranta. |
| *Antonella* | Una quaranta. *(fetching the right size)* Eccola. |
| *Maddalena* | E' cotone? |
| *Antonella* | Sì, cento per cento cotone. |
| *Maddalena* | Mi piace. Quanto costa? |
| *Antonella* | E' sedicimila lire. |
| *Maddalena* | Posso provarla? |
| *Antonella* | Certo! Il camerino è là. *(Maddalena goes off to try the shirt and returns)* |
| *Maddalena* | Mi piace, ma è troppo piccola. |
| *Antonella* | Abbiamo la quarantadue. |
| *Maddalena* | Oh, va bene. |
| *Antonella* | Vuoi provarla? |
| *Maddalena* | No, no, va bene. La prendo. |
| *Antonella* | *(getting a size 42)* Eccola. |
| *Maddalena* | Me la puoi incartare? |
| *Antonella* | Certo. Ecco. |
| *Maddalena* | Grazie. |
| *Antonella* | Prego. |
| *Maddalena* | Quant'è? |
| *Antonella* | Sedicimila lire. |
| *Maddalena* | Ecco. *(gives her 20,000 lire)* |
| *Antonella* | Allora, sedici . . . diciassette, diciotto, diciannove e venti. Grazie. |
| *Maddalena* | Grazie. Ciao. |
| *Antonella* | Ciao. |

| | |
|---|---|
| dimmi | *what would you like? (tell me)* |
| vuoi provarla? | *do you want to try it on?* |
| me la puoi incartare? | *can you wrap it up for me?* |

One of the many traditional crafts of Orvieto is lace. Luisa Geremei Pettinelli, Cavaliere della Repubblica, a well known local figure and now nearly eighty years old, is still making magnificent specimens of the art.

La signora Luisa
Pettinelli in una
via di Orvieto

| | |
|---|---|
| *Anna* | Signora Pettinelli, lei è di qui, di Orvieto? |
| *Sig.ra Pettinelli* | Di Orvieto. |
| *Anna* | Le posso chiedere quanti anni ha? |
| *Sig.ra Pettinelli* | Quanti anni ho? Quasi ottanta. |
| *Anna* | E da quanti anni fa questi lavori in merletto? |
| *Sig.ra Pettinelli* | Embè, embè, li ho fatti da giovane, molto giovane. |
| *Anna* | Dove ha imparato a fare il merletto? |
| *Sig.ra Pettinelli* | A Orvieto. Questo è un lavoro nostro, esclusivamente orvietano. |
| *Anna* | E da dove prende i disegni? |
| *Sig.ra Pettinelli* | I disegni? Dipende dallo stile che io desidero eseguire, e allora, secondo lo stile che desidero eseguire, mi regolo io da me. |
| *Anna* | Lei crea i suoi disegni? Non copia mai da disegni esistenti? |
| *Sig.ra Pettinelli* | Di altri? No, no, non copio mai da disegni di altri. Non copio mai! |

| embè = (be') | *well* |
|---|---|
| li ho fatti da giovane | *I started making them when I was young* |
| un lavoro nostro | *a local craft* |
| mi regolo io da me | *I work it out for myself* |

---

| TV | 3 |
|---|---|

Another well-known figure in Orvieto is Lillo Catarcia, the young cathedral organist. As a boy he learnt to play the harmonium and the piano at his local parish hall, **la parrocchia**, but the only instrument he had at home was a small accordion.

| | |
|---|---|
| *Anna* | Avevi un pianoforte in casa? |
| *Lillo* | No. |
| *Anna* | O altri strumenti? |
| *Lillo* | Una piccola fisarmonica. |
| *Anna* | E come hai cominciato a studiare, allora? |
| *Lillo* | Eh, con questa fisarmonica. |
| *Anna* | Ma poi hai cominciato a studiare il pianoforte? |
| *Lillo* | Poi . . . la parrocchia, l'armonium, e dall'armonium, il pianoforte. Poi l'organo. |
| *Anna* | Dove hai studiato l'organo? |
| *Lillo* | A Roma. Ossia con molti maestri. L'ultimo, Germani, Fernando Germani. |

| avevi | *did you have?* |
|---|---|

Lillo now has an organ of his own at home, specially built for him.

| | |
|---|---|
| *Anna* | Da quanto tempo hai questo organo in casa? |
| *Lillo* | Un anno, un anno e mezzo. |
| *Anna* | Chi l'ha costruito? |
| *Lillo* | La ditta Pinchi, di Foligno, una città qui dell'Umbria. |
| *Anna* | E' stato costruito apposta per te? |
| *Lillo* | Sì, sì. |
| *Anna* | E i vicini lo sentono? |
| *Lillo* | Ma non credo. Non hanno mai detto niente, quindi . . . ! |
| *Anna* | Ma forse piace la musica anche a loro? |
| *Lillo* | Be', ho i miei dubbi! |

| | |
|---|---|
| i vicini lo sentono? | *can the neighbours hear it?* |
| non hanno mai detto niente | *they've never said anything* |
| ho i miei dubbi! | *I have my doubts!* |

It's useful to be able to tell people what you've been doing recently. Here's Grazia, a friend of Gianna's, saying how she and her husband Luciano spent the previous Sunday.

| | |
|---|---|
| *Gianna* | Grazia, come hai passato la domenica? |
| *Grazia* | Questa domenica sono stata a Venezia con Luciano e alcuni nostri amici. |
| *Gianna* | Sei andata in treno o in macchina? |
| *Grazia* | Siamo andati in macchina fino a Venezia e lì abbiamo preso dei vaporetti. |
| *Gianna* | Hai trovato da parcheggiare? |
| *Grazia* | Si. Abbiamo trovato da parcheggiare abbastanza in fretta. |
| *Gianna* | E' così difficile! |
| *Grazia* | Ma siamo stati fortunati. |
| *Gianna* | E poi che cosa avete visto di bello? |
| *Grazia* | Intanto abbiamo visto diverse chiese e ci siamo fermati in Piazza San Marco. Abbiamo passeggiato a lungo attraversando vari ponti, no?, tipici di Venezia, e poi ci siamo fermati a fare colazione. |
| *Gianna* | Dove? |
| *Grazia* | In una trattoria nuova, molto rustica. Abbiamo mangiato del pesce, naturalmente. |
| *Gianna* | Avete pagato tanto? E' così cara Venezia! |
| *Grazia* | Tantissimo! Tantissimo! Veramente! |
| *Gianna* | Nel pomeriggio? |
| *Grazia* | Nel pomeriggio siamo tornati a Mestre e ci siamo fermati da un antiquario. |
| *Gianna* | Avete comprato qualche cosa? |
| *Grazia* | No, non abbiamo comprato niente. |
| *Gianna* | A che ora siete ritornati? |
| *Grazia* | Siamo tornati incirca . . . verso le sei di sera. |
| *Gianna* | E avete cenato a casa? |
| *Grazia* | E abbiamo cenato a casa, sì. |
| *Gianna* | Vi siete divertiti? |
| *Grazia* | Ci siamo divertiti. Abbiamo passato una bella giornata. |

| | |
|---|---|
| hai trovato da parcheggiare? | *did you find somewhere to park?* |
| abbastanza in fretta | *quite quickly* |
| vi siete divertiti? | *did you enjoy yourselves?* |

Gianna asked another friend, Tomaso, how he had spent the weekend.
He'd been to his house in the Alps with his family and two guests.

Tomaso con la
famiglia davanti
alla loro casa
di montagna

| | |
|---|---|
| *Gianna* | Tomaso, che cosa hai fatto di bello questo finesettimana? |
| *Tomaso* | Mi sono riposato e divertito. |
| *Gianna* | Dove? |
| *Tomaso* | In montagna. |
| *Gianna* | Ah! In montagna! |
| *Tomaso* | Sì. Il sabato ho lasciato la città e sono andato alla mia casa di montagna con la famiglia e due amici, ospiti. |
| *Gianna* | Che cosa avete fatto sabato sera? |
| *Tomaso* | Sabato sera abbiamo soprattutto fatto da mangiare. |
| *Gianna* | Una grande cena? |
| *Tomaso* | Non grande, ma molto buona e preparata tutta sul camino. |
| *Gianna* | Che cosa avete preparato? |
| *Tomaso* | Sul caminetto abbiamo preparato maiale e pollo assieme, con erbe, e fatti cucinare lentamente per tre ore. |
| *Gianna* | Oh! Tre ore! |
| *Tomaso* | Poi abbiamo chiacchierato e bevuto. |
| *Gianna* | Tanto, scommetto. |
| *Tomaso* | No, no, no! Mi sembra che abbiamo bevuto moderatamente. Del buon vino e . . . una buona grappa, ma quella che basta per digerire, non per ubriacarsi. |
| *Gianna* | A che ora siete andati a letto? |
| *Tomaso* | Dopo la mezzanotte, mi sembra. Poi alla mattina ci siamo svegliati tardi, e gli ospiti con i miei familiari hanno deciso di sciare. |
| *Gianna* | Hai sciato anche tu? |
| *Tomaso* | Un poco, ho sciato anch'io. |
| *Gianna* | Ti sei divertito? |
| *Tomaso* | Sì, ma mi sono anche stancato. |
| *Gianna* | E poi a che ora siete tornati, allora? |

| Tomaso | Siamo tornati alle . . . circa alle tre del pomeriggio. |
|---|---|
| Gianna | E' stato un po' faticoso questo weekend? |
| Tomaso | No, assolutamente! |
| Gianna | Tu hai spesso degli ospiti? |
| Tomaso | Ho spesso degli ospiti perché la casa è grande, e si può vivere in molti. |

| | |
|---|---|
| mi sono riposato e divertito | *I had a rest and enjoyed myself* |
| abbiamo fatto da mangiare | *we cooked a meal* |
| fatti cucinare | *let them cook* |
| mi sembra (che . . .) | *I think, I believe* |
| quella che basta per digerire | *just enough to help us digest our meal* |
| si può vivere in molti | *there's room for a lot of people* |

## ALLORA . . .

### VOCABOLARIETTO

| | | |
|---|---|---|
| svegliarsi | la famiglia | dire |
| andare a letto | | sentire |
| | preparare | chiedere |
| tardi | fare colazione | chiacchierare |
| | fare da mangiare | decidere |
| divertirsi | cenare | |
| stancarsi | la cena | il maestro |
| fermarsi | | lo strumento |
| ritornare | attraversare | il pianoforte |
| riposarsi | parcheggiare | la musica |

**Want to know more?** See **Grammatica** 47; 54; 63

### PAROLE E USANZE

**Dimmi:** this is the 'tu' form of **mi dica** *tell me, what can I do for you?*

**Avere fretta** means *to be in a hurry*: non posso parlare adesso. **Ho fretta**.

**In fretta** means *in a hurry, hurriedly, without delay, quickly*.
> Ho preparato il pranzo **in fretta**.
> Abbiamo trovato da parcheggiare abbastanza **in fretta**.

#### Two for the price of one
**Misura** and **taglia** both mean size when talking about clothes, but remember that for shoe sizes you say **numero**.

**Il finesettimana** and **il weekend** are both quite commonly used. They don't change in the plural: **tutti i finesettimana, tutti i weekend**.

**Tornare** and **ritornare** both mean *to return*, either in the sense of *to go back* or *to come back*.

**Qualcosa, qualche cosa**, both mean *something*; the first is simply a shortened form of the second.

**Insieme** and **assieme** both mean *together*; the first is more common.

### I pasti

Lunch, tea, dinner, supper? The names of meals are confusing in many languages, and Italian is no exception. Breakfast is **la colazione**, or **la prima colazione**. The midday meal is sometimes called **la colazione**, but more often **il pranzo**. The evening meal is generally **la cena**, especially if it's a light meal, but **pranzo** is also used.

The times of meals can also vary considerably. In cities, lunch is usually eaten between 1 and 2 pm and dinner between 7.30 and 9 pm. As a general rule, though, the further south you go, the later the times of meals tend to be.

The midday meal is traditionally the main meal of the day and the evening meal a fairly light affair. Habits are changing, though, and it is becoming more and more common to find the evening meal the more important, reflecting the tendency to take a shorter lunchbreak and finish work earlier in the evening.

### Cavalieri e commendatori

On the recommendation of someone in authority, eg a mayor, or a member of parliament, the state may confer upon a citizen the title of **Cavaliere della Repubblica (Cav.)** for achievement in his or her field of work. After at least one year, the further title of **Cavaliere Ufficiale della Repubblica (Cav. Uff.)** may be awarded. **Cavaliere del Lavoro (Cav. Lav.)** has a similar rank to that of **Cavaliere della Repubblica** but is particularly to do with achievement in industry.

For outstanding achievement, the title of **Commendatore della Repubblica (Comm.)** may be awarded.

### Una buona grappa

**La grappa** is a fiery spirit which is made by distilling the pulp which remains after the grapes have been pressed for wine. It is made in various regions of Italy but the best-known **grappa** comes from Veneto, and in particular from the small town of Bassano del Grappa some 35 kms to the north-east of Vicenza.

Italians who drink a small, neat grappa after their meal will often claim that they do so because it has medicinal properties and aids the digestion. There is very little medical evidence, however, to support this claim.

**1** Only one of the choices in these sentences is correct. Which is it?

1 La Sicilia mi piace molto. Ci | *vai* / *andare* / *vado* | ogni anno per le vacanze.

2 Io non sono mai | *state* / *stati* / *stata* | a Capri. E lei?

3 | *Ci* / *Vi* / *Si* | siete divertiti?

4 Domenica | *abbiamo* / *siamo* / *veniamo* | andati tutti al concerto.

5 Se non potete venire stasera, perché non | *vengo* / *venite* / *viene* | domani?

6 Oggi non posso venire. Perché non ci | *andare* / *andiamo* / *andato* | domani?

7 Siamo andate al bar ma non abbiamo | *trovato* / *trovata* / *trovate* | gli amici.

8 Devo parlare con Gianna. | *Può* / *Posso* / *Puoi* | telefonare da qui?

9 Le tagliatelle vanno | *servito* / *serviti* / *servite* | con molto burro.

10 Il caffè, io lo | *fanno* / *facciamo* / *faccio* | così. Tu come lo | *fa?* / *fai?* / *fate?* |

11 Tutti i giorni | *si* / *mi* / *ci* | alziamo alle sette.

12 Ma ieri | *abbiamo* / *siamo* / *ci siamo* | alzati più tardi.

13 Tutti questi oggetti sono | *fatti* / *fatto* / *fatte* | a mano.

14 Signora, scusi, lei | *ha* / *è* / *viene* | fatto la spesa?

15 Non ho soldi: mi | *posso* / *possiamo* / *può* | prestare diecimila lire?

2   Check your vocabulary. Can you choose the right word from the alternatives offered?

  1   Which of these is not a profession?
    **panettiere**     **macellaio**     **pesce**     **cuoco**

  2   Which one of these wouldn't you wear to go out in?
    **sciarpa**     **maglia**     **camicia**     **pila**

  3   You need all but one of these to go on holiday abroad. Which?
    **soldi**     **valigia**     **funghi**     **biglietto**

  4   And which of these ingredients would most people not put in their stew?
    **gelato**     **piselli**     **carne**     **verdura**

  5   One of these activities might be forbidden on market day. Which?
    **fare la spesa**     **spendere**     **chiacchierare**     **parcheggiare**

  6   You're unlikely to find one of these in the average shopping bag.
    **formaggio**     **detersivo**     **agricoltore**     **bibite**

  7   And which of these wouldn't you try to eat?
    **pollo**     **fragola**     **torta**     **tegame**

  8   Which of these words would you normally not apply to wine?
    **giovane**     **abboccato**     **celeste**     **amabile**

  9   You probably do all of these things except one every day. Which?
    **lavarsi**     **sposarsi**     **vestirsi**     **alzarsi**

10   Which of these wouldn't you put in your car?
    **acqua**     **batteria**     **aceto**     **olio**

11   Which of these shouldn't you try to make at home on your own?
    **maglie di lana**     **torte alla fragola**     **bibite**     **biglietti da diecimila**

12   And lastly, which of these requests are you unlikely to make to a waiter?
    **Mi può dare il sale?**
    **Mi può consigliare un buon vino?**
    **Mi può controllare l'olio?**
    **Mi può portare il conto?**

3   1   Ask someone if they can:
  a)  help you with the suitcases
  b)  lend you a map of the town
  c)  buy some stamps for you
  d)  give you the newspaper

2  Tell a shop assistant that you're looking for:
a) a red and blue tie for a friend
b) a handbag for the wife of a friend
c) a shirt for yourself

3  Now ask if *he's* got:
a) a larger size
b) a smaller size
c) a less expensive shirt

and whether *they've* got:
d) other colours
e) other types
f) this colour but in cotton

4  Ask a shop assistant if:
a) the jumper is handmade
b) the shirt should be hand-washed
c) the ravioli are homemade

**4**  1  Tell an acquaintance how you have spent your morning:
a) this morning you got up at eight
b) you had breakfast at eight thirty
c) you went for a lovely walk
d) you visited three churches

2  And your afternoon:
a) this afternoon you went into the town centre
b) you looked for a scarf
c) you bought a shirt
d) you came back by bus

3  Now tell him something about your travels:
a) you've never been to Palermo
b) you've been to Florence three times
c) you often come to Italy
d) but you don't know Rome very well

# LETTURE 3

## READING PASSAGES 13–16

### 13 Il vino Orvieto Classico

The major industry in the countryside around Orvieto is the production of white wine, *Orvieto*, or, if the grapes are grown in a strictly limited area close to the city, *Orvieto Classico* (see p. 157). Although some of the vineyards are now owned by large firms, most production houses are still fairly small, family-run concerns with traditions that go back many generations.

*At what time of the year are the vineyards cleaned up and the vines sprayed against disease?*
*Where do Barberani's have their head office?*
*Who keeps bees on his small farm?*
*And who's mad about horses?*
*How many people help pick the grapes at Le Velette?*

In primavera, i grappoli d'uva sono piccoli ancora, e delicati, e hanno bisogno di molta attenzione. Nei vigneti, come per esempio al Castello della Sala, dei Marchesi Antinori, le vigne vengono ripulite e spruzzate contro le malattie.

Il lavoro nei vigneti, in primavera

Nelle colline sopra il Lago di Corbara, a pochi chilometri da Orvieto, si trovano i vigneti della casa Barberani. La sede della ditta, dove il vino viene imbottigliato, è nel centro storico della città e, come altre case produttrici, i Barberani hanno anche un negozio dove il vino è venduto direttamente al pubblico. Luigi Barberani cura la parte commerciale della ditta mentre sua moglie si occupa del negozio.

Piccoli produttori e contadini portano l'uva alla Cooperativa Vinicola di Sugano, un villaggio vicino a Orvieto. Gino Capretto e sua moglie Lidia abitano a Sugano. Hanno un piccolo podere con vigneti, ulivi e alberi da frutta. Tengono galline, pecore e maiali, e tengono anche le api per fare il miele. Ogni anno Gino porta la sua uva alla cooperativa, ma non tutta: tiene sempre una parte per sé, per fare il proprio vino.

Gino Capretto
nel suo podere,
a Sugano

Un piccolo produttore indipendente è Settimio Belcapo, avvocato.
Nella sua tenuta, *La Cacciata*, l'avvocato produce l'Orvieto bianco
classico, un vino rosso di cui è particolarmente orgoglioso, e olio di oliva.
Tiene anche dei bei cavalli: i cavalli sono la sua grande passione.

La famiglia Bottai, invece, ha una tenuta molto grande, *Le Velette*. La
bellissima vecchia casa, dove la famiglia abita, è circondata da chilometri
di vigneti che producono 12.000 quintali di uva all'anno – circa 1.200.000
bottiglie di vino. Per raccogliere tutta l'uva ci vogliono 120 persone e un
mese di tempo.

Tra il 10 e il 15 ottobre l'uva viene controllata con molta attenzione:
quando contiene abbastanza zucchero, la vendemmia incomincia.

Chiediamo ai produttori: bevono soltanto il vino che producono loro
stessi? 'No, no,' risponde il sig. Barberani, 'beviamo tutti i vini, anche
quelli della concorrenza!' Il sig. Bottai, invece, ci dice: 'Qualche volta
qualche amico ci regala del vino e allora beviamo quello ben volentieri,
ma normalmente beviamo il vino nostro.' E l'avvocato Belcapo? 'Noi
soltanto il nostro beviamo! In casi eccezionalissimi possiamo comprare
una bottiglia di altro vino, ma se no beviamo il nostro, e ne beviamo
molto! Penso che siamo degli ottimi consumatori!'

| | | | |
|---|---|---|---|
| per sé | *for himself* | vendemmia | *grape harvest* |
| il proprio vino | *his own wine* | loro stessi | *they themselves* |
| di cui | *of which* | la concorrenza | *the competition* |
| 1 quintale | *= 100 kilos* | ben volentieri | *gladly* |

**14    Un'abbondanza di cooperative**

Cooperatives in Italy obtain financial help from the state and can offer
work to young people who might otherwise be unemployed. In and
around Orvieto all kinds of activities and professions are organised in
this way.

**cramst**

Cooperativa
Ristorante Albergo
Mensa Spettacolo
e Turismo

*Are meals expensive at CRAMST?*
*Are the first years easier for a cooperative than for an ordinary business?*
*Where will you find an urban planner and a graphic artist in the same office?*
*Where can children do weaving and woodwork four times a week?*
*Do they make a lot of noise?*

L'attività principale della **CRAMST** è un ristorante *self-service*. I
camerieri, i cuochi e il cassiere ricevono tutti la stessa paga. Lo scopo

principale della cooperativa è di offrire un servizio sociale e il ristorante
offre un pasto caldo a studenti, lavoratori e turisti a un prezzo economico.

Cooperativa Azienda
Zootecnica

Alla **COOPAZ** allevano il bestiame. Hanno 96 vacche da latte e da carne,
tutte della razza Frisona canadese. Il toro si chiama Giorgio. Fondata tre
anni fa con stalle e capannoni modernissimi, ci sono ancora molte
difficoltà. 'Le partenze sono difficili,' spiega Fernando Graziani, 'e si
pagano le inesperienze. I primi tre o quattro anni in un'azienda, anche in
un'azienda così, cooperativa . . . Non è facile, insomma, ecco!'

**Valle d'oro**, invece, è un'azienda avviata da molti anni. Fondata nel
1963, è una cooperativa di pescatori del Lago di Corbara. Vendono pesce
del lago e pesce di mare, del Mare Adriatico, direttamente al
consumatore, e qualche volta il consumatore viene alla cooperativa, a
comprare il pesce direttamente.

Laboratorio
Artistico
Cooperativo

Negli uffici della **LAC** sono tutti professionisti: architetti, urbanisti,
grafici, scultori, pittori e ragazzi giovani, disegnatori. Si occupano
soprattutto del restauro di vecchi edifici della città, lavori che vengono
fatti per il Comune di Orvieto. Abbiamo chiesto al presidente, l'architetto
Costanzo Lemmi, se il Comune paga bene. 'Be', noi abbiamo un rapporto
preferenziale con il Comune,' ci ha risposto, 'per cui facciamo uno
sconto.'

La **CO·OT TURIST** è una cooperativa di persone che si occupano di
turismo e della cura della città. Lavorano per l'azienda di turismo, fanno
da guida a gruppi di turisti, vendono biglietti al Pozzo di San Patrizio,
gestiscono il Teatro Mancinelli, curano il *Centro Umbria Artigianato*,
dove sono esposti esempi di artigianato locale. Silverio Lupi e sua moglie
Barbara insegnano anche l'inglese 'per chi vuole impararlo, per chi vuole
perfezionarlo', come dice la pubblicità.

Poi c'è **L'Aquilone**, fondato da Salvatore Marecchiolo per provvedere
attività, giochi e spettacoli per bambini e ragazzi dai tre anni e mezzo ai
quindici, sedici anni. E' aperto quattro pomeriggi alla settimana e le
attività sono quelle tradizionali: la tessitura, la lavorazione del legno, il
disegno e il gioco. I bambini imparano a usare materiali e utensili diversi,
a lavorare e a giocare insieme. E fanno sempre molto baccano!

| | | | |
|---|---|---|---|
| stalle e capannoni | *sheds* | avviato | *well–established* |
| le partenze | *start ups (of* | gestire | *to manage* |
| | *businesses)* | utensili | *tools* |

15 **Il tabacco per beneficenza**
The **Istituto Piccolomini** is an old people's home, founded in 1935 in
accordance with the last will and testament of the Countess Maria
Cristina Piccolomini. The property includes a large tobacco plantation
where, in late summer, the harvest is in progress.

*How many kilos of dry tobacco are produced on the plantation?*
*( 1 quintale = 100 kilos)*
*What happens to the leaves before they are packed and weighed?*
*Is growing tobacco a profitable business?*
*Does the president of the institution receive a fee?*
*Why does the farm manager get cross with his son?*

Nella piantagione dell'Istituto Piccolomini il tabacco è pronto per la raccolta. Sono quasi 20 ettari di piante alte e dritte, con grandi foglie verdi e ciuffi di fiori rosa. Ci sono 35.000 piante per ettaro che producono in tutto 350 quintali di tabacco secco.

Foglie di tabacco pronte per il forno

Le foglie vengono staccate una per una, vengono caricate sui trattori e trasportate alla fattoria. Qui, nei forni, vengono prima seccate e poi vaporizzate. Infine, le foglie secche ma morbide vengono imballate e pesate, pronte per essere vendute alle fabbriche di sigarette.

La produzione del tabacco rende bene e la rendita di questa azienda va interamente a beneficio delle persone ospitate nell'antica villa della Contessa Piccolomini, ora una casa di riposo. Come ci ha spiegato la signora Conticelli, presidente dell'istituto, lo scopo principale è 'l'assistenza alle persone bisognose, agli anziani, agli invalidi, alle persone che non hanno famiglia, che sono soli, abbandonati.'

La signora Conticelli si occupa non soltanto dell'istituto. A casa ha la famiglia e la mattina insegna, in una scuola elementare. 'Però ho tutto il pomeriggio,' ci ha detto, 'e poi ho delle persone che mi aiutano. Questo è un lavoro che noi facciamo gratuitamente, senza nessun compenso. Lo facciamo perché ci piace e ci dà soddisfazione.'

Una persona importante nell'istituto è Suor Giuseppina, la madre superiora. Suor Giuseppina cerca di creare un'atmosfera proprio di casa, di famiglia in tutti i suoi aspetti: affetto, feste, dolcezza anche, e gioia. Per gli ospiti dell'istituto sono queste le cose importanti.

Tomaso Orsini, il direttore dell'azienda agricola, è molto orgoglioso del buon tabacco che coltiva. Lui però non fuma e, secondo lui, fumare è una pazzia. Si arrabbia con il figlio perché fuma troppo! Ma se tutti smettono di fumare, chiediamo, cosa fa? 'Un'altra coltura,' ci risponde. Il signor Orsini è un bravo agricoltore comunque!

| | | | |
|---|---|---|---|
| staccare, caricare | *to detach, to load* | secondo lui | *in his opinion* |
| anziano | *elderly* | una pazzia | *madness* |
| dolcezza | *sweetness, warmth* | smettere | *to stop* |

## 16   Ci vuole passione in tutte le cose

Patience, aptitude and passion are required ingredients for success in any activity. We look at an elderly lady and a young man who have all three in abundance.

*What has the beautiful cathedral rose window inspired Mrs Pettinelli to crochet?*
*Is single or double cotton used to fill in the background of the lace?*
*When Lillo was a little boy, was there a piano at home?*
*What is there now?*

La signora Luisa Pettinelli, un'anziana signora di quasi 8o anni, è un personaggio importante a Orvieto. E' soprattutto famosa per i suoi lavori in merletto orvietano, un pizzo fatto interamente a mano, all'uncinetto.

La signora ha imparato a fare questi lavori da giovane: grandi merletti tondi in stile classico, come il bellissimo rosone, ispirato al rosone del duomo, e la fantasia classica con cavaliere; merletti in stile tradizionale, con scene rustiche come la vendemmia dell'uva, il contadino che lavora nei campi, o il gallo che canta al levar del sole.

Il disegno per un merletto nuovo viene creato prima sulla carta e poi riportato su una tela. Con due cotoni, vengono prima lavorate le parti importanti del disegno e, completate queste, viene fatto il fondo, con un cotone semplice, tutto sempre a mano, naturalmente. Per fare un lavoro importante ci vogliono mesi di tempo, ci vuole molta pazienza e molta disposizione. E ci vuole anche molta passione. Come dice la signora: 'Be', ci vuole passione in tutte le cose. Se non c'è passione non si riesce a niente!'

L'organista Lillo Catarcia ha due grandi passioni, la moto e la musica, soprattutto la musica per organo. Lillo ha studiato l'organo a Roma, con il grande organista italiano, Fernando Germani. Nel 1969, ancora giovanissimo, è diventato organista del duomo. Abita a Sferracavallo, una frazione di Orvieto, e viene in città tutti i giorni con la sua potentissima motocicletta.

Da ragazzino, Lillo ha studiato musica alla parrocchia perché a casa sua, un modesto appartamento dove vive ancora adesso con i genitori, c'era soltanto una piccola fisarmonica. Ora, nella sua camera, c'è un organo, che è stato costruito apposta per lui.

Lillo è anche il direttore della scuola di musica di Orvieto, dove insegna pianoforte. Ama molto suonare il pianoforte, ma preferisce sempre l'organo. Davanti all'organo si sente a suo agio.

| al levar del sole | *at sunrise* |
| carta, tela | *paper, linen (cloth)* |
| non si riesce a niente | *you don't succeed at anything* |
| amare | *to love* |
| si sente a suo agio | *he feels comfortable* |

# 17 CASA, FAMIGLIA E LAVORO

## TALKING ABOUT YOUR HOME, FAMILY AND WORK

RADIO      1 Gianna wanted to get Italians talking a bit about their homes and families. First she talked to a girl who was out walking a baby in Vicenza's main park, *il Campo Marzo*.

| | |
|---|---|
| *Gianna* | Scusi, signorina, stiamo facendo un'inchiesta sugli italiani e la loro casa. Mi può descrivere la sua casa? |
| *Signorina* | Io abito in un appartamento; due camere, cucina, bagno e sala. |
| *Gianna* | E lei vive da sola o con la famiglia? |
| *Signorina* | No, con mia mamma e mio fratello. |
| *Gianna* | E avete anche la soffitta o il garage? |
| *Signorina* | Il garage. E la soffitta, no. Abbiamo cortile e garage. |
| *Gianna* | E il giardino? |
| *Signorina* | No, abbiamo solo un cortile asfaltato senza giardino. |
| *Gianna* | E che elettrodomestici ha in casa? |
| *Signorina* | La lucidatrice, l'aspirapolvere, la lavatrice . . . |
| *Gianna* | Il congelatore? |
| *Signorina* | No, il frigo. |
| *Gianna* | E lei ha l'automobile? |
| *Signorina* | Sì, piccola. Comunque c'è. |
| *Gianna* | Tiene animali in casa? |
| *Signorina* | No. No, perché non è possibile in un appartamento. |
| *Gianna* | E' proibito? |
| *Signorina* | Mm mm. |
| *Gianna* | Grazie. |
| *Signorina* | Prego. Buongiorno. |

| | |
|---|---|
| stiamo facendo | *we're doing* |
| un'inchiesta | *a survey* |
| la loro casa | *their homes* |
| da sola | *on your own* |
| comunque c'è | *but at least we've got one* |

> To talk about things that are yours:
> **il mio** appartamento     **la mia** casa
> **i miei** documenti      **le mie** valigie
>
> To talk about members of your family:
> **mio** fratello      **mia** sorella
> **i miei** fratelli    **le mie** sorelle

RADIO      2 Next a girl who works in a large travel agency in the centre of Vicenza but lives in the country.

| | |
|---|---|
| *Gianna* | Signorina, mi può descrivere la sua casa? |
| *Signorina* | Be', io abito in una villetta in campagna, una villetta isolata con giardino. |
| *Gianna* | Quante stanze ci sono? |

| | |
|---|---|
| *Signorina* | Abbiamo una cucina, una sala da pranzo, un salotto, tre camere e due bagni. |
| *Gianna* | Lei vive da sola o con la famiglia? |
| *Signorina* | No, io vivo con la famiglia, mio padre, mia madre. |
| *Gianna* | Non ha fratelli? |
| *Signorina* | Ho una sorella, ma è sposata. |
| *Gianna* | E lei non è sposata? |
| *Signorina* | No, io non sono sposata. |
| *Gianna* | E' fidanzata? |
| *Signorina* | No. |
| *Gianna* | Esce con qualcuno, immagino. |
| *Signorina* | Qualche volta. . . . |
| *Gianna* | Avete elettrodomestici in casa? |
| *Signorina* | Abbiamo un frigorifero, la televisione, lavastoviglie, la lavatrice . . . |
| *Gianna* | Avete il freezer? |
| *Signorina* | Sì, abbiamo un grande freezer. |
| *Gianna* | E l'automobile? |
| *Signorina* | Abbiamo due automobili, una più piccola e una più grande. |
| *Gianna* | Tenete animali in casa? |
| *Signorina* | Mm mm. Per il momento abbiamo solo un canarino. |
| *Gianna* | Grazie. |
| *Signorina* | Prego. |

esce con qualcuno   *you're going out with someone*

> To say whether (or not) you're married, or engaged:
>
> (non) sono | sposato, –a
> fidanzato, –a

---

RADIO  3

Remember Tomaso in Chapter 16? His wife Sandra describes their house in the mountains.

La casa di montagna di Tomaso e Sandra: l'entrata

| | |
|---|---|
| *Gianna* | Sandra, mi descrivi la tua casa? |
| *Sandra* | Sì, è una vecchia casa di montagna dove ci sono: una camera da pranzo, una cucina, un soggiorno, alcune camere da letto e una cantina. |

197

| | |
|---|---|
| *Gianna* | In che località è la tua casa? |
| *Sandra* | E' in provincia di Trento. |
| *Gianna* | Tu vivi sola o con la famiglia? |
| *Sandra* | Vivo con la famiglia e siamo in quattro: mio marito, io e due figli. |
| *Gianna* | Che età hanno i tuoi figli? |
| *Sandra* | Il maggiore ha diciotto anni e il minore ne ha quattordici, quattordici e mezzo. |
| *Gianna* | Nella casa, che elettrodomestici avete? |
| *Sandra* | Una lavastoviglie, una lavatrice, una macchina lucidatrice, e basta. |
| *Gianna* | E il congelatore? |
| *Sandra* | Il congelatore, no. Il frigorifero, sì. |
| *Gianna* | Tenete animali in casa? |
| *Sandra* | No, non ne abbiamo. |
| *Gianna* | Non ti piacciono gli animali? |
| *Sandra* | Sì, mi piacciono, ma non posso tenerli. Non c'è abbastanza spazio nel giardino. |
| *Gianna* | Voi avete garage? |
| *Sandra* | No, non abbiamo garage. Abbiamo un piccolo spazio vicino alla casa e lì possiamo mettere le auto. |
| *Gianna* | Avete giardino? |
| *Sandra* | Un piccolissimo giardino dove io pianto qualche fiore durante l'estate. |
| *Gianna* | Ma avete tutta la campagna, voi, intorno. |
| *Sandra* | Sì, intorno abbiamo prati e boschi. |
| *Gianna* | Grazie. |

| | |
|---|---|
| che età hanno . . . ? | *how old are . . . ?* |
| avete tutta la campagna, voi, intorno | *you've got countryside all around you* |

RADIO      4 And lastly a man who works in a bookshop and lives right in the old centre of Vicenza.

| | |
|---|---|
| *Gianna* | Scusi, lei mi può descrivere la sua casa? |
| *Signore* | Io non abito in una casa, ma abito in un appartamento nel centro storico di Vicenza. Il mio appartamento è composto di cinque stanze: un ingresso, una cucina, una sala da pranzo, due stanze da letto e un bagno. |

Piazza dei Signori, nel centro storico di Vicenza

| | |
|---|---|
| *Gianna* | Lei vive solo o con la famiglia? |
| *Signore* | Io vivo con la famiglia. Io ho una moglie e due bambine. |
| *Gianna* | Quanti anni hanno le bambine? |
| *Signore* | Dunque, una ha diciotto anni e una ha undici anni. |
| *Gianna* | Che elettrodomestici ha in casa? |
| *Signore* | Un fornello a gas per cucinare, la lavatrice, la lavastoviglie e altri piccoli elettrodomestici: tritacarne e cose del genere. |
| *Gianna* | Congelatore? |
| *Signore* | Congelatore, frigorifero. |
| *Gianna* | E lei ha anche la soffitta e garage? |
| *Signore* | Io ho solo la soffitta. Non ho il garage perché non ho la macchina. Non guido, non mi piace la macchina. |
| *Gianna* | Ha anche giardino? |
| *Signore* | No, nel centro storico è impossibile avere giardino. |
| *Gianna* | Tiene animali in casa? |
| *Signore* | Non più. Tenevo una volta un cardellino, ma è morto. |

| | |
|---|---|
| cose del genere | *things like that* |
| non più | *not any more* |
| tenevo una volta | *I used to have* |

---

TV          5

Rossella Fiumi is the owner of the hotel *La Badia*, just outside Orvieto, and during the tourist season she spends quite a lot of time there. But she is also a ballet dancer and runs her own dance school.

| | |
|---|---|
| *Anna* | Rossella, da quanti anni è aperta questa scuola? |
| *Rossella* | Eh, da quattro anni. |
| *Anna* | E quante classi ci sono? |
| *Rossella* | In questo momento, otto. |
| *Anna* | Insegna solo danza classica? |
| *Rossella* | Prevalentemente sì. Aiuto anche la mia collega, Manuela, che fa corso di jazz; l'aiuto alcune volte a tenere la classe per il corso di danza moderna per gli adulti. |

| | |
|---|---|
| che fa corso di jazz | *who runs a jazz dance course* |
| l'aiuto alcune volte | *I sometimes help her* |

---

TV          6

In the jazz and modern dance classes, run by Rossella's colleague Manuela, not all the students are exactly youngsters.

| | |
|---|---|
| *Anna* | Ma vengono anche degli studenti non proprio giovanissimi. Perché? |
| *Rossella* | Ma perché magari non è mai troppo tardi per fare un pochino di movimento! Magari studiano, fanno questo corso di jazz soltanto per sciogliersi un pochino, per muoversi, per capire proprio il tipo di danza e il ritmo che accompagna questo tipo di danza. |

| | |
|---|---|
| per sciogliersi un pochino | *to loosen up a bit* |

---

TV          7

Like most dancers, Rossella started learning very young, and the idea of becoming a professional dancer came only gradually.

| | |
|---|---|
| *Anna* | Quando ha cominciato a studiare la danza? |
| *Rossella* | Ho cominciato a dieci anni. |

| | |
|---|---|
| *Anna* | Da bambina, le piaceva sempre ballare? |
| *Rossella* | Be', indubbiamente, sì. |
| *Anna* | Ma voleva sempre essere ballerina? |
| *Rossella* | Ma direi che questa idea è venuta a poco a poco. Prima ho iniziato con la danza classica. Piano piano, abbiamo imparato a usare le famose scarpette da punta. Poi abbiamo fatto *pas de deux* con il ballerino. Quindi sono tutte forme che, per chi è portato, insomma, danno molta passione, diciamo. |

| | |
|---|---|
| da bambina | *as a little girl* |
| le piaceva sempre ballare? | *did you always enjoy dancing?* |
| voleva sempre essere . . . ? | *did you always want to be . . . ?* |
| per chi è portato | *for someone who's got a talent for it* |

---

**TV  8**

Livio Orazio Valentini is a painter. When we filmed him in his studio, he improvised on a sheet of paper and before long a bird began to take shape between bars of brilliant colour.

| | |
|---|---|
| *Valentini* | Per una mia filosofia, per una mia esperienza, cerco di far capire che dietro a ogni atto c'è sempre questo significato oscuro e negativo, ecco. |

For Valentini the bird is a recurring theme, a symbol of freedom, bound, crushed and imprisoned. He himself was imprisoned for three years during the war, in Buchenwald.

cerco di far capire  *I try to get people to see*

---

**TV  9**

Valentini's wife Flora teaches mathematics at a local school. He believes that, like mathematics, painting is also subject to precise laws.

| | |
|---|---|
| *Valentini* | Matematica . . . , una scienza esatta contro l'inesattezza e la precarietà della pittura. Almeno così si crede. Invece io credo che anche la pittura ha delle leggi precise, apparentemente disorganizzate che invece sono molto organizzate. |

almeno così si crede  *at least that's what people think*

---

**TV  10**

We also filmed him at home with his family, which he doesn't see much of as his three daughters are students and his wife leads a busy working life. We caught this little snatch of conversation.

| | |
|---|---|
| *Silvia* | *(to her sister)* Andiamo, Cristiana? |
| *Cristiana* | Sì. Senti, mamma, allora ci vediamo dopo, quando torni da scuola? |
| *Flora* | Sì, va bene. |
| *Cristiana* | Ciao . . . |
| *Valentini* | Ciao. *(the girls leave, and Flora has to go too)* |
| *Flora* | *(to her husband)* Ti ritrovo stasera? |
| *Valentini* | Sì. |
| *Flora* | Allo studio? |
| *Valentini* | Sì, sì. |

| *Flora* | Ecco. *(gets up to go)* Spero di ritrovarti prima di cena. Ciao. |
| *Valentini* | Ciao. |

| allora ci vediamo dopo? | *see you later, then?* |
| ti ritrovo stasera? | *shall I meet you somewhere this evening?* |

## ALLORA . . .

### VOCABOLARIETTO

| | | |
|---|---|---|
| il padre | l'adulto | usare |
| la madre | lo studente | uscire |
| la mamma | il collega | guidare |
| il marito | | ballare |
| | l'appartamento | capire |
| sposato | la camera | |
| fidanzato | da pranzo | vecchio |
| | da letto | moderno |
| il figlio | il soggiorno | famoso |
| il fratello | la cucina | |
| la sorella | il frigorifero | piano |
| il bambino | il fornello | sempre |

**To say** *my* . . .

| **il mio** appartamento | **la mia** casa |
|---|---|
| **i miei** \| documenti / figli | **le mie** \| valigie / sorelle |

But if you're talking about *one* of your relatives:

| **mio** \| padre / fratello / marito | **mia** \| madre / sorella / moglie |

**To say** *his* . . ., *her* . . . or *your* . . . with someone you call 'lei':

| **il suo** appartamento | **la sua** casa |
|---|---|
| **suo** marito | **sua** moglie |
| **i suoi** \| documenti / figli | **le sue** \| valigie / figlie |

With someone you call '**tu**', the words are: **tuo, tua, tuoi, tue.**

> For a list of the words for *my, your, our,* etc., see p 251

**To tell people** your marital status:

| (non) sono \| fidanzato, −a / sposato, −a / vedovo, −a |

**To ask** someone's age:

| **quanti anni** / **che età** \| **ha** \| (lei)? / tuo figlio? / sua sorella? / Giancarlo? |

If you're asked, you can just state your age as a number, e.g. **venti, trenta** or say: **ho vent'anni, ho trent'anni**

Notice the following:
Il maggiore ha diciotto anni, il minore **ne** ha quattordici.

> **ne** is used to avoid repeating a word when talking about a
> number or a quantity of something:
>> Avete del parmigiano?
>> Sì, certo. Quanto **ne** desidera?
>>
>> Quanti studenti avete?
>> L'altr'anno **ne** abbiamo avuto quarantadue.
>>
>> Tenete animali in casa?
>> No, non **ne** abbiamo.

**Learn a verb (or two) a week**

| volere (voluto) | |
|---|---|
| voglio | vogliamo |
| vuoi | volete |
| vuole | vogliono |

| dovere (dovuto) | |
|---|---|
| devo | dobbiamo |
| devi | dovete |
| deve | devono |

**Want to know more?** See **Grammatica 2, 4; 12, 14–16; 52; 84**

## PAROLE E USANZE

**Un'inchiesta sugli italiani e la loro casa.** Italians say *a survey on Italians and their house*, whereas in English you'd say *their houses*.

**Auto, frigo.** Some long words like **automobile, frigorifero**, are shortened in colloquial speech.
> la mia automobile – la mia auto
> il mio frigorifero – il mio frigo

**Bambino, bambini.** If someone says **ho un bambino**, you know he's got a son; if he says **ho una bambina**, you know he's got a daughter; but if he says **ho tre bambini** you can't tell whether they're all boys or a mixture of boys and girls (but you do know they're not all girls!).

In the same way, **fratello** is *brother* and **fratelli** could be either *brothers* or *brothers and sisters*; **figlio** is *son*, **figli** could be *sons* or *sons and daughters*.

## VITA ITALIANA

**Il campo marzio**
The original **Campo Marzio** was part of ancient Rome: *Campus Martius*, or Field of Mars, a piece of open ground by the banks of the

Tiber devoted to the pursuit of athletic exercises and sports. Other ancient towns followed suit. Later these open spaces were also used as parade grounds for the military, and in modern times, most have been built over or converted into parks. A particularly well-known one is the Champ-de-Mars in Paris, by the Eiffel Tower, the site of many international exhibitions.

### La casa italiana

It's probably safe to say that the majority of Italians live in flats, **appartamenti**, and in the major cities these are in tall blocks, **palazzi**, or **condomini**. Leases are unheard of in Italy and most flats are owned freehold **in condominio**, a sort of co-ownership in conjunction with the owners of the other flats in the building and the owner of the land on which the flats are built. There are flats for rent, but not many; if at all possible people buy their home.

On the outskirts of towns and in country areas, for those who can afford it, it has become fashionable to have a small house, **una villetta**, detached and with its own private garden. These are custom-built, individually designed by a local architect and built by local builders. Kitchens and bathrooms are tiled and there are tiled or stone floors. There is a vast choice of ceramic tiles on the market, ranging from plain colours to very elaborate designs.

A typical medium-sized family flat would have two or three bedrooms, a living-cum-dining room, two bathrooms, kitchen, 'service' area (for storage, ironing, etc.) and a box room. Most flats have at least one balcony, **terrazzo** (or **balcone**), and many will have two. Plants are always abundant, even on the smallest **terrazzino**. Notice that the bedrooms and main bathroom are closed off from the rest of the flat by a door. This is a pretty universal feature of Italian homes.

The names of reception rooms can be a bit confusing (English isn't much better!), and the variations are as much regional as a matter of size, formality and fashion. A large, rather formal drawing room would be **un salone**; a smaller one, though still fairly large, **una sala**, and a small sitting room **un salotto**. Nowadays most people have what we might call a living room, **un soggiorno**.

**Sala** is basically another word for **stanza** (which is another for **camera**), and so you have **una sala da pranzo**, if you've got a separate dining room, and **una sala** (or **stanza**) **da bagno**, or just **un bagno**.

Many modern homes – space being scarce and big family meals perhaps no longer the fashion – just have **un soggiorno-pranzo**, but even a small flat might have what is called **doppi servizi**, two bathrooms, the second consisting of a loo, washbasin, shower and the washing machine. And whereas once you'd have had a good-sized kitchen, now you'll have one in which you can barely swing a spaghetto. Not so different from anywhere else after all!

## PROVA UN PO'...

1  Fill the gaps in these sentences. You'll need to use **lo, la, li, le, ci** or **ne**.

1  Conosce Venezia? No, non ............... sono mai stata.
2  Avete animali in casa? Sì, ............... abbiamo tre: un cane, un gatto e un canarino.
3  Si chiama Gianna la tua amica? Non mi sembra di conoscer ................
4  Mi piacciono queste scarpe ma sono un po' troppo care. Non ............... prendo.
5  Come sta Carla? Ma non so, non ............... vedo quasi mai.
6  Sapete che Tiziana si sposa? No, non ............... ha detto niente.
7  Sono belli questi quadri! Dove ............... ha comprati?
8  Firenze è una bellissima città. ............... siamo stati due anni fa.
9  Tu quanti fratelli hai? ............... ho tre.
10  Avete del buon parmigiano? Certo. Quanto ............... desidera?
11  La verdura? ............... compro sempre al mercato perché costa meno.
12  Chi fa il corso di jazz? ............... fa Manuela.

2  To complete this conversation, you'll need the Italian for *my* and *your*.

*Anna*  Scusi, signore, mi può dire dov'è la ............... casa?
*Signore*  La ............... casa è in città. E' un appartamento, in Via Marconi.
*Anna*  Ho capito. E' lontano dal ............... lavoro?
*Signore*  No, circa mezz'ora.
*Anna*  Ci va con la macchina?
*Signore*  No, no, con l'autobus. Dove lavoro io è impossibile parcheggiare! ............... moglie usa la macchina per fare la spesa e quando va a visitare ............... madre.

| Anna | E i ............... figli? Vanno a scuola lì vicino? |
|---|---|
| Signore | ............... figlia, la maggiore, va all'Istituto Tecnico che è vicino a casa, sì. ............... figlio invece va alla scuola elementare che è piuttosto lontana. Deve prendere l'autobus pure lui. |
| Anna | Quanti anni ha ............... figlio? |
| Signore | Dodici e mezzo. |
| Anna | E' bravo a scuola? |
| Signore | Mah, i ............... insegnanti sembrano abbastanza soddisfatti, insomma! |
| Anna | E ............... figlia? |
| Signore | ............... figlia va molto bene quest'anno. Nella ............... classe ci sono anche le ............... amiche, così è abbastanza contenta e tranquilla – per il momento, almeno! |
| Anna | Cosa studia ............... figlia? |
| Signore | Studia ragioneria. |
| Anna | Ma brava! |

3 Have another look at Text 2 on pp 196–197, then answer these questions in Italian.

Dove lavora la signorina? ...............................

Dov'è l'agenzia? ...............................

E la signorina dove abita, in centro? ...............................

Abita in un appartamento? ...............................

C'è giardino? ...............................

Ha fratelli la signorina? ...............................

Perché sua sorella non abita con lei? ...............................

Con chi vive allora la signorina? ...............................

Quante macchine hanno? ...............................

Pensi che la signorina va al lavoro in macchina? ...............................

Con la grande o la piccola? ...............................

4 Here is a shortened version of the interview with Rossella Fiumi, but with 16 words left out. Can you fill the gaps with the words listed in the box? We have given 8 extra words in the list which, when rearranged, make an Italian proverb.

| | | | |
|---|---|---|---|
| meglio | aperta | gli | uovo |
| cominciato | quanti | un | vengono |
| essere | mia | oggi | volte |
| pochino | domani | è | ho |
| gallina | corso | insegna | la |
| classi | che | ballare | troppo |

| Anna | Rossella, da ............... anni è ............... questa scuola? |
|---|---|
| Rossella | Da quattro anni. |
| Anna | E quante ............... ci sono? |
| Rossella | In questo momento otto. |
| Anna | ............... solo danza classica? |
| Rossella | Prevalentemente sì. Aiuto anche la ............... collega, Manuela, che fa corso di jazz; l'aiuto alcune ............... a tenere la classe per il corso di danza moderna per ............... adulti. |
| Anna | Ma ............... anche degli studenti non proprio giovanissimi. Perché? |

| | |
|---|---|
| *Rossella* | Perché non è mai ............... tardi per fare un pochino di movimento! Magari studiano, fanno questo ............... di jazz soltanto per sciogliersi un ..............., per muoversi. |
| *Anna* | Quando ha ............... a studiare la danza? |
| *Rossella* | A dieci anni. |
| *Anna* | Da bambina, le piaceva sempre ...............? |
| *Rossella* | Be', indubbiamente, sì. |
| *Anna* | Ma voleva sempre ............... ballerina? |
| *Rossella* | Ma direi che questa idea ............... venuta a poco a poco. Prima ho iniziato con la danza classica, piano piano ............... imparato a usare le famose scarpette da punta, poi abbiamo fatto *pas de deux* con il ballerino. |

5  A group of you are comparing notes on the kind of homes you have. It's your turn to answer the questions.

| | |
|---|---|
| *Domanda* | Dove abita? In città o in campagna? |
| *You* | *(You live in the town)* |
| *Domanda* | Ha una casa, o . . . ? |
| *You* | *(You have a flat)* |
| *Domanda* | A che piano? |
| *You* | *(On the third floor)* |
| *Domanda* | E' grande il suo appartamento? |
| *You* | *(No, it's small)* |
| *Domanda* | Quante camere ci sono? |
| *You* | *(Two bedrooms, a small sitting room, kitchen and bath)* |
| *Domanda* | In quanti siete? |
| *You* | *(There are three of you: yourself, your wife and your son)* |
| *Domanda* | Tenete animali in casa? |
| *You* | *(No, in a flat in town it's not possible)* |
| *Domanda* | Non c'è un giardino? |
| *You* | *(No, but there's a park nearby)* |
| *Domanda* | C'è molto traffico dove abita? |
| *You* | *(Well yes, a fair amount)* |
| *Domanda* | Anche di notte? |
| *You* | *(No, at night it's fairly quiet)* |
| *Domanda* | Le piace abitare in città? |
| *You* | *(No, not much)* |
| *Domanda* | Perché ci abita, allora? |
| *You* | *(You have to live there for your work)* |

# 18 COM'ERA UNA VOLTA?

## TALKING ABOUT HOW THINGS USED TO BE

RADIO 1

A retired schoolteacher, signora Jolly, is talking to Gianna about life as it was in Vicenza around 1935. This is how she got to town from the neighbouring village where she lived.

| | |
|---|---|
| *Gianna* | Signora Jolly, com'era la vita a Vicenza prima della guerra? |
| *Sig.ra Jolly* | Io non vivevo a Vicenza. Vivevo in un paese nella periferia, dove facevo l'insegnante. Però venivo a Vicenza moltissime volte per far delle compere, per andare al cinema, per visitare monumenti della città e quindi la conoscevo abbastanza bene. |
| *Gianna* | E con che cosa andava a Vicenza? |
| *Sig.ra Jolly* | A Vicenza si veniva o con la carrozza . . . |
| *Gianna* | *(interrupting)* Ah! La carrozza a cavalli! |
| *Sig.ra Jolly* | Sì, a cavalli, o con tram a vapore. Oppure c'era un treno che non passava proprio vicino al paese ma era facile raggiungerne la stazione. |

| | |
|---|---|
| com'era la vita? | *what was life like?* |
| io non vivevo | *I didn't live* |
| dove facevo l'insegnante | *where I worked as a teacher* |
| si veniva | *one used to come* |
| era facile raggiungerne la stazione | *it was easy to get to the (its) station* |

> To talk about what you used to do:
> **facevo** l'insegnante
> **venivo** a Vicenza moltissime volte
>
> and what you and others did:
> **facevamo** qualche viaggio
> **andavamo** in montagna

The pay sounds ridiculously low by today's standards, but the cost of living was equally low.

| | |
|---|---|
| *Gianna* | E lei faceva l'insegnante. Quanto guadagnava al mese? |
| *Sig.ra Jolly* | Guadagnavo trecentottanta lire al mese. |
| *Gianna* | Trecentottanta lire al mese! E con questo stipendio come si poteva vivere? Bene? |
| *Sig.ra Jolly* | Allora la vita era molto a buon prezzo. |
| *Gianna* | Voi, quanti eravate in famiglia? |
| *Sig.ra Jolly* | In famiglia eravamo io e la mamma soltanto. La mamma mia era vedova e faceva l'insegnante anche lei. |
| *Gianna* | Quanto costava un litro di vino, per esempio? |
| *Sig.ra Jolly* | Non ricordo bene. Forse costava dieci centesimi di lira per litro. |
| *Gianna* | E potevate, per esempio, fare dei viaggi? |

| | |
|---|---|
| *Sig.ra Jolly* | Sì, facevamo qualche viaggio, non dei lunghi viaggi come si usa fare adesso, però andavamo nelle città italiane più lontane oppure nei paesi limitrofi all'estero. |
| *Gianna* | Come Svizzera . . . ? |
| *Sig.ra Jolly* | Come Svizzera, Francia, Austria. . . . |

come si poteva vivere?     *how could one live?*
dieci centesimi di lira     *ten cents (hundredths) of a lira*
come si usa fare adesso     *as is the custom nowadays*
nei paesi limitrofi all'estero     *to neighbouring foreign countries*

In those days what did people do in their spare time?

| | |
|---|---|
| *Gianna* | E come passavate il finesettimana? |
| *Sig.ra Jolly* | Il finesettimana era un po' triste rispetto alle possibilità di adesso. Però c'era una vita più semplice, più sana, perché si andavano a fare delle belle passeggiate o delle gite in bicicletta molto. |
| *Gianna* | Le signore andavano al caffè? |
| *Sig.ra Jolly* | Non era molto usato di andare al caffè per le signore. Si andava quando c'era la compagnia di un uomo, allora era più facile. |
| *Gianna* | E qualche volta andavate in montagna a sciare? |
| *Sig.ra Jolly* | Sì, occasionalmente si andava a sciare in montagna, oppure a fare gite, ma la montagna era molto più frequentata di estate. |
| *Gianna* | Parliamo dell'anno 1935 circa, vero? Le signore, allora, facevano dello sci? |
| *Sig.ra Jolly* | Le signore cominciavano appena a fare dello sci. Era uno sport non ancora popolare come adesso. |

si andavano a fare delle belle passeggiate     *we used to go for nice walks*
non era molto usato     *it wasn't very common*
le signore, allora, facevano dello sci?     *did ladies go skiing then?*

> To say what other people used to do:
>     le signore, allora, **facevano** dello sci?
>     le donne **cominciavano** a guidare la macchina

But there were certain things that signora Jolly was not allowed to do.

| | |
|---|---|
| *Gianna* | E guidavano la macchina, le donne? |
| *Sig.ra Jolly* | Cominciavano, appunto, anche a guidare la macchina. |
| *Gianna* | Lei ha imparato a guidare la macchina? |
| *Sig.ra Jolly* | Io avevo imparato, ma poi mia madre non mi permetteva di guidarla. |
| *Gianna* | Perché? |
| *Sig.ra Jolly* | Perché aveva paura che mi ammazzassi. *(laughs)* |
| *Gianna* | E ha imparato a fare dello sci? |
| *Sig.ra Jolly* | No, neppure. |
| *Gianna* | Anche quello troppo pericoloso? |
| *Sig.ra Jolly* | Era troppo pericoloso. Era ritenuto, in quel tempo, troppo pericoloso. |

non mi permetteva di guidarla     *wouldn't allow me to drive (it)*
aveva paura che mi ammazzassi     *she was afraid I'd kill myself*
era ritenuto in quel tempo     *in those days it was considered*

And young ladies were chaperoned when they went out in the evening.

| | |
|---|---|
| *Gianna* | E lei, qualche volta, usciva con le amiche o con gruppi di amici? |
| *Sig.ra Jolly* | Certo, si usciva in gruppo per andare a fare passeggiate, oppure delle gite nelle località vicine dove c'era qualcosa di interessante da vedere. |
| *Gianna* | E lei andava a ballare qualche volta? |
| *Sig.ra Jolly* | Andavo a ballare, sempre però accompagnata dalla mamma, o la mia o quella delle mie amiche che venivano con me. |
| *Gianna* | Senta, signora Jolly, le piace di più Vicenza com'è adesso o com'era una volta? |
| *Sig.ra Jolly* | Io penso che sia molto meglio com'è adesso. Allora era più familiare, diciamo, meno grande, ma adesso la vita è un po' più vivace di un tempo. |

| | |
|---|---|
| o la mia o quella delle mie amiche . . . | *either my own or the mother of the friends . . .* |
| com'era una volta | *as it used to be* |
| io penso che sia molto meglio | *I think it's much better* |
| più vivace di un tempo | *livelier than it used to be* |

Vicenza, com'era una volta

> To say how things used to be:
> allora Vicenza **era** più familiare
> il territorio degli Etruschi **era** molto esteso

It's often quite easy to understand Italians talking about a subject in which they're expert. This is because the words they use are very similar to those that would be used in English. In the passage that follows, Professor Torelli, the director of the Archaeological Institute in Perugia, talks about the development and spread of the Etruscan civilisation in Italy. He uses words like:

| | | | |
|---|---|---|---|
| territorio | *territory* | occupare | *to occupy* |
| area | *area* | colonizzare | *to colonise* |
| origine | *origin* | estendere | *to extend* |
| dominio | *dominion* | esistere | *to exist* |
| controllo politico | *political control* | | |

The only trap is the word **attuale** which doesn't mean *actual* but *present day*.

|          |                                                                |
|---------:|----------------------------------------------------------------|
| *Anna* | Era esteso il loro territorio? |
| *Prof. Torelli* | Estesissimo. Gli etruschi occupavano l'area dell'attuale Toscana e del Lazio settentrionale ed era la loro terra di origine, diciamo, dove si sono sviluppati nell'età più antica, probabilmente. Poi hanno occupato terre e colonizzato terre al di fuori di questa area. Nella Valle del Po, Bologna è una città etrusca. In Campania, Capua è una città etrusca. E nell'estendere questo dominio hanno anche esercitato un controllo politico – un dominio su genti, città e popoli non etruschi, come i latini a Roma, dove sappiamo che è esistita una dinastia etrusca. |

| | |
|---|---|
| dove si sono sviluppati | *where they developed* |
| al di fuori di | *outside (of), beyond* |

---

|   |   |
|---|---|
| TV | 3 |

Orvieto (*Urbs vetus*, the old city, as the Romans called it) is built on top of a huge mound of tufo, a soft rock of volcanic origin which, ever since Etruscan times, has been dug into and used for building palaces and houses, and for providing cellars, drains and even escape routes. Today the rock is described as a gruyère cheese. The mayor of Orvieto, Francesco Barbabella, tells us about his 'city full of holes'.

|          |                                                                |
|---------:|----------------------------------------------------------------|
| *Anna* | La rupe di Orvieto è stata descritta come una groviera . . . |
| *Sindaco* | Ecco, è esatto. E' una specie di groviera nel senso che è una città molto antica, che sorge su un masso di tufo sul quale gli uomini hanno fatto le loro opere nelle diverse epoche a seconda delle civiltà. Gli etruschi, per esempio, hanno appunto scavato nella roccia di tufo e hanno realizzato tutta una serie di cunicoli, di grotte, di tombe, e oggi la città di Orvieto mantiene ancora queste cose che hanno fatto gli etruschi. Poi sono venuti i romani che hanno fatto le loro opere. Per esempio, una grande parte della rete fognaria della città è romana e quindi noi abbiamo appunto una città bucata, no? |

| | |
|---|---|
| che sorge su | *that rises up on* |
| a seconda delle civiltà | *depending on the civilisations* |
| mantiene ancora queste cose | *still retains these things* |
| la rete fognaria | *the sewerage system (network)* |

---

|   |   |
|---|---|
| TV | 4 |

Not much is known of Etruscan life in the town itself (the city was destroyed by the Romans in 265 BC), but it is known that the Etruscans cultivated vineyards and made wine. The grapes were pressed and the wine fermented and stored in cellars cut into the rock, some of them three floors deep. These cellars are still used by present day wine producers, such as Luigi Barberani.

|          |                                                                |
|---------:|----------------------------------------------------------------|
| *Sig. Barberani* | Infatti gli etruschi conoscevano il vino e facevano il vino proprio in queste cantine qui della città; cioè con cantine disposte su tre piani. Nel |

primo piano facevano la vendemmia, poi mandavano il mosto per la fermentazione nel secondo piano interrato, e poi, dopo, il vino lo passavano nel terzo piano per la conservazione . . . e lì c'era una temperatura costante e quindi un ambiente ideale per la conservazione del vino.

cantine disposte su tre piani *cellars set out on three floors*

## ALLORA . . .

### VOCABOLARIETTO

| | | |
|---|---|---|
| la terra | la civiltà | la periferia |
| il territorio | la guerra | il cinema |
| il popolo | | il caffè |
| la gente | l'ambiente (m) | |
| la compagnia | la temperatura | la bicicletta |
| l'estero | | fare una gita |
| | antico | |
| pensare | ideale | fare delle compere |
| permettere | semplice | a buon prezzo |
| usare | popolare | |
| mandare | pericoloso | lo stipendio |
| | | guadagnare |

**To say that** you used to go . . . :

**andavo** | a ballare ogni domenica
| in montagna a sciare

that you used to live . . . :

**vivevo** | in un paese vicino a Vicenza
| con mia madre

or that you used to go out . . . :

**uscivo** | con le amiche
| tutte le sere

To talk about what you used to do or how things used to be, you use a form of the verb which has a −v− in its ending. It is formed like this:

| | | |
|---|---|---|
| *andare* | anda− | −vo |
| *parlare* | parla− | −vi |
| *vivere* | vive− | −va |
| *prendere* | prende− | −vamo |
| *uscire* | usci− | −vate |
| *venire* | veni− | −vano |

Here are some more examples from the interviews in this chapter:

**Guadagnavo** trecentottanta lire al mese
Il vino **costava** dieci centesimi di lira per litro
Gli etruschi **occupavano** l'area dell'attuale Toscana

**Fare** doesn't quite follow the above pattern, and **essere** doesn't at all:

| fare | | | essere | |
|---|---|---|---|---|
| facevo | facevamo | | ero | eravamo |
| facevi | facevate | | eri | eravate |
| faceva | facevano | | era | erano |

Com'**era** la vita a Vicenza prima della guerra?
Le donne, allora, **facevano** dello sci?

> Just as you say **c'è** for *there is* and **ci sono** for *there are*, **c'era** and **c'erano** mean *there was* and *there were*.

**c'era** qualcosa di interessante da vedere
**c'erano** molte cose interessanti da vedere

**To say that** *people used to*, *one used to*, without specifying *I*, *we* or *you*, you use **si**:

**si andava** | al caffè
 | a sciare

**si viveva** | bene a Vicenza
 | una vita molto semplice

**si usciva** | con amici
 | in gruppo

**Si** can also be used to talk about the *present*:
la sera **si va** al caffè
per andare a Perugia **si passa** per Chiusi
non **si può parcheggiare** nel centro storico
**si mangia** molto bene qui

And if you don't know what something's called in Italian, you can ask:
**come si dice** *weekend* in italiano?
or: **come si chiama** questo in italiano?

**Learn a verb (or two) a week**

| sapere (saputo) | | | conoscere (conosciuto) | |
|---|---|---|---|---|
| so | sappiamo | | conosco | conosciamo |
| sai | sapete | | conosci | conoscete |
| sa | sanno | | conosce | conoscono |

**Want to know more?**   See **Grammatica** 4, 13, 17; 50; 58; 64; 82

---

PAROLE E USANZE

**Gente** means *people* in the general sense:
**c'è molta gente in centro oggi**
and, unlike *people* in English, it's singular. (The plural **genti** as used on p 210 has the rather specialised meaning of *tribes*.)

**Popolo** means *people* in the sense of a nation:
**il popolo etrusco occupava tutta questa zona**

and also in the sense of *the ordinary people*: in Italy many towns have a
square called **Piazza del Popolo**.

When used with a specific number, *people* is **persone**:
    c'erano tre persone nel bar

ETRURIA

▲ Archaeological sites

## Gli etruschi

The Etruscans were a people who lived in the area that corresponds very
closely to what is now Tuscany and northern Latium. They flourished
between the seventh and third centuries BC. Rome was subdued by them
early in its history and they imposed on the Romans a series of seven
'kings'. Later, the tables were turned and Rome conquered Etruria, so
that the Etruscans slowly lost all political identity, for ever.

Their origin is something of a mystery, one of the mysteries of antiquity.
Many say that they came from one of the islands of the Aegean or from

Veduta della necropoli etrusca a Orvieto, detta 'del Crocefisso del Tufo'

Asia Minor, by sea; others believe them to be autochthonous, ie the local descendants of iron age prehistoric populations in Central Italy.

Most of the towns of that part of Etruria that bordered the sea dwindled slowly during the early Middle Ages to become mere villages with little-known names. It is thought that this happened because of the malaria that used to infest this region, the Maremma. The modern aspect of these archaeological sites is extraordinarily interesting and beautiful. Their settings have fascinated scholars, poets and tourists for centuries. The inland towns, on the other hand, flourished and grew to give the modern towns of Fiesole, Volterra, Arezzo, Perugia, Chiusi and Orvieto.

One of the most attractive features of Etruscan civilisation to modern eyes is the relation between the sexes: the Etruscans, for instance, were much condemned by the Greeks for allowing men and women to eat together on equal footing at their banquets.

### La lingua . . .

Another 'mystery' concerning the Etruscans is their language. Its connections are not known, and Etruscan is famous among scholars as the language that cannot be deciphered. The decipherment of Etruscan has in fact fascinated scholars since the 15th century and it is no great

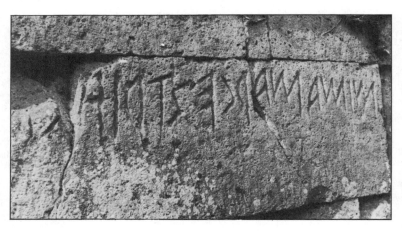

Iscrizione sopra l'entrata di una tomba

214

exaggeration to say that hardly a year passes by without some scholar (or crank) claiming to have found the solution. In fact, most of the inscriptions are very short and can be read perfectly well, for they are very repetitive. It is only the two or three longer texts that have come down to us that are not understood with any certainty. What is lacking is a clear bilingual inscription of some length; none has turned up so far.

Among the many features of civilised life which the Romans took from the Etruscans is the alphabet: the Roman alphabet as we know it is adapted from the Etruscan, itself an adaptation of the Greek alphabet.

### ... e l'arte

*A destra:*
*Cavalli alati,*
*Tarquinia*

The art of the Etruscan people is well known to us, for much of it has survived and now lies scattered in many of the large national museums of Europe and the USA: terracotta statues, bronzes large and small, vases, everyday metal or ceramic objects, but especially the frescoes found on the walls of tombs, as in Tarquinia. Etruscan art is particularly attractive to modern tastes, for although in its main lines it is largely derived from Greek art, it acquired in Etruscan hands an element of realism which gives it a very different feel from the predominantly idealistic works of art that have come down to us from the Greeks. This is especially noticeable in portraiture, where it was taken up by the Romans, so that it can be said that Roman art is a fusion of Greek and Etruscan elements.

## PROVA UN PO' ...

1   Here's a summary of what signora Jolly talks about on p 207*ff*. See if you can complete it, using the necessary −v− forms of the verbs listed: they are in the correct order.

| | | | | | |
|---|---|---|---|---|---|
| 1 | abitare | 6 | viaggiare | 11 | andare |
| 2 | fare | 7 | guadagnare | 12 | usare |
| 3 | andare | 8 | costare | 13 | avere |
| 4 | prendere | 9 | permettere | 14 | permettere |
| 5 | essere | 10 | fare | 15 | essere |

Nel 1935, prima della guerra, la signora Jolly ............... (1) in un paese fuori di Vicenza. Come sua madre, anche lei ............... (2) l'insegnante.

Quando ............... (3) a Vicenza, ............... (4) la carrozza (allora c'............... (5) ancora le carrozze a cavalli), oppure il tram, oppure ............... (6) in treno.

Come insegnante ............... (7) 380 lire al mese; oggi sembrano poche, ma la vita non ............... (8) molto allora. Il suo stipendio le ............... (9), durante le vacanze, anche di viaggiare all'estero. Il finesettimana, lei e le

215

sue amiche ............... (10) delle lunghe passeggiate, o ............... (11) in
bicicletta. Allora non si ............... (12) andare nei bar da sole. La signora
Jolly ............... (13) imparato a guidare la macchina ma sua madre non le
............... (14) di guidare. ............... (15) ritenuto troppo pericoloso!

2 Complete these sentences, using either **so** or **conosco** as appropriate.

1 Maria è uscita e non ............... a che ora torna.
2 Mario è un vecchio amico. Lo ............... da molti anni.
3 Gianna? Non la ............... molto bene, ma ............... che parla
   benissimo l'inglese.
4 Non ............... a che ora arriva Giovanni, ma ............... che viene con una
   ragazza che io ............... .
5 Roma? Sì, ci sono stato tre volte; la ............... molto bene.
6 Non trovo più il passaporto; non ............... dove l'ho lasciato.
7 L'Azienda di Turismo? Non ............... bene il centro, ma ............... che
   non è lontana dal duomo.
8 Verdi mi piace moltissimo; ............... tutte le sue opere.
9 La strada per Venezia? Non la ............... molto bene, ma ............... che
   passa per Mestre.
10 Questo treno va a Roma, ma non ............... se si ferma a Orvieto.

3 Two friends are talking about their recent holidays. Can you fill in the
   gaps with the appropriate −v− forms of the verbs listed.

| | | | | | |
|---|---|---|---|---|---|
| 1 | alzarsi | 7 | prendere | 13 | essere |
| 2 | andare | 8 | vestirsi | 14 | essere |
| 3 | fare | 9 | andare | 15 | andare |
| 4 | essere | 10 | andare | 16 | prendere |
| 5 | arrivare | 11 | dormire | 17 | restare |
| 6 | stare | 12 | leggere | 18 | guardare |

*Paolo*  Dimmi un po', ma al mare, cosa facevi tutto il giorno?
*Mario*  Ma io ............... (1) tutte le mattine molto presto, ............... (2) in spiaggia e
............... (3) il bagno prima di fare colazione. A quell'ora non c'............... (4)
quasi mai nessuno. Dopo la colazione, invece, ............... (5) le famiglie
con tutti i bambini. Allora io ............... (6) lì, così, per una mezz'ora e
............... (7) un po' di sole, ma poi ............... (8) e ............... (9) a fare delle
lunghe passeggiate nella campagna lì intorno. Dopo pranzo ............... (10)
in camera e ............... (11), oppure ............... (12)
*Paolo*  Ma hai fatto anche qualche amicizia? Parlavi con qualcuno
qualche volta?
*Mario*  Sì, sì, certo! C'............... (13) una famiglia molto simpatica nel mio albergo
– marito, moglie e due bambini. La sera, quando i bambini ............... (14)
a letto, ............... (15) a fare delle passeggiate insieme lungo il mare,
oppure ............... (16) un caffè in un bar oppure ............... (17) in albergo e
............... (18) la televisione.
*Paolo*  E' stata una bella vacanza, allora!
*Mario*  Bellissima!

4 The Italian friend that you have met on holiday is very curious to know
   about life in Britain. You tell him. You'll need to use the construction
   with **si** to say what people in general do.

| | |
|---|---|
| *Giorgio* | Ma voi in Inghilterra lavorate meno di noi, vero? |
| *You* | *(Tell him in your firm* (**la ditta**), *people work from 9 till 5.30)* |
| *Giorgio* | Tutti i giorni? |
| *You* | *(Say no, not every day. You don't work on Saturday)* |
| *Giorgio* | No? Nella mia ditta si lavora anche il sabato mattina, fino a mezzogiorno. Dimmi, come si passa il finesettimana in Inghilterra? |
| *You* | *(It depends. People take the car and go to the country. Or else people stay at home, read the paper, or else if the weather's fine people work in the garden, wash the car . . . And Sunday at midday people go to the pub, and have a chat with friends . . .)* |
| *Giorgio* | *Pub? Cos'è il pub?* |
| *You* | *(Tell him it's a type of bar)* |
| *Giorgio* | Ho capito! E cosa si beve nel *pub?* |
| *You* | *(People drink a lot of beer, but you can also drink whisky, wine or simply an orange juice)* |
| *Giorgio* | E il tè? |
| *You* | *(No, you can't drink tea in a pub!)* |
| *Giorgio* | Che strano! E dimmi, in Italia si dice che piove sempre in Inghilterra, che c'è sempre molta nebbia a Londra, e che fa molto freddo. E' vero? |
| *You* | *(No, it's not true. And in England people say that Italians eat spaghetti morning, noon and evening!!)* |
| *Giorgio* | Ma va! Andiamo al bar a prendere un tè . . . ! |

# 19 PARLIAMO UN PO'...

## TALKING TO PEOPLE

RADIO      1

We got Gianna to ask some young Italians about when they use **tu** and when **lei**. She spoke first to a girl called Anna who thought it was all a question of age.

| | |
|---|---|
| *Gianna* | Senti, Anna, a chi dai del 'tu' e a chi dai del 'lei'? |
| *Anna* | Generalmente do del 'tu' alle persone della mia età. |
| *Gianna* | Che tu conosci o anche a quelli che non conosci? |
| *Anna* | Anche alle persone che non conosco, no?, purché abbiano circa la mia età. |
| *Gianna* | E parenti, amici, cioè conoscenti . . . |
| *Anna* | Sì, anche ad altre persone che non hanno la mia età purché ci sia una certa confidenza, una certa apertura anche da parte di queste altre persone. |
| *Gianna* | A tutti i tuoi parenti – anche parenti lontani, anche parenti più anziani? |
| *Anna* | Sì, io sì do del 'tu' a tutti quanti. |
| *Gianna* | E a chi dai del 'lei'? |
| *Anna* | Alle persone più anziane, alle persone con cui si ha un certo rapporto . . . di lavoro, per esempio. |

| | |
|---|---|
| a chi dai del 'tu', del 'lei'? | *who do you call 'tu', 'lei'?* |
| purché ci sia una certa confidenza, apertura | *as long as there is a sort of familiarity, friendliness* |
| purché abbiano circa la mia età | *as long as they're about my age* |
| con cui | *with whom* |

RADIO      2

For another girl, Monica, it depends not so much on age but on how well you know someone.

| | |
|---|---|
| *Gianna* | Tu, Monica, preferisci dare del 'tu' o del 'lei' alle persone? |
| *Monica* | Io generalmente do del 'lei' a persone che non conosco. Del 'tu' invece a persone che mi sono più vicine, agli amici, ai parenti, ai genitori, ma sempre do del 'lei' generalmente anche a persone giovani, se non sono loro che mi invitano a dare del 'tu'. |
| *Gianna* | Quindi non fai una distinzione d'età? |
| *Monica* | No, assolutamente. |

| | |
|---|---|
| che mi sono piu vicine | *who are closer to me* |
| se non sono loro che mi invitano | *unless they ask me* |

RADIO      3

In Orvieto, Maddalena put the same question to a young girl from the tourist office, Franca. She started by asking her if she generally used **tu** with young people, **lei** with others.

| | |
|---|---|
| *Franca* | Dipende. A volte mi succede di dare del 'lei' a persone giovani, a volte mi succede di dare del 'tu' a persone non troppo giovani. |

| | |
|---|---|
| *Maddalena* | Ma generalmente? |
| *Franca* | Generalmente do del 'lei'. |
| *Maddalena* | A tutti? |
| *Franca* | A una persona che non conosco, generalmente do del 'lei'. Può accadere anche che mi trovo di fronte a una persona che non conosco e spontaneamente do del 'tu'. |
| *Maddalena* | A chi dai del 'tu' quotidianamente? |
| *Franca* | Ai miei amici, a . . . alla gente che normalmente incontro, vedo . . . |
| *Maddalena* | Più vicina a te? |
| *Franca* | Sì, alla gente più vicina . . . |
| *Maddalena* | Alla famiglia? |
| *Franca* | Sì. |
| *Maddalena* | Preferisci dare del 'tu' o del 'lei'? |
| *Franca* | Preferisco dare del 'tu'. |
| *Maddalena* | E perché? |
| *Franca* | Perché . . . ho la sensazione di comunicare meglio dando del 'tu'. |
| *Maddalena* | Qualcosa di più familiare? |
| *Franca* | Di più familiare, sì. |
| *Maddalena* | Grazie. |
| *Franca* | Prego. |

| | |
|---|---|
| a volte mi succede di . . . | *I sometimes happen to . . .* |
| può accadere anche che . . . | *it can also happen that . . .* |
| che normalmente incontro, vedo | *that I meet, see all the time* |
| dando del 'tu' | *when using 'tu'* |

We asked Gianna to describe what she could see as she stood in the old central square in Vicenza, the **Piazza dei Signori**. And we asked her to talk to some of the shopkeepers who work in the piazza.

Vicenza: la
Basilica Palladiana

**Gianna**    *( The bells in the clock tower have just stopped ringing )*

Sono i rintocchi della torre di piazza. Siamo in Piazza dei Signori nel cuore di Vicenza. E questa piazza oggi è molto tranquilla, la gente passeggia, ci sono delle mamme con i bambini, che danno da mangiare ai colombi. Non ci sono macchine perché da anni è una zona pedonale. Ma due volte alla settimana la piazza si anima perché c'è il mercato. Arrivano venditori ambulanti dalla provincia e vendono un po' di tutto: stoffe, vestiti, lane.

Vediamo un po' la piazza. Il lato sud è occupato dalla Basilica Palladiana, che è l'edificio più importante di Vicenza. E' della seconda metà del sedicesimo secolo. Di fronte c'è la Loggia Bernarda o Loggia del Capitanio. A fianco della loggia, sullo stesso lato, c'è un lungo palazzo che è pure del sedicesimo secolo e che è il Monte di Pietà. Il lato est, uno dei due più brevi della piazza, è chiuso da due colonne. Su di una c'è il leone di San Marco, perché Vicenza un tempo faceva parte della Repubblica di Venezia. E sull'altra, c'è Cristo Redentore. Su tutti i lati della piazza si aprono dei negozi, dei negozi di orefici, venditori di stoffe, di dischi, di cappelli, di abbigliamento. Chiediamo adesso ad alcuni negozianti come si trovano qui in piazza.

*( Continued in Chapter 20, p 229 )*

| | |
|---|---|
| la piazza si anima | *the square comes to life* |
| dalla provincia | *from the surrounding countryside* |
| su di una | *on one ( of them )* |
| si aprono dei negozi | *shops open out* |
| come si trovano qui | *how they like it here* |

---

**TV**           **5**

The towns of Sovana and Sorano in southern Tuscany have changed little over the centuries and much of the population has left in search of work. The mayor of the two towns, Ermanno Benocci, tells us something of the history, past and present.

**Sig. Benocci**    Eh, la storia è la storia di molti altri centri storici italiani. Sovana è stata una città etrusca, poi è stata una città medievale, e, in un certo tempo, ha conosciuto anche un periodo fiorentissimo; si dice che abbia fatto anche quarantamila abitanti.

And what happened to the people of Sorano more recently when part of the old town subsided and slid into the valley below?

**Sig. Benocci**    Ecco, la gente che abitava qui, che era molto più numerosa di ora, in parte si è trasferita nella parte nuova del paese, ma in parte, e in gran parte, anzi, se n'è andata per motivi di lavoro fuori, a Roma, a Milano, e anche all'estero . . . in Francia, in Belgio.

**Anna**    Ma tornano un po' per volta?

**Sig. Benocci**    Tornano nel periodo estivo . . . , e poi tornano soprattutto quando sono anziani, ecco.

| | |
|---|---|
| si dice che abbia fatto anche | *they say that it even reached* |
| in parte si è trasferita in . . . | *part of them moved to . . .* |
| se n'è andata fuori | *went away* |
| un po' per volta | *bit by bit* |

Today the population of Sorano is a meagre one thousand. Dario dell'Arcangeli is ten years old, in the fifth form at primary school.

| | |
|---|---|
| *Anna* | Come ti chiami? |
| *Dario* | Dario. |
| *Anna* | Dario chi? |
| *Dario* | Dell'Arcangeli. |
| *Anna* | Dell'Arcangeli? Che bel nome! Dimmi un po', tu che classe fai? |
| *Dario* | Io la quinta. |
| *Anna* | La quinta elementare? |
| *Dario* | Sì. |
| *Anna* | Allora devi fare gli esami alla fine dell'anno? |
| *Dario* | Sì. |
| *Anna* | Sei bravo a scuola? |
| *Dario* | Non tanto. |
| *Anna* | Perché? Non ti piace studiare? Nemmeno una materia? Forse una? |
| *Dario* | Forse, sì, una. |
| *Anna* | Quale? |
| *Dario* | Eh . . . , lo scienziato. |
| *Anna* | Le scienze? |
| *Dario* | Sì, le scienze. |
| *Anna* | Bene. |

Dario thinks he might like to study science, and become a scientist. In the meantime, he's got his exams to think about at the end of the year, before moving on to secondary school.

Sovana is now being carefully restored, not just to make it attractive to tourists, but to create work for people and encourage them to stay and live there.

| | |
|---|---|
| *Sig. Benocci* | Noi non vogliamo fare di Sovana un museo morto. Vogliamo fare una città dove si conservano le antichità e la cultura, ma vogliamo che sia una città abitata, non morta. Ecco, questo è l'elemento essenziale. |

vogliamo che sia una città   *we want it to be a town that's*
  abitata                          *lived in*

Hopefully, work will soon start on the restoration of Sorano also.

Another remarkable town worth looking at is in Lazio, just a few kilometres south of Orvieto: Civita di Bagnoregio. This tiny ancient hill town is reached by a footbridge, the original road having long since disappeared after a series of landslips. We talked to Giuseppe Medori, one of the few remaining inhabitants.

| | |
|---|---|
| *Anna* | Quante persone abitano qui, nella città? |
| *Giuseppe* | Trenta persone. |
| *Anna* | Ma quando lei era giovane, quante persone c'erano? |
| *Giuseppe* | Verso settecento abitanti. |
| *Anna* | Settecento? |
| *Giuseppe* | Settecento, seicentocinquanta, insomma. |
| *Anna* | E adesso solo trenta? |

Civita di Bagnoregio
*A destra*: Giuseppe
Medori

| | |
|---|---|
| *Giuseppe* | Sì. |
| *Anna* | E queste trenta persone, incluso lei, di che cosa vivete ora? |
| *Giuseppe* | Eh, io pensionato, quella pensionata, quell'altro giovane, lui va a lavorare la mattina e torna alla sera, signora. |
| *Anna* | E vengono qui molti turisti? |
| *Giuseppe* | Sì, come turisti, diversi, tanti, sì. |

| | |
|---|---|
| insomma | *thereabouts, more or less* |
| quell'altro giovane, lui va a lavorare | *that young man over there, he goes to work* |
| come turisti, diversi, tanti | *as tourists go, quite a few, lots* |

## ALLORA . . .

### VOCABOLARIETTO

| | | |
|---|---|---|
| i parenti | il secolo | il vestito |
| i genitori | l'edificio | il cappello |
| il medico | la basilica | la stoffa |
| lo scienziato | il museo | il disco |
| il negoziante | la torre | il motivo |
| l'abitante | la colonna | |
| il conoscente | la storia | bravo |
| incontrare | l'esame | anziano |
| invitare | | pensionato |

If you get to be on friendly terms with someone, sooner or later you'll be invited to use **tu**:

**ci diamo del tu?**
**diamoci del tu!**

This is more likely to happen if there's no great difference in age, especially if you're fairly young. And if you're around 20 or under, someone your age will probably use **tu** with you from the very beginning.

**To talk about** another person the words for *he* and *she* aren't normally necessary:

Conosce Stefano?   Sì, lavora con me.
Conosce Anna?      Sì, è un'amica.

But if you *do* need to distinguish, the words to use are **lui** (*he*) and **lei** (*she*)

Quando arrivano Stefano e Anna?
**Lui** arriva stasera e **lei** viene domani mattina.

The same two words mean *him* and *her* after **con, per, a**, etc.
Per **lei** ho comprato una sciarpa e per **lui** una cravatta.

**To talk about** *they* or *them* the word is **loro**:
**loro** vanno a lavorare a Orvieto
Franca va con **loro**

> Like **io, tu** and **lei** (*you*), it's usually unnecessary to use **lui, lei** and **loro** when they mean *he, she, they*. That's why we've come across these words so little.

**Learn a verb (or two) a week**

| dare (dato) | |
|---|---|
| do | diamo |
| dai | date |
| da | danno |

| dire (detto) | |
|---|---|
| dico | diciamo |
| dici | dite |
| dice | dicono |

**Want to know more?**   See **Grammatica** 34; 47, 48; 50; 71

See **Grammatica** 34; 47, 48; 50; 71

## PAROLE E USANZE

**Un parente** is *a relative*; the word for *parent* is **genitore: i miei genitori** *my parents*

**Grande, bello** and **buono** are often shortened to **gran, bel** and **buon** before a singular noun beginning with a consonant; **grande** before both masculine and feminine nouns: **un gran palazzo, in gran parte**; **bello** and **buono** only before masculine nouns: **un bel nome, un bel paese** but **una bella città; un buon piatto di spaghetti** but **una buona zuppa di verdura**. (But see also p 254.)

**Medico** *doctor* becomes **medici** in the plural.

**Un po'** *a little* is often used in expressions like:

| | |
|---|---|
| vediamo | *let's see* |
| vediamo un po' | *let's just have a look* |
| dimmi | *tell me* |
| dimmi un po' | *tell me something* |
| andiamo a vedere | *let's go and see* |
| andiamo un po' a vedere | *let's just go and have a look, shall we?* |

**C'era una volta** *once upon a time*. There are lots of expressions using the word **volta**. Here are some of them:

| | | | |
|---|---|---|---|
| una volta | *once* | a volte | |
| due volte | *twice* | alcune volte | *sometimes* |
| due volte alla settimana | *twice a week* | qualche volta | |
| altre volte | *(at) other times* | | |
| la prima volta | *the first time* | | |
| un po' per volta | *a little at a time, bit by bit* | | |
| quante volte? | *how many times? how often?* | | |

## Two for the price of one

**Adesso** and **ora** both mean *now*. Both are quite common, but **adesso** seems to be more popular.

**Accadere** and **succedere** both mean *to happen*; **succedere** is probably used more frequently.

---

## VITA ITALIANA

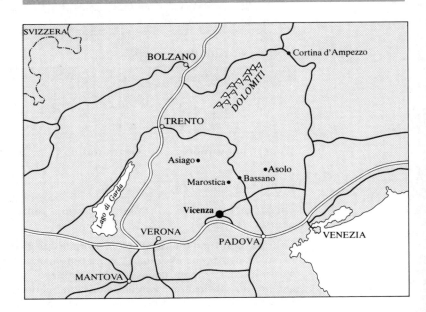

### Vicenza

Vicenza is a town of well over 100,000 inhabitants and an important commercial and industrial centre. But owing to the influence of the great architect, Andrea Palladio (see p 23), its character is still largely that of a Renaissance town. There are nearly 100 palaces in the city which have led to it being described as a 'Venice on land'.

The town began as a Roman colony called *Vicetia* and during the middle ages it became one of the free communes of North Italy. It found it hard to maintain its independence from its powerful neighbours, however, and from the early 15th century till the end of the 18th, it lived under the domination of Venice, whose influence may still be seen everywhere.

The main features of the town are the **Corso Palladio**, the principal street, flanked by palaces on each side, and the **Piazza dei Signori**, originally a *forum* or open-air meeting place. The **Basilica Palladiana**, which occupies the whole of one side of the piazza, is not a religious building but the civic centre of the city: its proper name is in fact **Palazzo della Ragione** (Debating Palace).

### Vicenza come centro turistico

Many interesting places can be visited easily from Vicenza. Close by are the towns of Verona and Padua, both of great interest and attraction. Bassano del Grappa, about 35 kilometres to the north-east, the home of the famous **grappa** brandy, is also renowned for the covered wooden bridge that spans the river Brenta. Venice to the east and Mantua and Lake Garda to the west are only a little further off. More distant, but not too far for a day's excursion, there is the beautiful range of the Dolomites.

Il ponte sul Fiume Brenta, Bassano del Grappa

## PROVA UN PO' ...

1   It's often the little words that are the most important. Can you complete these statements using **di, del, della, dei, da** or **dal** as appropriate?

1   Un orologio ............... uomo.
2   Un negozio ............... cappelli.
3   Una bottiglia ............... vino ............... casa.
4   Abbiamo due camere ............... letto.
5   Galileo Galilei era ............... Pisa.
6   Un francobollo ............... duecento lire.

7　Vuole ............... parmigiano con gli spaghetti?

8　Un paio ............... scarpe ............... donna.

9　Stamattina sono andato ............... macellaio.

10　Il treno in arrivo sul binario due è l'espresso ............... Venezia.

11　La Basilica Palladiana è l'edificio più importante ............... Vicenza.

12　La Basilica è ............... seconda metà ............... sedicesimo secolo.

13　Il lato est ............... Piazza ............... Signori è chiuso ...............
　　due colonne.

14　Ci sono ............... negozi ............... ogni tipo intorno alla piazza.

15　............... bambina, la signora Jolly viveva in un piccolo paese.

16　Le sciarpe ............... lana sono molto ............... moda quest'anno.

17　Io do ............... tu alle persone ............... mia età.

18　Ermanno Benocci è il sindaco ............... due paesi ............... Sorano
　　e Sovana.

19　Laura e Roberto sono sposati ............... quindici anni.

20　Cosa c'è ............... vedere a Orvieto?

**2**　You've just got back from your holiday in Italy and you bump into your Italian teacher in the street. She wants to know all about it. Fill in the gaps with the appropriate form of the verbs listed.

| | | | |
|---|---|---|---|
| 1 | arrivare | 10 | essere |
| 2 | fare | 11 | essere |
| 3 | andare | 12 | fare |
| 4 | stare | 13 | parlare |
| 5 | essere | 14 | rimanere |
| 6 | divertirsi | 15 | vedere |
| 7 | essere | 16 | visitare |
| 8 | essere | 17 | stare |
| 9 | giocare | 18 | essere |

| | |
|---|---|
| *Insegnante* | Eh, buongiorno! Quando siete tornati? |
| *You* | ............... (1) domenica sera. |
| *Insegnante* | Bene! ............... (2) buon viaggio? |
| *You* | Sì, grazie, il viaggio ............... (3) molto bene. |
| *Insegnante* | ............... (4) a Rimini, vero? |
| *You* | Sì, a Rimini. |
| *Insegnante* | Com' ............... (5), bella? |
| *You* | Molto. ............... (6) veramente tanto. |
| *Insegnante* | E l'albergo com'era? |
| *You* | L'albergo ............... (7) molto simpatico, semplice ma carino. C'............... (8) anche un giardino, e i bambini ............... (9) lì tutto il giorno. |
| *Insegnante* | E c'............... (10) molta gente? |
| *You* | Eh, sì, ma in agosto al mare c'............... (11) sempre molta gente! ............... (12) amicizia con una famiglia italiana, così ............... (13) l'italiano tutti i giorni. |
| *Insegnante* | Ma brava! E ............... (14) sempre a Rimini o ............... (15) anche qualche altro posto? |
| *You* | ............... (16) Ravenna, la Repubblica di San Marino, e ............... (17) anche a Padova, Vicenza e Verona. |
| *Insegnante* | Sono delle bellissime città, vero? |
| *You* | Molto belle. E i mosaici a Ravenna ............... (18) veramente meravigliosi! |

**3** Io, lei, lui, noi, voi, loro . . . Which one fits?

    1  C'è Mario?
       No, ............... non c'è ancora, però c'è Andrea.
    2  Vogliono del vino bianco o rosso?
       ............... vorrei del rosso, ma ............... preferiscono il bianco.
    3  Mi dispiace, ma non c'è posto per tutti in macchina!
       Allora ............... andate in macchina e ............... veniamo in treno.
    4  Dove lavorate tu e Paolo?
       ............... lavoro in un ufficio qui vicino; ............... lavora in fabbrica.
    5  Mario paga il conto?
       Certo. Paga sempre ...............!
    6  Vengono anche i Sala?
       ............... no, però vengono i Cardini.
    7  Quando sono tornati, loro, dall'estero?
       ............... è tornata l'anno scorso; ..............., invece, è tornato soltanto tre
       mesi fa.
    8  Siete andati in vacanza insieme?
       No, ............... sono stato in Francia, ..............., invece, è andata
       in Sicilia.
    9  Dove andate domani?
       ............... andiamo a Venezia. Perché non venite anche ...............?
   10  Vengono anche i ragazzi al cinema?
       No, ............... non vogliono mai venire con ................

**4**  Can you fill in the gaps in this conversation using the words listed in the box?

| | | | |
|---|---|---|---|
| chiama | bambina | sempre | guido |
| autobus | incominciato | sua | vanno |
| fare | ragazzo | cucina | sala |
| abbastanza | lavastoviglie | congelatore | descrivere |
| ci sono | chilometri | mia | gatto |
| due | marito | soggiorno | camere |
| molto | città | abito | anni |

*Ragazza*    Scusi, signora, mi può ............... la ............... casa?
*Signora*    Certo, Dunque, io ............... con la ............... famiglia in una villetta non
            ............... lontano dalla ..............., a circa cinque ................
*Ragazza*    C'è il treno?
*Signora*    Sì, c'è il treno e c'è l' ...............
*Ragazza*    Lei guida?
*Signora*    No, io non ............... Mio ............... guida la macchina.
*Ragazza*    E ha figli, signora?
*Signora*    Sì, abbiamo due figli: un ............... di quindici ............... e una ...............
            di sei.
*Ragazza*    ............... a scuola?
*Signora*    Sì, quest'anno ha ............... anche la bambina.
*Ragazza*    Ma allora ha molto lavoro, signora, il negozio, la casa, la famiglia!
*Signora*    Eh, sì. La casa, poi, è ............... grande! ............... cinque ............... da letto,
            una ............... da pranzo, un ..............., una ............... e ............... bagni. Per cui
            ho ............... tanto da ................

| | |
|---|---|
| *Ragazza* | E che elettrodomestici avete? |
| *Signora* | Ma quelli li ho quasi tutti! La lucidatrice, il frigorifero, il ............., la lavatrice, la ............. e altri ancora. |
| *Ragazza* | Tenete animali in casa? |
| *Signora* | Sì, la mia bambina ha un ............. che si ............. Orazio. Tutto qui. |
| *Ragazza* | Grazie. |
| *Signora* | Prego. |

**5** See if you can take part in this conversation. You've decided you'd like to buy a tee-shirt (**una tee-shirt**) and there's a nice-looking boutique in Piazza del Popolo.

| | |
|---|---|
| *Ragazza* | Buongiorno, signora. Desidera? |
| *You* | *(Tell her you're looking for a tee-shirt)* |
| *Ragazza* | Che taglia? |
| *You* | *(Forty-four)* |
| *Ragazza* | Sì. Allora, abbiamo il blu, poi c'è il giallo . . . e questa in verde è molto bella. |
| *You* | *(Tell her no, you don't like these colours)* |
| *Ragazza* | Preferisce forse il rosso, oppure il nero? |
| *You* | *(What type of red is it?)* |
| *Ragazza* | Glielo faccio vedere. Un attimo, per cortesia . . . Ecco, è un bel rosso bordeaux. |
| *You* | *(Is it pure cotton?)* |
| *Ragazza* | Cento per cento cotone, signora. |
| *You* | *(Yes, it's beautiful, the colour's very beautiful, you like it very much. Can you try it on?)* |
| *Ragazza* | Prego, signora. Il camerino è lì in fondo. |
| | |
| | After you've tried it on . . . |
| | |
| *You* | *(Tell her yes, you'll have it. How much is it?)* |
| *Ragazza* | Quindicimila. |
| *You* | *(Looking in your bag: oh, tell her you've left the money in the hotel . . .)* |
| *Ragazza* | Ma signora, se vuole passare più tardi, gliela metto da parte. |
| *You* | *(Thank her and ask at what time do they shut this evening)* |
| *Ragazza* | Siamo aperti fino alle otto, signora. |
| *You* | *(Say fine, thanks)* |

RADIO 1

For centuries jewellers and goldsmiths have come to work in the **Piazza dei Signori**, and the tradition continues. One side of the square, in the arcades beneath Palladio's Basilica, is occupied entirely by tiny jewellers' shops. Gianna spoke to one of the owners, Mr Balzarin.

Negozi nella Piazza dei Signori, Vicenza

| | |
|---|---|
| *Gianna* | Siamo in un negozio di oreficeria. E parliamo con il signor Balzarin. Signor Balzarin, buongiorno. |
| *Sig. Balzarin* | Buongiorno. |
| *Gianna* | Senta, lei ha il negozio qui in Piazza dei Signori; da quanto tempo? |
| *Sig. Balzarin* | Dai primi del secolo. Io però lavoro in questo negozio da circa quindici anni. Prima c'era mio nonno e mio padre. |
| *Gianna* | Da quindici anni, quindi è un negozio di famiglia. E che cosa vende lei esattamente? |
| *Sig. Balzarin* | Noi vendiamo oggetti preziosi, d'oro e d'argento, e orologi: orologi da tavolo e da polso. |
| *Gianna* | Da muro, vedo. |
| *Sig. Balzarin* | Da muro anche, esatto. |
| *Gianna* | A che ora apre lei il negozio la mattina? |
| *Sig. Balzarin* | Noi apriamo alle nove al mattino e alle quindici, cioè alle tre del pomeriggio. |
| *Gianna* | Fino a che ora? |
| *Sig. Balzarin* | Fino alle sette e mezza. |
| *Gianna* | Di sera. |
| *Sig. Balzarin* | Di sera, sì. |

| | |
|---|---|
| *Gianna* | E lei, quando lavora? |
| *Sig. Balzarin* | Quando lavoro? Lavoro . . . |
| *Gianna* | Tutto il giorno. |
| *Sig. Balzarin* | Tutto il giorno. *(laughs)* |
| *Gianna* | Lei è qui da solo? |
| *Sig. Balzarin* | Sono da solo, sì. Sono da solo. |
| *Gianna* | Senta, le piace avere il negozio qui in piazza? |
| *Sig. Balzarin* | Sì, perché praticamente è il cuore della città anche se non è il vero e proprio cuore commerciale. E' una bellissima piazza. E quindi ci si lavora molto . . . molto bene, perché l'ambiente è ideale. |
| *Gianna* | Lei trova che la vita in piazza è cambiata in questi ultimi anni? |
| *Sig. Balzarin* | Vivendo in piazza è un po' difficile dire se è cambiata. Però mutamenti ce ne sono stati indubbiamente. |
| *Gianna* | In meglio o in peggio? |
| *Sig. Balzarin* | Forse in meglio è anche in peggio. E' un po' difficile dirlo. |
| *Gianna* | Grazie. |
| *Sig. Balzarin* | Prego. |

| | |
|---|---|
| dai primi del secolo | *since the beginning of the century* |
| vivendo in piazza | *living in the square* |
| mutamenti ce ne sono stati | *there have been changes* |

---

RADIO 2  Next she spoke to Mr Messina, who runs a smart bar in the piazza.

| | |
|---|---|
| *Gianna* | Siamo nel Bar Haiti. Signor Messina, voi avete un bar qui vicino alla piazza. Da quanto tempo? |
| *Sig. Messina* | Da un anno, circa. |
| *Gianna* | A che ora aprite il bar la mattina? |
| *Sig. Messina* | Dalle sette alle sette e mezza. |
| *Gianna* | E quando chiudete la sera? |
| *Sig. Messina* | Dalle otto alle otto e mezza. |
| *Gianna* | Di sera. In quali ore della giornata il bar è più frequentato? |
| *Sig. Messina* | Verso mezzogiorno e mezzo, direi. E alla sera verso le sette, anche. |
| *Gianna* | E ci sono dei giorni della settimana in cui il bar è più frequentato? |
| *Sig. Messina* | Sì, il giovedì e il martedì, appunto, perché c'è il mercato in Piazza dei Signori. |
| *Gianna* | Che cosa prendono di solito i clienti? Dipende dalle ore, vero? |
| *Sig. Messina* | Dalle ore, sì. Alla mattina molti cappuccini. Quasi sempre cappuccini. |
| *Gianna* | O caffè. |
| *Sig. Messina* | O caffè, sì. |
| *Gianna* | Con la brioche. |
| *Sig. Messina* | Con la brioche, esatto. Con toast anche, molti. E a mezzogiorno e mezzo, così, l'aperitivo e dopo, all'una e mezza, il caffè. |
| *Gianna* | E nel pomeriggio . . . |
| *Sig. Messina* | Nel pomeriggio amari, così. |
| *Gianna* | Digestivi. E poi di nuovo aperitivi. |
| *Sig. Messina* | Aperitivi, sì, verso le sette. |
| *Gianna* | Altre bevande? |
| *Sig. Messina* | Altre bevande, birra molta, e Coca Cola. |
| *Gianna* | Le piace avere il caffè qui in piazza? |
| *Sig. Messina* | Sì, mi piace perché la piazza e una zona di passaggio, c'è molta gente nuova, turisti . . . . |

| Gianna | E' meglio che avere un bar in periferia? |
|---|---|
| Sig. Messina | Sì, sì, senz'altro perché, appunto, in periferia la clientela è sempre la stessa, le solite persone. |
| Gianna | Le solite facce, sì. Grazie. |

| in cui | on which |
|---|---|
| con toast anche, molti | lots also have a toasted sandwich |
| di nuovo aperitivi | aperitifs again |
| le piace avere il caffè | do you enjoy having a café? |
| una zona di passaggio | a place with a lot of passing trade |
| è meglio che avere . . . ? | is it better than having . . . ? |

RADIO          3  And lastly she spoke to the owner of an old-fashioned hat shop on the other side of the square, Mrs Negretto. Her shop is the oldest in the square and has been in the family for generations.

| Gianna | Signora Negretto, buonasera. |
|---|---|
| Sig.ra Negretto | Buonasera. |
| Gianna | Scusi, da quanto tempo lei ha questo negozio sulla piazza? |
| Sig.ra Negretto | Mm, io son dodici anni che son qua, però appartiene alla mia famiglia da ben centosettant'anni. |
| Gianna | Oh, ma allora è molto antico! |
| Sig.ra Negretto | Penso il negozio più vecchio della piazza. |
| Gianna | Certo. E lei che cosa vende? |
| Sig.ra Negretto | E' un negozio di cappelli e ombrelli, cappelli però soltanto da uomo, non da donna. |
| Gianna | Solo da uomo. |
| Sig.ra Negretto | Da uomo. |
| Gianna | E senta, le piace avere il negozio qui sulla Piazza dei Signori? |
| Sig.ra Negretto | Senz'altro, perché una volta dicevano che questo è il salotto di Vicenza, perciò è simpatico anche per la gente che passa, è . . . veramente nel centro di fronte alla Basilica, perciò è piacevole restare qui dentro. |
| Gianna | E' un bel posto. Lei trova che è cambiata la vita qui sulla piazza dagli anni passati? |
| Sig.ra Negretto | Be', senz'altro, gli anni passati c'era più movimento. Ora i negozi della piazza sono frequentati da gente che vengono espressamente per comperare. |
| Gianna | Qui ci sono dei caffè che danno sulla piazza. Sono ben frequentati, sono belli? |
| Sig.ra Negretto | Sì, c'è un caffè che si chiama La Taverna, però non è un gran caffè. Poi c'è il Caffè Garibaldi che è un bel caffè, però per gli anni passati c'era ugualmente il caffè che si chiamava Garibaldi, ma era però un caffè molto più frequentato da persone di un certo ceto. Era un caffè elegante, c'era l'orchestra, mettevano i tavolini in piazza. Era bello a vedersi, insomma, era qualche cosa di simpatico, mentre adesso è tutto una cosa normale, insomma, senza tante pretese, ecco. |

| io son dodici anni che son qua | I've been here for twelve years |
|---|---|
| da ben centosettant'anni | for a good 170 years |
| da gente che vengono | (= da gente che viene) |
| che danno sulla piazza | that face onto the square |
| era bello a vedersi | it was lovely to look at |
| è tutto una cosa normale | it's nothing out of the ordinary |

Baschi, about ten kilometres south of Orvieto, is a lovely medieval village on a little hill almost overhanging the A1, the **Autostrada del Sole**. The building of the motorway has brought development and some prosperity to the village, but so far not much prospect of employment for its young people. We talked first to Albino Bacci, the deputy mayor.

Una vecchia strada di Baschi

| | |
|---|---|
| *Anna* | Signor Bacci, lei è di qui, di Baschi? |
| *Sig. Bacci* | Di Baschi. |
| *Anna* | Ha sempre vissuto qui? |
| *Sig. Bacci* | Sempre vissuto a Baschi. |
| *Anna* | Quanti sono gli abitanti? |
| *Sig. Bacci* | Baschi paese – perché ha delle frazioni – Baschi centro è sui circa milletrecento abitanti; comprese le frazioni arriviamo a circa duemila e ottocentocinquanta abitanti. |
| *Anna* | Ci sono anche molti giovani qui? |
| *Sig. Bacci* | Abbastanza, diversi. |
| *Anna* | E che lavoro c'è per loro qui intorno? |
| *Sig. Bacci* | Be', per i ragazzi qui intorno, diciamo, quasi niente, perché il paese offre solamente una situazione agricola. |

Agriculture is still the principal occupation, although work has started on developing some industry.

| | |
|---|---|
| *Anna* | Quali industrie? |
| *Sig. Bacci* | Industria, diciamo . . . , lavorazione del legno, artigianale, tipo artigianale; lavorazione del ferro, tipo artigianale, e lavorazione delle ceramiche, tipo industriale. |

| | |
|---|---|
| Baschi paese, Baschi centro | *Baschi village, Baschi centre* |
| sui circa . . . | *more or less around . . .* |
| offre solamente una situazione agricola | *has nothing but farming to offer* |
| tipo artigianale, industriale | *on a craft, mass production scale* |

Maurizio Bernardini is studying to be an accountant.

| | |
|---|---|
| *Anna* | Senti, come ti chiami? |
| *Maurizio* | Maurizio Bernardini. |
| *Anna* | Tu sei di qui, di Baschi? |
| *Maurizio* | Sì. |
| *Anna* | Quanti anni hai? |
| *Maurizio* | Diciotto. |
| *Anna* | Che cosa fai adesso? |
| *Maurizio* | Studente sono. Vado a scuola. |
| *Anna* | C'è molto lavoro qui? |
| *Maurizio* | No, è un paesino che offre poco. |
| *Anna* | Cosa vuoi fare quando lasci la scuola? |
| *Maurizio* | Io faccio ragioneria. Spero di poter fare il ragioniere, se no . . . |
| *Anna* | E per voi giovani qui, non è un po' noioso la sera? |
| *Maurizio* | Tanto noioso! Non poco, ma sempre! |
| *Anna* | Non c'è un cinema? |
| *Maurizio* | Niente! |
| *Anna* | Una discoteca? |
| *Maurizio* | Niente! |

| | |
|---|---|
| io faccio ragioneria | *I'm doing accountancy* |
| di poter fare il ragioniere | *to be able to work as an accountant* |
| se no . . . | *if not . . .* |

Albino Bacci is also the local butcher and a farmer.

| | |
|---|---|
| *Anna* | Senta, lei è il vice sindaco, ma è anche macellaio. |
| *Sig. Bacci* | Esatto. |
| *Anna* | Ha sempre fatto questo lavoro? |
| *Sig. Bacci* | Sempre fatto. Ho studiato prima, poi ho fatto il macellaio. Comunque faccio anche l'agricoltore. |
| *Anna* | Ah, perché lei ha del terreno? |
| *Sig. Bacci* | Sì, ho del terreno. |
| *Anna* | E lo coltiva? |
| *Sig. Bacci* | Sì, sì, con le mie mani. |
| *Anna* | Bravo. E alleva anche del bestiame o no? |
| *Sig. Bacci* | No. Solamente faccio . . . il vino, l'olio, produco e semino del grano. |
| *Anna* | E' buono il suo vino? |
| *Sig. Bacci* | Ottimo, direi! |

| TV | 5 |
|---|---|

Not far from Baschi is Lake Corbara, an artificial lake created by a dam across the river Tiber, **il Tevere**. The road that runs along the lake leads to the beautiful medieval town of Todi. Here the traditional craft is furniture-making, mainly reproduction furniture of the 15th, 16th and 17th centuries. One of the masters of this craft is Armando Gentili.

| | |
|---|---|
| *Anna* | Signor Gentili, da quanti anni ha lei questa azienda? |
| *Sig. Gentili* | Quaranta. |
| *Anna* | E quante persone lavorano qui? |
| *Sig. Gentili* | Otto. |
| *Anna* | In otto? E lei ha sempre fatto questo lavoro? |
| *Sig. Gentili* | Sì, sì, sempre. |
| *Anna* | Ha imparato da ragazzo? |
| *Sig. Gentili* | Da ragazzino, perché c'era una scuola qui, eh? |

| | |
|---|---|
| *Anna* | C'era una scuola? |
| *Sig. Gentili* | Una tradizione di Todi, sì . . . , e che poi si trovava precisamente qui sopra, dove ci sono le scuole adesso, attualmente. |
| *Anna* | Ma allora questa scuola dove lei ha imparato, non c'è più? |
| *Sig. Gentili* | Non c'è più, no. |
| *Anna* | E i giovani, allora, dove possono imparare? |
| *Sig. Gentili* | Eh, nelle botteghe. |
| *Anna* | Allora, tra i suoi lavoratori, lei ha anche degli apprendisti? |
| *Sig. Gentili* | Sì, sì, son stati tutti qui da ragazzi. Da ragazzini sono venuti qua, son diventati grandi, hanno preso moglie . . . ! *(laughs)* |

| | |
|---|---|
| da ragazzo | *as a boy* |
| che poi si trovava | *which (the school) was at the time* |
| non c'è più? | *isn't it there any more?* |

Period furniture of this kind is large, and Armando Gentili's customers have large houses. Does he have furniture like this at home?

| | |
|---|---|
| *Anna* | Senta, lei a casa sua ha dei mobili come questi? |
| *Sig. Gentili* | Sì, alcuni pezzi, sì. |
| *Anna* | Allora anche lei ha la casa grande. |
| *Sig. Gentili* | No, piccola, ma ho . . . pezzetti piccoli! |
| *Anna* | Ho capito! Ma la mobilia, per esempio, in stile moderno, le piace? |
| *Sig. Gentili* | Sì. Infatti adesso stiamo facendo un arredamento modernissimo, del duemila! |
| *Anna* | Del duemila addirittura? |
| *Sig. Gentili* | Sì, sì, sì, sì. Infatti là, nel laboratorio, dal reparto macchine, stiamo costruendo per l'appunto un arredamento per un cliente, tutto modernissimo, dietro disegni di un architetto di Milano. |

| | |
|---|---|
| stiamo facendo | *we're making* |
| del duemila | *futuristic (of the year 2000)* |
| dal reparto macchine | *over in the machine shop* |
| stiamo costruendo per l'appunto | *we're making, as a matter of fact* |
| dietro disegni di | *based on designs by* |

## ALLORA . . .

### VOCABOLARIETTO

| | | |
|---|---|---|
| la faccia | il grano | il toast |
| la mano | l'oro | la brioche |
| il nonno | l'argento | l'orchestra |
| il ragazzo | il ferro | la discoteca |
| l'architetto | il legno | appartenere |
| il ragioniere | la ceramica | |
| l'apprendista | | noioso |
| | industriale | normale |
| la bottega | commerciale | moderno |
| la macchina | artigianale | piacevole |
| | il tavolino | elegante |
| il terreno | il mobile | |

## Learn a verb (or two) a week

| uscire (uscito) | |
|---|---|
| esco | usciamo |
| esci | uscite |
| esce | escono |

| capire (capito) | |
|---|---|
| capisco | capiamo |
| capisci | capite |
| capisce | capiscono |

**Qualche cosa di simpatico** *something nice.* In expressions like this, **di** is needed.

$$\text{qualche cosa di} \quad \begin{vmatrix} \text{bello} \\ \text{buono} \\ \text{interessante} \end{vmatrix}$$

**La mano** *hand* is feminine, despite the −o ending; the plural is **le mani**.

**Una brioche, un toast.** You might have either of these for a morning snack. **Una brioche** is what we call a *croissant*; it's pronounced to rhyme with *posh*. **Un toast**, or **tost**, is a toasted sandwich; it rhymes with *lost*.

**Orologio** means *watch*, or *clock*. In other words it's a timepiece, whether it's for putting on a wall, **orologio da muro**, on a table, **da tavolo**, or on your wrist, **da polso**.

### Two for the price of one
**Una bibita** and **una bevanda** both mean a *drink*, though **bibita** tends to be used when referring to soft drinks, **bevanda** when referring to hot drinks.

### Il gran caffè

Milano: la Galleria

The Italian **gran caffè** is an institution which was at its peak at the turn of the century. It is basically a large, smart café in the centre of town, frequented by the fashionable. The tables are placed outside during the warm season and an orchestra used to play (and still occasionally plays) palm-court music during the hours of greatest affluence, between 5 and 8 pm.

Many still exist, although most have been modernised so that they have lost some of the original splendour made up of large gilt mirrors, red plush and brass. On the other hand, some have been restored to their pre-first world war state.

Most of the larger towns have a covered street or arcade called **Galleria** lined with smart shops and containing at least one **gran caffè**. The **Gallerie** of Milan and Naples are famous and retain much of their original atmosphere, especially on Sunday afternoons.

### Orvieto come centro turistico
Orvieto is well placed for exploring the whole of Umbria, much of Southern Tuscany, and Northern Latium.

In Umbria itself there's Perugia, the capital city of the region; there are the lovely towns of Gubbio and Spoleto, and of course there's Assisi, with its great Basilica di S. Francesco. Not to be missed, on the road between Spoleto and Assisi, are the little towns of Trevi and Spello.

There are a number of Etruscan sites worth visiting. Vulci and Tarquinia, south-west of Lake Bolsena, are just about within reach, and Volsinii, on the slopes above the town of Bolsena, is still in the process of being excavated. Sorano and Sovana are further north, in the **Monti Volsini**. Very close to Orvieto, there are of course the tombs at Crocefisso del Tufo and at Cannicella and, just outside the little village of Porano, there's even a tomb in a farmer's back yard, the painted tomb of the Heskanas.

Siena is within reach of Orvieto, though you'd need a lot more than a day's excursion to do it justice. An interesting excursion, however, would be to take the Via Cassia north out of Bolsena and turn off at San Quirico

Assisi: la Basilica di San Francesco

ORVIETO
AS A
TOURIST
CENTRE

for Pienza. This is a fascinating town, built in early Renaissance times on the orders of Pope Pius II (Enea Piccolomini – ancestor of the Countess Maria Cristina Piccolomini, mentioned on p 193) on the site of the village in which he was born. It is one of the earliest and most perfect examples of Renaissance town planning.

## PROVA UN PO' . . .

Just to round things off, take part in a couple of conversations.

1   You left your hotel in Genova, *l'Albergo Miramare*, with your wife and two children at 8 o'clock this morning. By 10 o'clock you're almost at the French border on your way back to Britain, when you suddenly realise you've left a bag in the hotel and among other things it's got your

passport in it. Right, you'd better get to a phone and ring up the hotel. Luckily you've got the number. Use the 'io' forms.

| | |
|---|---|
| *Segretaria* | Pronto |
| *You* | *(Ask if it's the Hotel Miramare)* |
| *Segretaria* | Albergo Miramare, sì. Buongiorno. |
| *You* | *(Say good morning. You're Mr Robinson)* |
| *Segretaria* | Sì . . . |
| *You* | *(Tell her you left this morning at about 8)* |
| *Segretaria* | Allora . . . ? |
| *You* | *(And you've left a bag in the hotel)* |
| *Segretaria* | Oh Dio! Dove l'ha lasciata? |
| *You* | *(You don't know. Maybe in the restaurant, when you had breakfast)* |
| *Segretaria* | Un attimo, allora. Vado a vedere. *(she comes back a minute later)* Mi dispiace, signore, ma nel ristorante non è stata trovata nessuna borsa. |
| *You* | *(Tell her perhaps you left it in the room)* |
| *Segretaria* | Forse. Che numero aveva di camera? |
| *You* | *(Tell her a hundred and fifty-two)* |
| *Segretaria* | E che tipo di borsa è? |
| *You* | *(Well, it's a black bag, quite small. It's plastic, not leather)* |
| *Segretaria* | Va bene, signore. Vado a domandare. Un attimo, eh? *(another minute later)* Signore! Signor Robinson! Abbiamo trovato due borse nere. Che cosa c'era nella sua borsa? |
| *You* | *(Tell her there's a camera, a pair of ladies' sandals, . . . my passport, and . . . oh! some ham!)* |
| *Segretaria* | Va bene. Adesso guardo. Un attimo, eh? . . . sandali, prosciutto . . . e un passaporto. Sì, questa è la sua borsa. |
| *You* | *(Ask her where it was)* |
| *Segretaria* | L'abbiamo trovata nel garage. Cosa fa, allora? Ritorna qui a prenderla? |
| *You* | *(Say yes, you're coming back right away)* |
| *Segretaria* | Benissimo. Ma voi non siete più a Genova? |
| *You* | *(Say no, you're almost at Ventimiglia)* |
| *Segretaria* | Oh, che peccato! Allora, guardi, lascio la borsa con il portiere. Va bene? |
| *You* | *(Say yes, many thanks. Goodbye)* |
| *Segretaria* | Arrivederla. |

2   You've finally got back after a wonderful two weeks holiday in Italy. It's a rainy Monday morning and your first day back at work, so to cheer yourself up you decide to call in at your little local Italian café (remember it from Chapter 4?).

| | |
|---|---|
| *Cameriere* | Buongiorno, signore, come va? Tanto tempo che non la vediamo qui! |
| *You* | *(Tell him yes, you've been on holiday)* |
| *Cameriere* | Dove? |
| *You* | *(In Italy)* |
| *Cameriere* | Fortunato lei! E' andato da solo? |
| *You* | *(No, with your wife and the children)* |
| *Cameriere* | Siete andati in aereo o in treno . . . ? |
| *You* | *(Say no, you went by car)* |
| *Cameriere* | E dove siete andati? |
| *You* | *(Tell him the first night you slept in Milan)* |
| *Cameriere* | Vi è piaciuta, Milano? |
| *You* | *(Yes, but it's a big city and it's rather expensive)* |

| | |
|---|---|
| *Cameriere* | Certo. Allora, non siete rimasti molto tempo a Milano? |
| *You* | *(No, only one night. The morning after, you visited the cathedral and then you left for Venice)* |
| *Cameriere* | Un viaggio lungo, no? |
| *You* | *(Yes, but you took the motorway. You left Milan at 11 am and you arrived in Venice round about 4)* |
| *Cameriere* | Senza fermarvi? |
| *You* | *(No, you stopped once to have a roll and a coffee)* |
| *Cameriere* | Io non ci sono mai stato, ma tutti dicono che Venezia è molto bella. |
| *You* | *(Tell him what can you say, it's wonderful. You stayed there 3 days)* |
| *Cameriere* | E poi siete andati a Napoli? |
| *You* | *(No, you went to a small village which is called Ripe, near Senigallia)* |
| *Cameriere* | Sul mare? |
| *You* | *(No, it's 10 kilometres from the sea. But you went to the sea every day)* |
| *Cameriere* | E perché siete andati proprio lì? |
| *You* | *(Because you've got some friends who have a house in Ripe)* |
| *Cameriere* | Ho capito. Sono inglesi, gli amici? |
| *You* | *(No, they're Italian)* |
| *Cameriere* | E poi siete andati tutti a Napoli? |
| *You* | *(No! The friends went back to Vicenza, where they live, and you went to Santa Margherita)* |
| *Cameriere* | E perché non a Napoli? E' la più bella città d'Italia. Tutti gli inglesi vanno a Napoli! |
| *You* | *(Yes, but it was too far. You didn't have the time)* |
| *Cameriere* | E che cosa avete fatto di bello a Santa Margherita? |
| *You* | *(You ate and drank very well, and the children spent all day in the water)* |
| *Cameriere* | Bisogna andare a Napoli per vedere un mare bello. |
| *You* | *(From there you went to Genova for one night and then you came back to England)* |
| *Cameriere* | E' andato bene il viaggio? |
| *You* | *(Your wife left a bag in the hotel in Genova)* |
| *Cameriere* | Oh Dio! |
| *You* | *(You telephoned from Ventimiglia and you went back to get it)* |
| *Cameriere* | Meno male che l'ha trovata. Ma lei parla benissimo italiano adesso. Quasi senza accento. |
| *You* | *(Say thanks. There were some programmes (la **trasmissione**) on television and on radio . . .)* |
| *Cameriere* | In italiano? |
| *You* | *(Of course, and you saw all the programmes on television and nearly all the programmes on radio, and you bought the book)* |
| *Cameriere* | Mio cognato lavora per la televisione a Napoli. Ma senta, l'anno prossimo voi dovete andare a Napoli, eh?! E intanto cosa prende? |
| *You* | *(A white coffee, please)* |
| *Cameriere* | Va bene. Eh, a Napoli . . . Mi ricordo che una volta a Napoli . . . |

# LETTURE 4

> There are no introductions in English to these last four reading
> texts as the subjects have already been introduced in chapters
> 17 to 20. Also we have omitted comprehension questions and
> key. See how you get on and how much you can understand
> without referring to the glossary.

**17   Due artisti orvietani**

Nel Quartiere Medievale di Orvieto, in un casa privata, c'è una scuola
di danza. E' la scuola di Rossella Fiumi, ballerina classica, diplomata
all'Accademia Nazionale di Danza di Roma. Aperta quattro anni fa, la
scuola offre corsi di danza classica, danza jazz e danza moderna. Lillo
Catarcia, l'organista del duomo, viene qualche volta per suonare il
pianoforte.

A Rossella piace insegnare. E' un lavoro che dà molte soddisfazioni. Gli
studenti seguono abbastanza con passione e con volontà ed è importante
tramandare la tradizione della danza ai giovani. 'Anche se esiste una
forma di scrittura,' dice Rossella, 'la danza si tramanda oralmente da
maestro in ballerino. Il ballerino cresce, chi continua diventa a sua volta
maestro e a sua volta tramanda la tecnica e i balletti di repertorio proprio
della danza.'

*A destra*: Livio
Orazio Valentini nel
suo studio

La danza richiede anni di
studio e molte ore quotidiane
di esercizi. Per riuscire ci
vuole passione e disciplina,
'molta disciplina', come dice
Rossella, 'fisica e soprattutto
mentale. Bisogna abituare il
corpo agli esercizi, al lavoro
che è stressante, molte volte.
Ma questa è la danza: è un
lavoro, un sacrificio continuo,
praticamente.'

Per poter esprimere ciò che
uno intende dire è essenziale
per un artista sviluppare la
propria tecnica. Il pittore
Livio Orazio Valentini ha
studiato all'Accademia di
Roma, ha frequentato
maestri già conclamati, famosi,
ma lo studio vero e proprio
è stato personale, privato.

Il segno emblematico di quasi tutta la sua opera e un uccello, legato, imprigionato e schiacciato. E' una metafora attraverso la quale il pittore esprime un significato particolare: la violenza dell'uomo contro l'uomo. 'E' necessario spiegare,' dice, 'che la pittura che vuole esprimere qualcosa la può esprimere attraverso molti significati, ossia attraverso le metafore, e può parlare di un significato di violenza pur rappresentandolo attraverso altri elementi.'

Mentre parla, Valentini improvvisa un quadro su un foglio di carta bianca. L'opera si sviluppa più per intuito che per un'idea precisa, ma anche qui vediamo nascere un uccello, imprigionato da fasce di colore.

*A destra: Razza pregiata, 1976*

Per una particolare esperienza del pittore (tre anni di prigionia a Buchenwald durante la guerra), dietro ogni atto c'è un significato oscuro e negativo. Anche attraverso un processo estemporaneo si esprime un atto di violenza: 'una costrizione di un uccello che però vuole dire una costrizione in senso globale, in senso umano, insomma. Ossia l'uomo che costringe, l'uomo che imballa, l'uomo che confeziona.' L'uomo contro l'uomo.

## 18 La città vecchia

Il nome etrusco di Orvieto non è conosciuto. I romani, dopo aver conquistato e distrutto la città nel 265 avanti Cristo, l'hanno chiamata semplicemente *Urbs vetus*, la città vecchia.

Orvieto: una mattina di autunno.

Oggi a Orvieto sono poche le tracce della città etrusca. Vicino al Pozzo di San Patrizio si vedono i resti di un tempio, il cosiddetto Tempio del Belvedere; altre tracce sono state trovate sotto chiese, palazzi e abitazioni. Fuori della città, invece, alla base della rupe, si possono vedere le necropoli.

La necropoli del Crocefisso del Tufo

La necropoli del Crocefisso del Tufo, con tombe del VI° e V° secolo avanti Cristo, ha un 'piano urbanistico' di strade diritte e parallele. Le tombe sono come delle piccole case, con panche di pietra e soffitti ad arco. Sopra alcune entrate ci sono delle iscrizioni e sui tetti ci sono forme in pietra – a punta per la tomba di un uomo, tonda per quella di una donna. A un incrocio di strade c'è un obelisco.

Nel Museo Claudio Faina, di fronte al duomo, si possono vedere degli oggetti trovati a Orvieto: un sarcofago scolpito, una grande testa di guerriero, ceramiche e figure varie, e la statua in marmo di una dea, trovata un secolo fa a Cannicella, una necropoli ancora più antica e forse più ricca di Crocefisso del Tufo.

Una testa di uomo, Museo Claudio Faina

Molte delle ceramiche attiche greche e etrusche dei principali musei europei vengono da Cannicella. Il prof. Mario Torelli, direttore dell'Istituto di Archeologia di Perugia, spiega: 'Gli scavi sono cominciati già nell'Ottocento e sono stati scavi fruttuosissimi. Ma questi scavi sono stati scavi di saccheggio e tutte le tombe sono state ricoperte, così che noi oggi non vediamo, tranne le tombe che abbiamo riscavato noi, nulla di quello che è stato fatto un secolo fa.'

Mario Torelli e i suoi assistenti cercano, in modo particolare, l'area sacra dove era stata trovata la statua della dea che ora si trova nel museo. Era originariamente una statua greca, di una figura maschile, che è stata trasformata poi, in Etruria, in figura femminile nuda.

Secondo il prof. Torelli, Orvieto è probabilmente l'antica Volsinii. 'Sappiamo che i romani hanno distrutto una grandissima città etrusca che si chiamava Volsinii e l'hanno ricostruita sulle sponde del Lago di Bolsena dando ad essa il nome di Volsinii. Ora, vicino a Volsinii romana c'è una grande città, che è questa . . . (Orvieto), con una grande necropoli, un estesissimo abitato, e quindi direi che è probabilmente Volsinii. Non abbiamo, per così dire, la prova documentaria, non abbiamo nessuna iscrizione che ci dice "qui siamo a Volsinii", però è molto verosimile.'

Oggi Orvieto è una città di 23.000 abitanti, costruita sopra di un grande masso di tufo che per secoli è stato scavato non soltanto per creare cantine, cunicoli, grotte e fogne, ma per costruire la città stessa. Un gruppo di giovani orvietani ha esplorato 750 delle numerose cavità all'interno della rupe. Hanno trovato una necropoli su quattro piani, probabilmente etrusca; hanno anche scoperto molte frane e crolli avvenuti sotto la città.

I secoli, l'uomo, il vento e la pioggia hanno tutti contribuito all'erosione, causando grosse crepe nella roccia. Con fondi stanziati dallo stato sono incominciati lavori di sostegno delle parti più danneggiate, ma sono lavori che richiedono miliardi e i fondi stanziati finora, causa l'inflazione, hanno già perso parte del loro valore. Altri fondi sono necessari, 'non per risanare tutto,' come spiega il sindaco di Orvieto, Francesco Barbabella, 'ma semplicemente per finire gli interventi che sono iniziati, diciamo, otto, dieci mesi fa.'

Una testa di donna, trovata a Cannicella durante i recenti scavi

## 19   Un giro in Etruria

Pitigliano, Sovana e Sorano sono tre cittadine a nord-ovest del Lago di Bolsena, nei Monti Volsini. Sono di origine antichissima, etrusca, isolate nelle montagne in mezzo a paesaggi drammatici. Molte delle case, soprattutto a Sorano, sono abbandonate e in parte anche crollate. Molta gente se n'è andata.

In tempi antichi, Sovana era un centro importante, con più di 40.000 abitanti, e qui, nel XII° secolo, è nato Papa Gregorio VII°. Oggi ci abitano appena 500 persone. Ma la città non è morta: le case, i palazzi e persino i mattoni rosso cupo delle strade vengono ripuliti e restaurati.

Sono luoghi dove la vita è semplice e tranquilla e a molti piace così, ma il problema per chi ci abita, e per i giovani in modo particolare, è quello di trovare lavoro. E' per questo che molti vanno via, a cercare lavoro in altre città italiane e all'estero.

Il Lago di Bolsena è di origine vulcanica. E' infatti un grandissimo cratere. Qui da molti anni si è sviluppato il turismo e tutt'intorno al lago ci sono spiagge, alberghi, ristoranti e campeggi. La città di Bolsena, sull'antica strada romana, la via Cassia, è molto graziosa. Da visitare c'è la chiesa di Santa Cristina dove, nel 1263, è avvenuto il Miracolo di Bolsena, festeggiato poi con la festa del Corpus Domini. C'è anche un castello medievale e, vicino al castello, un'importante zona archeologica. Questa è Volsinii, la città che i romani avevano fatto costruire sulle rive del lago dopo aver conquistato e distrutto una grande città etrusca che si chiamava appunto Volsinii. Forse la Volsinii distrutta era la città che i romani hanno poi chiamato *Urbs vetus*, la città vecchia, cioè Orvieto? Su di questo non tutti gli esperti sono d'accordo.

Durante l'età imperiale, cioè dal I° al IV° secolo dopo Cristo, la Volsinii romana è diventata un importante centro, con una popolazione di 60.000 abitanti. Poi è stata distrutta dai barbari.

Resti di colonne a Volsinii, vicino a Bolsena

Oggi a Volsinii si possono vedere il grande piazzale del foro e un'area di palazzi e altri edifici con pavimenti in mosaico e in marmi di colori diversi. Vale la pena anche di fare il giro del lago e di visitare Férento, non lontano da Viterbo, per vedere il bel teatro romano e, accanto, i resti delle terme.

Tornando a Orvieto da Férento si passa da Bagnoregio. Da qui sono pochi minuti di strada per arrivare al ponte che porta a Civita. Però il ponte è stretto e le macchine non possono passare, così bisogna attraversarlo a piedi. L'erosione di secoli ha fatto crollare l'antica strada, nonché parte della roccia di tufo sulla quale la cittadina è stata costruita.

Le origini di Civita di Bagnoregio sono antichissime, certamente assai più antiche delle case medievali che oggi si vedono. La città è stata anche un importante centro religioso. Oggi la popolazione residente è di 30 persone. E c'è un cane, ma è randagio.

Turisti vengono a vedere Civita. Gente da Roma, da Torino, anche dagli Stati Uniti, ha comprato e restaurato alcune delle case, per abitarci qualche settimana all'anno. La pubblicità la chiama 'la città morta', ma Giuseppe Medori, che ha sempre vissuto qui, non è d'accordo. 'Moriamo prima noi,' dice, 'ma la città resta come si trova.'

Una strada di Civita, con il cane randagio

### 20  Orvieto come centro turistico

Baschi è un delizioso paese medievale a pochi chilometri da Orvieto, situato su di una piccola collina accanto all'Autostrada del Sole. La cittadina è del Millecento circa, con stradine strette e piccole piazze. Le case sono state restaurate con grande cura.

Abbiamo chiesto a qualche abitante com'era la vita a Baschi quando erano giovani 'Era allegra,' ci risponde Quarto Pieroni, un calzolaio, 'era un po' povera, ma era allegra. Ci volevamo bene.' Albino Bacci, vice sindaco, macellaio e agricoltore, spiega come, appena finita la guerra, a Baschi 'non c'erano né strade asfaltate, né bagni, né giardini, né fontane, niente. Ora lo sviluppo è avvenuto.'

Lo sviluppo è avvenuto soprattutto con la costruzione dell'autostrada. Molta gente del paese e dei dintorni ci ha lavorato e guadagnato, e oggi gli abitanti stanno abbastanza bene. Ai giovani, però, il paese offre poco, non solo come divertimenti ma anche come lavoro. Le possibilità di trovare lavoro, soprattutto per una persona qualificata, sono minime. A qualcuno di loro non dispiace proprio l'idea di andare a vivere altrove.

Baschi è a pochi passi dal Lago di Corbara, un lago artificiale creato da una diga sul fiume Tevere. La strada che costeggia il lago e continua per la valle del fiume porta a Todi, una delle città medievali più belle in tutta Italia. 'Todi vi aspetta', dice la pubblicità.

Chiamata Tutere dagli etruschi, Tuder dai romani, Todi è costruita su di un colle che domina la campagna circostante. Fuori le mura medievali della città si trova il Tempio di S. Maria della Consolazione, costruito nel Cinquecento su disegno del Bramante. Dentro le mura, invece, ci ritroviamo nel Medioevo. C'è il Tempio di San Fortunato, iniziato dai francescani nel 1292; la bellissima facciata, incompleta, è del Quattrocento. La grande Piazza Vittorio Emanuele, o Piazza Maggiore, è dominata da tre palazzi comunali: l'elegante Palazzo del Capitano, completato verso la fine del Duecento; il Palazzo del Popolo accanto, del 1213, uno dei palazzi comunali più antichi d'Italia, e il Palazzo dei Priori, diventato poi del Governatore, che è del Trecento. Di fronte, in fondo alla piazza, c'è la cattedrale. La facciata è del Cinquecento, ma la fondazione della basilica risale al Millecento. Dietro la cattedrale, nelle vecchie strade ripide, in vecchi chiostri e conventi, si trovano le botteghe degli artigiani.

A Todi, l'artigianato tradizionale è la riproduzione di mobili antichi italiani dal Trecento fino all'Ottocento, fatti in noce locale e decorati con intricati lavori di intaglio e intarsio. Nel Laboratorio Crispolti ci sono quattro operai, soci, che hanno imparato il mestiere alla scuola professionale, lavorano insieme da molti anni e si pagano tutti allo stesso modo. Nel Laboratorio Gentili, Armando Gentili impiega otto operai,

Todi: il Palazzo dei Priori

tra cui anche qualche apprendista. Fanno mobili in tutti gli stili richiesti: camere da letto, salotti, sale da pranzo, soggiorni, librerie, tutto. Vendono i loro mobili in tutta Italia e anche all'estero. Hanno mandato un lavoro importante in Inghilterra, a Londra: 'una bellissima sala da pranzo,' ci ha spiegato il signor Gentili, 'in pezzi molto pregiati.'

Abbiamo poi chiesto al signor Gentili quale tipo di mobili preferisce, di quale periodo. 'Oh, il Seicento. E' meno ricco, ma è molto interessante perché ha una linea sobria, elegante. Il Cinquecento è bello ma, insomma, è un po' carico, eh?'

Nelle botteghe di Todi la tradizione continua.

# PRONUNCIA
PRONUNCIATION

The best way to develop a good pronunciation is to listen to how Italian is spoken on the cassettes or LPs that accompany this course. Here we can only give a rough guide.

## Vowels

a   is similar to Southern English *u* as in *bunk*: banca
e   is similar to *e* as in *met:* mette
i   is similar to *ea* as in *easy*: vino
o   is similar to *o* as in *soft*: otto
u   is similar to *oo* as in *fool*: una

There is a variation in the sound of e: it can be 'open' as in caffè, bello, aperto; or 'closed' as in sera, mercato, inglese. The vowel o also has two sounds: 'open' as in donna, però, otto; or 'closed' as in sono, giorno, cotone.

## Consonants

c   c followed by **a, o, u,** or a consonant, is 'hard' like the English *c* in *cat* or *classic*:   banca   bianco   camera   cultura   classico

When followed by **e** or **i**, the sound is 'soft', like the *ch* in *chat*:
arrivederci   centro   cinque   cucina

g   Similarly, g has a 'hard' sound when followed by **a, o,** or **u,** or most consonants, like the English *g* in *got*:
albergo   fragola   pagare   guida   grazie

It's 'soft' like the *j* in *Jack* when followed by **e** or **i**:
agenzia   Genova   giro

gn   The letters **gn** are pronounced rather like the English *ni* in *onion*:
signore   Gran Bretagna   giugno

gli   The letters **gli** are pronounced rather like the *lli* of *million*:
gli   figlio   moglie

h   h is not pronounced: ho, hai, ha, hanno;   after c and g it indicates a 'hard' sound before **i** and **e**:
chiesa   Inghilterra   banche   chiuso

ci, gi   An i is placed after c and g to indicate a 'soft' sound before **a, o,** or **u**:
giorno   Gianna   giugno   ciao

Where the i is used like this to make the soft sound of the c or the g, it isn't pronounced, and this is usually the case with the groups of letters **cia, cio, ciu; gia, gio, giu** and **scia, scio, sciu** (see below), though there are cases when the i is pronounced, e.g. farmacia and sciare.

r   r is always rolled, or trilled, by letting the tongue flutter at the front of the mouth:   grazie   lavoro   circa

**r** is always clearly pronounced, including when it comes before another consonant:  parte   mercato   scarpe

**z**    z sometimes sounds like the English *ts* in *bits*:  prezzo   stazione   grazie; sometimes like the *ds* in *birds*:  zucchero   zero   benzina
Unfortunately the spelling does not indicate which of the two sounds to pronounce.

**sc**    The letters **sc** before **i** and **e** are pronounced like the *sh* in *fish shop*: lasciare   ascensore   uscire

Before **a**, **o** or **u** they sound like the English *sk* as in *skirt*: scarpe   scozzese   scuola

**sche** and **schi** also sound like *sk*:  Ischia   scherzo

**Double consonants**    Double consonants are always more deliberately pronounced than single ones. If possible (as with **-ff-**, **-ll-**, **-mm-**, **-nn-**, **-ss-** etc), hold on to the sound longer; if it is not possible to hold the sound (as with **-bb-**, **-pp-**, **-tt-** etc), it will help if you shorten the preceding vowel and literally *prepare* to make the sound, though holding back briefly. Eg in a word like **mappa**, close your lips ready to make the 'p' but then hold them closed for a split second before letting it happen.

**Stress**
Some words are stressed on the last vowel, in which case this is shown in writing with an accent:
caffè   città   così   perché   però   più

Most words, though, are stressed on the last vowel but one:
abitare   costare   farmacia   Milano
palazzo   stazione   suo         via

With words that don't follow this rule, the stress is shown in the *vocabolario* by a vowel in heavy type:
abito   accademia   acqua   autobus
cinema   giovane   Padova   prendere

(NB: Often words which are similar to English are stressed differently: macchina *machine*; telefono *telephone*; industria *industry*; Venezia *Venice*)

Words of recent foreign origin are usually pronounced approximately as they are in the original language, e.g. **dépliant**, **garage**, **Pinot**, **brioche**, all of French origin, are pronounced as if spelt *deplian, garag(e)* (like French), *pinó, briòsc* (rhymes with *posh*).

# GRAMMATICA

SYNOPSIS OF GRAMMAR IN BUONGIORNO ITALIA!

## ARTICLES

1   The form of an article is determined by whether the word that follows is masculine or feminine (its *gender*), singular or plural (its *number*) and by its initial letter(s); a preposition may also affect its form (see paragraph 6).

**The indefinite article** *(a, an)*
*Forms*

| | masculine | | feminine | |
|---|---|---|---|---|
| with words beginning: with a vowel | **un** | albergo | **un'**agenzia | |
| with a consonant, | | bar | | birra |
| with **s** followed by a consonant | **uno** | scontrino | **una** | scatola |
| or with **z*** | | zoo | | zuppa |

with a vowel → **un** albergo; **un'**agenzia
with a consonant, → **un** bar; birra
with **s** followed by a consonant → **uno** scontrino; **una** scatola
or with **z*** → **uno** zoo; zuppa

* a few rare consonant combinations also require **uno**, eg **uno psi**cologo.

2   *Uses*
Sometimes, a phrase that requires *a* or *an* in English doesn't need the article in Italian: **c'è vettura ristorante?**; **avete garage?**; **avete giardino?**

**The definite article** *(the)*

3   *Simple forms*

| with words beginning: | | masculine | | feminine | |
|---|---|---|---|---|---|
| with a vowel, | *singular* | l'albergo | | l'agenzia | |
| with s + cons. or z | | **lo** scontrino | **la** | scatola | |
| with a consonant | | **il** bar | | birra | |
| | *plural* | **gli** | alberghi | **le** | agenzie |
| | | | scontrini | | scatole |
| | | **i** bar | | birre | |

The consonant combinations that require **uno** also require **lo**, eg **lo psi**cologo.

4   *Uses*
Unlike English, the definite article is required in the following cases:

with titles, like **signore, signora, professore**: **il signor Rossi, la signora Rossi, il professor Torelli,** etc;

with countries: **l'Italia, la Gran Bretagna, gli Stati Uniti,** etc;

249

with names of regions: **la Toscana, l'Umbria, il Lazio**, etc;

with names of languages: **l'italiano, l'inglese**, etc (with **parlare** *to speak* the article is optional: **parlo (l') italiano**);

with (school) subjects: **l'aritmetica, la storia, la geografia**, etc;

with numerals, to tell the time: **l'una, le due, le tre**, etc, or to name a year: **il 1982, il 2000**, etc;

with abstract nouns: **la civiltà, la paura, la conservazione**, etc;

with concrete nouns used in a general sense: **il burro è caro; non mi piace il caffè senza zucchero; mi piacciono molto gli animali.**

The definite article is also used in expressions like: **avere la macchina, la televisione, la casa** *to have a car, a TV set, a house* where English uses *a* or *an*; in these expressions, the noun denotes an object which people may be expected to possess.

5   The definite article is *not* used in many idiomatic phrases, especially after the preposition **in** when referring to where something is or to where someone's going: **in centro, in vetrina, in macchina, in frigorifero, in banca, in campagna, in città, in Italia.**

Note also: **a casa, con o senza latte, con bagno o con doccia**, etc.

6   *Contracted forms (at the, from the, of the, in the, on the)*
When the definite article is preceded by **a, da, di, in, su**, the two words combine to form one word as follows:

*(handwritten margin notes: to the — at the; from the; of the; into — in the; over — on the)*

|    | il | lo | la | l' | i | gli | le |
|----|-----|------|------|------|-----|------|------|
| a  | al | allo | alla | all' | ai | agli | alle |
| da | dal | dallo | dalla | dall' | dai | dagli | dalle |
| di | del | dello | della | dell' | dei | degli | delle |
| in | nel | nello | nella | nell' | nei | negli | nelle |
| su | sul | sullo | sulla | sull' | sui | sugli | sulle |

**con** *with* may combine with the definite article to give **col, collo, colla**, etc, but they usually remain separate, especially in writing: **con il, con lo, con la**, etc.

7   **The partitive article**
The combination of **di** + definite article is used to express the idea of *some* or *any*: **vorrei dei cannelloni; ha della mozzarella?; ho comprato del pane.** The forms are as those indicated in 6 above.

## DEMONSTRATIVES

8   **Questo** *(this, this one)*

|          | masculine | feminine |
|----------|-----------|----------|
| *singular* | **questo** cestino | **questa** cartolina |
| *plural*   | **questi** cestini | **queste** cartoline |

**9 Quello** *(that, that one)*

The forms of **quello** are like those of the definite article:

| | masculine | | feminine | |
|---|---|---|---|---|
| *singular* | quell'albergo | | quell'agenzia | |
| | quello scontrino | | quella | scatola |
| | quel bar | | | birra |
| *plural* | quegli | alberghi scontrini | quelle | agenzie scatole |
| | quei bar | | | birre |

The consonant combinations that require **uno** also require **quello**: **quello psicologo.**

When used as a pronoun *(that one,* etc), the forms of **quello** are simpler:

| | |
|---|---|
| **quello** mi piace | **quella** mi piace |
| **quelli** non mi piacciono | **quelle** non mi piacciono |

**10** **Questo**, etc, may be used with **qui** and **qua**, and **quello**, etc, with **lì** and **là**, for emphasis: **questa** borsa **qui** non mi piace; preferisco **quella là.**

**11** You use the masculine singular forms **questo** and **quello** when referring not to a particular word but to something abstract: **chi ha detto questo?** *who said this?*; **vengo per quello** *that's why I've come.*

POSSESSIVES

**12** *Forms*

Unlike English, the various possessives *(my, mine; your, yours;* etc) agree with the thing(s) possessed:

| | masculine | | feminine | |
|---|---|---|---|---|
| | *singular* | *plural* | *singular* | *plural* |
| *io* | il mio | i miei | la mia | le mie |
| *noi* | il nostro | i nostri | la nostra | le nostre |
| *tu* | il tuo | i tuoi | la tua | le tue |
| *voi* | il vostro | i vostri | la vostra | le vostre |
| *lei* | il suo | i suoi | la sua | le sue |
| *lui/lei* | | | | |
| *loro* | il loro | i loro | la loro | le loro |

**13** Possessives are used either as adjectives *(my . . . , your . . . ,* etc.) or as pronouns *(mine, yours,* etc.): **di che colore è la sua macchina?; la mia è blu. E la sua?**

**14** Possessives are preceded by the definite article, unless an indefinite article, a numeral or a demonstrative is used: **un mio** amico, **due miei amici, quel mio** amico

The expressions **un mio amico, due miei amici** correspond to the English *a friend of mine, two friends of mine.*

The expressions: **questa valigia è mia** and **questa valigia è la mia** both mean *this suitcase is mine*.

**15** When the noun following the possessive adjective is the word for a relative, the definite article is dropped: **mia madre** abita con noi; **suo marito** lavora con **mio padre**.

But when the word is for relatives, in the plural, the article is retained: **i miei fratelli** sono tutti sposati; **le mie sorelle** vivono a Milano.

It's also often retained with colloquial forms, eg: **la mia mamma**.

And with **loro** the definite article is always used, whether in the singular or the plural: Paolo e Maria vivono con **la loro madre**; Giovanna e Andrea vivono con **i loro figli**.

**16** The possessive adjective normally comes before the noun, but it can come after it, especially for emphasis: **la valigia mia** è quella nera.

**17** *Uses*
The possessive adjective is not normally required in Italian when the context makes it obvious who the possessor is: quando prende le vacanze? *when do you take your holidays?*; può fare il biglietto alla stazione *you can get your ticket at the station*; mi favorisce i documenti? *could I have your documents?*; vado con la mamma *I'm going with my mother*.

With reflexive verbs, the possessive isn't usually needed: mi lavo **la faccia** *I wash my face*; bisogna aiutarli a allacciarsi **le scarpe** *you have to help them to tie their shoes*.

## NOUNS

*Gender*

**18** There are two genders in Italian, masculine and feminine. Most nouns that denote human males are masculine, most nouns that denote human females are feminine: **un uomo, un pittore; una donna, una sorella**. With the others, it is not possible to predict the gender: **un elefante, una giraffa; un albero, una pianta; un albergo, una chiesa; un lavoro, un'idea**.

**19** The ending of a noun gives a clue as to its gender, but this is unreliable as there are many exceptions. Nevertheless, it is helpful to use the ending of the singular noun as a guide:
−o masculine, with a few exceptions, eg **la mano, la radio**.
−a usually feminine; among the masculines, those ending in −ista form a large group: **un turista, un comunista**, etc.
−e rather more masculines than feminines; those ending in −ore are usually masculine: **il colore**; those in −ione feminine: **la stazione**
−i infrequent and ambiguous: **la crisi, il brindisi**.
−u non-existent.
−accented vowel (−à, −è, −ù, etc.) often masculine: **il caffè**; but also many feminine: **la città**.
−consonant mostly masculine: **un bar, un vermut**.

A few nouns are masculine in the singular and feminine in the plural: **l'uovo − le uova; il muro − le mura**. For these, see para. **21**.

*Number*

**20**   To form the plural, singular nouns ending in:
−o (masc.) change to −i: **un vino – due vini; un telefono – due telefoni**; also: **la mano – le mani**.
−e (masc. or fem.) also change to −i: **un limone – due limoni; una stazione – due stazioni**.
−a (masc.) also change to −i: **un turista – due turisti; un programma – due programmi**.
−a (fem.) change to −e: **una pera – due pere; una via – due vie**.
−i, − accented vowel or consonant do not change: **una crisi – due crisi; un caffè – due caffè; una città – due città; un autobus – due autobus**.

**21**   A few common words have irregular plurals: **un uomo – due uomini**; some also change gender: **l' uovo – le uova**. A few have two plural forms, with meanings that differ slightly: **il muro** *the wall* becomes **i muri** (masc.) *the walls* (eg of a house) and **le mura** (fem.) *the walls* (eg of a town or fortress).

Foreign words tend not to change in the plural: **una toilette – due toilette; un garage – due garage; un dépliant – due dépliant**.

**22**   *Spelling changes*
In writing, most nouns ending in −**co**, −**ca**, −**go** or −**ga** insert an **h** in the plural to show that the hard sound is preserved: **un parco – due parchi; un albergo – due alberghi; una banca – due banche**. An exception is **amico: un amico – due amici**. Nouns that are stressed on the last syllable but two are also exceptions: **un me*d*ico – due me*d*ici; uno psic*o*logo – due psic*o*logi**.

Conversely, when a noun ends in −**cio**, −**cia**, −**gio** or −**gia** the **i** is not usually written in the plural when it is not pronounced in the singular: **un'arancia – due arance; un formaggio – due formaggi**. When the **i** is pronounced in the singular, it is maintained in the plural: **una farmac*i*a – due farmac*i*e**.

Nouns ending in −**io**, where the **i** is pronounced but not stressed, form the plural by dropping the −**o**: **un binario – due binari**.

**23**   *Derived forms*
For the use of diminutive endings, see Ch. 11, p. 136.

---

---

**24**   *Agreement*
Adjectives agree in gender and number with the nouns they qualify, eg for **rosso**:

| | |
|---|---|
| un vino rosso | due vini rossi |
| una mela rossa | due mele rosse |

The masculine plural is used when an adjective qualifies a mixture of masculine and feminine nouns:
un vino e una birra italiani

25 There are three classes of adjectives:
1   those with four forms, like **italiano** (or **rosso**, **bianco**, etc.):
    un ombrello italiano      degli ombrelli italia**ni**
    una maglia italia**na**      delle maglie italia**ne**

2   those with two forms, like **inglese** (or **verde**, **semplice**, etc.):
    un ombrello | inglese   degli ombrelli | inglesi
    una maglia |            delle maglie |

3   those with only one form, like **blu** (or **rosa**, **marrone**, etc.);
    several of the colour adjectives fall into this class:
    un ombrello |
    una maglia  | blu
    degli ombrelli |
    delle maglie |

The spelling changes and irregularities applying to nouns (see para. **22**) also apply to adjectives: **un vino bianco** – **due vini bianchi**; **un oggetto simp***a***tico** – **degli oggetti simp***a***tici**; **un programma vario** – **dei programmi vari**.

26 **Buono, grande** become **buon, gran** when placed before a masculine singular noun beginning with a consonant (other than **s** followed by another consonant, or **z**): del **buon** pecorino; un **gran** caffè.

When placed before a noun, **bello** has forms similar to those of the definite article:

| un **bell'**albergo | dei **begli** | alberghi |
|---|---|---|
| un **bello** zoo |  | zoo |
| un **bel** bar | dei **bei** bar | |

| una **bella** | azalea | delle **belle** | azalee |
|---|---|---|---|
| | scatola | | scatole |
| | chiesa | | chiese |

27 *Position*
Most adjectives follow the noun, or nouns, they qualify, but some, eg **grande, piccolo, buono, bello**, can also precede the noun, with some change of meaning:
    un signore **grande**    *a large gentleman*
    un **gran** signore    *a real gentleman*
    una cosa **bella**    *a beautiful thing*
    una **bella** cosa    *a fine thing*

And with some adjectives, the change of meaning can be very noticeable:
    la cosa **stessa**        *the thing itself*
    la **stessa** cosa        *the same thing*
    una domanda **semplice**    *a simple question*
    una **semplice** domanda    *just a question*

28 *Derived forms*
For the use of diminutive endings on adjectives, see Ch. 11, p 136.

**29 Adjectives as nouns**

Adjectives may be used as nouns simply by placing an appropriate article or demonstrative before them: **le grandi** costano 1.500 lire, **le piccole** 1.000; 1.000 lire **le rosse**, 800 **le gialle** e 400 **le rosa**.

**30 Adjectives as adverbs**

A number of adjectives, especially adjectives of quantity (**poco, molto, troppo, tanto**) and distance (**vicino, lontano**), can also function as adverbs: c'è **molta** gente (adj); mi piacciono **molto** (adv); è **lontana** la stazione? (adj) no, è qui **vicino**, a due passi (adv).

**31** Note the way **tutto** is used:

| | | | |
|---|---|---|---|
| tutto il giorno | *all day* | tutta la scuola | *the whole school* |
| tutti i giorni | *every day* | tutte le scuole | *all schools* |

**32** **Più** *more*, *most* (or **meno** *less*, *least*) is placed immediately before the adjective: qual è il **più** secco che avete?; il vino **più** venduto in Orvieto; il negozio **più** vecchio della piazza. A common alternative to **più buono** is **migliore**.

**33** There are two ways of expressing the idea *very*, or *extremely*:
1 by using **molto: molto bello, molto cara, molto comode**, etc.
2 by replacing the last vowel of the adjective with **-issimo/a/i/e: bellissimo, carissima, comodissime**; this form is more emphatic than the form with **molto**. A common alternative to **buonissimo** is **ottimo**.

PERSONAL PRONOUNS

**34 The subject pronouns**

| | | | singular | plural |
|---|---|---|---|---|
| 1st person | | (*I, we*) | io | noi |
| 2nd person, | familiar | (*you*) | tu | voi |
| 2nd person, | formal | (*you*) | lei | |
| 3rd person | masculine | (*he, they*) | lui | loro |
| | feminine | (*she, they*) | lei | |

**35** For when to use **tu** or **lei**, see Ch. 2, p. 23 and the first three interviews in Ch. 19, pp. 218–9. For when to use **voi** or **loro**, see Ch. 10, p. 115.

**36** Subject pronouns are generally only used for the sake of emphasis, contrast, or clarity: **sono** di Londra, *but* **io sono** di Londra, **lui** (*or* **lei**) è di Birmingham.

**37 Stressed object pronouns**

| | | | singular | plural |
|---|---|---|---|---|
| 1st person | | (*me, us*) | me | noi |
| 2nd person, | familiar | (*you*) | te | voi |
| 2nd person, | formal | (*you*) | lei | |
| 3rd person | masculine | (*him, them*) | lui | loro |
| | feminine | (*her, them*) | lei | |

The stressed pronouns are most commonly used after prepositions, eg: per **me** va bene; a **me**, mi porti . . .; anche per **te**?; chi paga per **loro**?

## Unstressed object pronouns

**38** 1 *Direct object*

|  | | singular | plural |
|---|---|---|---|
| 1st person | (*me, us*) | mi | ci |
| 2nd person, familiar | (*you*) | ti | vi |
| 2nd person, formal | (*you*) | la | le |
| 3rd person &#124; masculine (*him, it, them*) | | lo | li |
| feminine (*her, it, them*) | | la | le |

eg: questi sandali non sono cari, **li** prendo; conosce Mario? sì, **lo** conosco molto bene.

**lo** and **la** are usually shortened to **l'** before forms of the verb **avere**: **l'ho** visto; **l'ho** comprata.

Also, **lo** may refer to a particular person or thing, eg **lo vedo**, *I see him*; **lo prendo** *I'll take it*; or to something more general, as in **non lo so** *I don't know*.

**39** 2 *Indirect object*

|  | | singular | plural |
|---|---|---|---|
| 1st person | (*me, us*) | mi | ci |
| 2nd person, familiar | (*you*) | ti | vi |
| 2nd person, formal | (*you*) | le | |
| 3rd person &#124; masculine (*him, it, them*) | | gli | loro |
| feminine (*her, it, them*) | | le | |

eg: scrivi spesso alla mamma? sì, **le** scrivo ogni settimana; cose **le** do oggi? **mi** dà due etti di prosciutto?; **ci** può portare il conto?; **gli** può dire di telefona**rmi** questa sera?

**40** 3 *Reflexives*

|  | | singular | plural |
|---|---|---|---|
| 1st person | (*myself, ourselves*) | mi | ci |
| 2nd person, familiar | (*yourself, yourselves*) | ti | vi |
| 2nd person, formal | (*yourself, yourselves*) | si | |
| 3rd person | (*himself, herself, itself, themselves*) | | |

eg: io **mi** alzo molto presto la mattina; come **ti** chiami? **mi** chiamo Anna. In the plural, these pronouns can have a reciprocal (ie *each other*) as well as a reflexive meaning: il giorno che **ci** siamo sposati . . . *the day we got married* . . . (ie we *married each other*).

**41** The pronoun **ci**, *there*: this is most commonly used in the expressions: **c'è** *there is*; **ci sono** *there are*.

**42** The pronoun **ne**: for uses of **ne**, see Ch. 17, p.202. It is roughly equivalent to *of it, of them*: quanto **ne** desidera? *how much (of it) would you like?*

see Ch. 17, p.202

*Positions of unstressed pronouns*

**43** Generally, unstressed pronouns come immediately before the verb: sì, **la** prendo, grazie; grazie, non **la** prendo; **le** faccio un pacchetto?

**44** When **volere** and **potere** (also **dovere**, and a few other common verbs) are followed by another verb in the infinitive, the pronoun can precede the two verbs: **le** posso fare un piccolo sconto; **mi** può cambiare queste sterline?; or it may follow the infinitive, in which case the pronoun is written as one word with it and the infinitive drops its final **-e**: può far**mi** un piccolo sconto?; posso incartar**lo**, signore?

**45** With other verbs, an unstressed pronoun always follows the infinitive and is written as one word with it: cerchiamo di imbottigliar**li** molto presto.

**46** Unstressed pronouns also follow the word **ecco** and are written as one word with it: sì, ecco**lo**; c'è anche la zuccheriera . . ., ecco**la**.

**47** *Combinatory changes*
**Mi, ti, ci, vi, si** become **me, te, ce, ve, se** in front of **lo, la, li, le** or **ne**: **se** n'è andata fuori; **me** la puoi incartare?

The pronouns **gli** and **le** change to **glie** when in front of **lo, la, li, le** or **ne** and are written as one word with it: **gli do** *I give him*, but **glielo do** *I give it to him*; **le do** *I give her*, but **glielo do** *I give it to her*; **glielo incarto?** *shall I wrap it up for you?*

## RELATIVE PRONOUNS

**48** **Che** (*that, which, who, whom*) is the all-purpose relative pronoun in Italian. It is used both as subject: c'è questa **che** comprende anche Stresa; and object: è l'ultimo paio **che** abbiamo.

**49** **Chi** (*he who, she who, the one who*) is frequently used with the sense of *some*: **chi** va in giardino, **chi** va a fare una passeggiata . . .

**50** **Cui** is used when a preposition is needed: le persone **con cui** si ha un certo rapporto; i giorni **in cui** il bar è più frequentato.

**Il quale, (la quale, i quali, le quali)** is a fuller form which can be used instead of **che** or **cui**. Since it agrees in gender and number, it can help avoid ambiguity, though it's also used as a matter of style: un masso di tufo **sul quale** (su cui) gli uomini hanno fatto . . .

## OTHER ADJECTIVES AND PRONOUNS

**51** **Uno, una** *one* are used in place of a noun so as to avoid repeating it: c'è un bar/una banca qui vicino? Sì, ce n'è **uno/una** sulla destra.

**52** **Qualche** *some* is always followed by a noun in the singular: **qualche cosa** *something*; **qualche volta** *sometimes*; dove io pianto **qualche fiore**.

Note the construction of **qualche cosa** with an adjective: era **qualche cosa di simpatico** *it was something nice.*

## 53 Verb forms

Regular verbs are so called because their endings follow set patterns regularly. There are four types of regular verbs: one with infinitives ending in **–are**, one ending in **–ere** and two ending in **–ire**.

| Infinitive (*Past Participle*) | parlare (*parlato*) | vendere (*venduto*) | servire (*servito*) | capire (*capito*) |
|---|---|---|---|---|
| Present | parlo | vendo | servo | capisco |
| | parli | vendi | servi | capisci |
| | parla | vende | serve | capisce |
| | parliamo | vendiamo | serviamo | capiamo |
| | parlate | vendete | servite | capite |
| | parlano | vendono | servono | capiscono |
| Perfect (1) | ho parlato *etc* | ho venduto *etc* | ho servito *etc* | ho capito *etc* |
| Imperfect | parlavo | vendevo | servivo | capivo |
| | parlavi | vendevi | servivi | capivi |
| | parlava | vendeva | serviva | capiva |
| | parlavamo | vendevamo | servivamo | capivamo |
| | parlavate | vendevate | servivate | capivate |
| | parlavano | vendevano | servivano | capivano |

*[handwritten: Passato Prossimo]* *[handwritten: Imperfecto]*

Irregular verbs are so called because they do not follow the set patterns – and some are more irregular than others. All irregular verbs are marked with a dagger in the glossary, eg **avere†** *to have*, but only the most frequent are given here. For the remainder (eg **morire**, **produrre**, **salire**, **sciogliere**, etc) a reference grammar or a dictionary should be consulted.

| essere (*stato*) | avere (*avuto*) | fare (*fatto*) | dare (*dato*) | stare (*stato*) |
|---|---|---|---|---|
| sono | ho | faccio | do | sto |
| sei | hai | fai | dai | stai |
| è | ha | fa | dà | sta |
| siamo | abbiamo | facciamo | diamo | stiamo |
| siete | avete | fate | date | state |
| sono | hanno | fanno | danno | stanno |
| sono stato/a *etc* | ho avuto *etc* | ho fatto *etc* | ho dato *etc* | sono stato/a *etc* |
| ero | avevo | facevo | davo | stavo |
| eri | avevi | facevi | davi | stavi |
| era | *etc* | *etc* | *etc* | *etc* |
| eravamo | | | | |
| eravate | | | | |
| erano | | | | |

| want to | have to | I can | (stay to/remain |
|---|---|---|---|

| andare (*andato*) | volere (*voluto*) | dovere (*dovuto*) | potere (*potuto*) | rimanere (*rimasto*) |
|---|---|---|---|---|
| vado | voglio — | devo — | posso — | rimango |
| vai | vuoi — | devi — | puoi — | rimani |
| va | vuole — | deve | può | rimane |
| andiamo | vogliamo — | dobbiamo — | possiamo — | rimaniamo |
| andate | volete | dovete | potete | rimanete |
| vanno | vogliono | devono | possono | rimangono |
| sono andato/a *etc* | ho voluto *etc* | ho dovuto *etc* | ho potuto *etc* | sono rimasto/a *etc* |
| andavo andavi *etc* | volevo volevi *etc* | dovevo dovevi *etc* | potevo potevi *etc* | rimanevo rimanevi *etc* |

| To know | to keep | to say | to write | to come |
|---|---|---|---|---|

| sapere (*saputo*) | tenere (2) (*tenuto*) | dire (*detto*) | uscire (2) (*uscito*) | venire (2) (*venuto*) |
|---|---|---|---|---|
| so | tengo | dico | esco | vengo |
| sai | tieni | dici | esci | vieni |
| sa | tiene | dice | esce | viene |
| sappiamo | teniamo | diciamo | usciamo | veniamo |
| sapete | tenete | dite | uscite | venite |
| sanno | tengono | dicono | escono | vengono |
| ho saputo *etc* | ho tenuto *etc* | ho detto *etc* | sono uscito/a *etc* | sono venuto/a *etc* |
| sapevo sapevi *etc* | tenevo tenevi *etc* | dicevo dicevi *etc* | uscivo uscivi *etc* | venivo venivi *etc* |

**54** *Notes*

1 Most verbs use **avere** with the past participle to form the perfect tense, but some use **essere** (see Ch. 14, p.165).

With verbs that use **essere**, the past participle agrees with the subject: **sono andata** dal macellaio (female subject, singular); quando **sei tornato** in Italia? (male subject, singular).

The past participle does not agree with the subject with verbs that use **avere**: **ho comprato** della pasta (female subject, singular); **ho comprato** della carne (male subject, singular).

On the other hand, the past participle of a verb using **avere** does agree with a direct object pronoun: non **l'ho comprata** ancora, *but*: non ho comprato ancora **la verdura**; non **l'ho fondata** io, *but*: non ho fondato io **questa cooperativa**; **li ho fatti** da giovane, *but*: ho fatto **questi lavori** da giovane.

2 And verbs derived from them, eg: **mantenere, ritenere, sostenere, riuscire, avvenire**.

**55** **Reflexives**: see Ch. 15, p.176.

**56**   **Passives**: see Ch. 13, p.154.

**57**   As with nouns (para **22**), spelling changes occur in some **-are** verb forms
to indicate that the pronunciation of the verb stem remains the same.

When a stem ends in **c** or **g**, an **h** is inserted before an **i**: **cercare:
cerchi, cerchiamo**, *etc;* **pagare: paghi, paghiamo**, *etc*.

With verbs that have an i before the **-are** ending, eg **mangiare,
lasciare, cominciare, studiare**, the i is dropped before endings that
begin with an i: **mangi, mangiamo**, *etc*; **lasci, lasciamo**, *etc*;
**cominci, cominciamo**, *etc*; **studi, studiamo**, *etc*.

*Uses of tenses*

**58**   **The infinitive**. This is commonly used after prepositions, when the
subject of the verb is left vague: **per andare** a Firenze . . .?; cosa c'è **da
vedere**?; or after another verb when the subject of both verbs is the
same: **devo cambiare** a Milano?; **mi può dare** un numero a Roma?;
**vorrei provare** quei sandali blu. Infinitives lose their final **-e** when
followed by an unstressed pronoun and are written as one word with it
(see paragraphs 44 and 45).

You'll also sometimes find the **-e** dropped when the infinitive is followed
by a closely linked word: mi può **far vedere** quelle scarpe? = mi può
**fare vedere** . . .?; per **far delle compere** = per **fare delle compere**.

**59**   **The past participle**. This is the part of the verb that is used with **avere**
or **essere** to form the perfect tense (see paragraph 54). It is also a verbal
adjective that functions like other adjectives: quando è **aperto** il Teatro
Olimpico? (*from* aprire); quando l'albergo è **chiuso** . . . (*from* chiudere).

**60**   **The present**. As in English, this is used when the time reference of the
verb is that of the time of speaking: è **buona questa porchetta**?;
**quanto costa al chilo**?; **lei cura tutto il giardino**?.

On the other hand, Italian generally uses the present tense where
English requires a present continuous (eg not *I do*, but *I'm doing*): è il
**primo anno che fai l'inglese**? *is this the first year you're doing English?*;
**che cosa impari qui**? *what are you learning here?*; **va in prima o in
seconda classe**? *are you going first or second class?*

Also, Italian uses the present tense to express an intention or a
suggestion in cases where English uses a future tense: **le prendo, grazie**
*I'll take them, thanks;* **li proviamo**? *shall we try them on?*; **andiamo**?
*shall we go?*

In much the same way, Italian uses the present when talking about an
action that stretches from the past to the moment of speaking, whereas
English uses a past tense: **lavoro in questo negozio da circa quindici
anni** *I've been working in this shop for about fifteen years.*

**61**   **The present reflexive**. A reflexive verb is essentially the special form
of a verb used when the subject acts upon him or herself: **lavare** *to wash,*
**lavarsi** *to get washed, to wash oneself;* or when two subjects act upon each
other: **lavarsi** *to wash one another*, **sposarsi** *to get married.*

The main difference between English and Italian is that the reflexive or reciprocal idea is shown by a pronoun in Italian (the reflexive pronoun, see paragraph 40), whereas in English there's often no reflexive pronoun: **non si alzano tutti alla stessa ora** *they don't all get up at the same time*; **il giorno che ci siamo sposati** *the day we got married*.

There is sometimes only the merest shade of difference between the meanings of a verb used reflexively and non-reflexively, eg **ricordare** *to remember, to remind*: **non ricordo altro** *I don't remember anything else*; **ricordarsi** *to remember, to remind oneself*: **non mi ricordo** *I don't remember*.

**62** **The present passive.** This is used when the object of an action, eg **il pane** in the sentence **faccio il pane**, is made into the subject of another sentence: **il pane è fatto da me**.

The main difference between English and Italian is that **venire** and **andare** can be used to form the passive as well as **essere**. See Ch. 13, p. 154.

**63** **The perfect.** This is used when referring to a past *action*, ie one that is finished at the time of speaking. It corresponds to two tenses in English,
1 the perfect: **ho comperato** un po' di tutto *I've bought a bit of everything*; **ho fatto** la spesa *I've done the shopping*, and
2 the simple past: come **ho comprato** questa mattina *like (the kind) I bought this morning*; **siamo andati** in macchina *we went by car*; il sabato **ho lasciato** la città *on Saturday I left town*; **sono tornato** in Italia l'anno passato *I came back to Italy last year*.

**64** **The imperfect.** This tense is used in describing past *states*, ie how people or things used to be, or were: allora Vicenza **era** più familiare *in those days Vicenza was more intimate*; gli etruschi **conoscevano** il vino *the Etruscans knew about wine*.

It is also used in describing past *habitual actions*, ie what people or things used to do: **venivo** a Vicenza moltissime volte *I used to come to Vicenza very frequently*; **facevamo** qualche viaggio *we used to make the occasional trip*; **si andava** a sciare in montagna *we used to go skiing in the mountains*.

## ADVERBS

**65** The most common adverbs refer mainly to time: **adesso, ora, oggi, domani**, etc; to place: **qui, lì, vicino, lontano**, etc; to quantity: **molto, poco, abbastanza**, etc, or to manner: **bene, meglio, male, peggio**, etc.

Many adverbial phrases are formed by a preposition + noun: **a parte, in fretta, in piedi**, etc.

**66** Most adjectives can be made into adverbs by the addition of the suffix **-mente** to the feminine forms of the adjective: **vero** → **veramente**; **certo** → **certamente**; **apparente** → **apparentemente**, etc. Adjectives that end in **-le** or **-re** drop the final e when adding **-mente**: **naturale** → **naturalmente**; **maggiore** → **maggiormente**, etc.

**67** **Qui** and **qua**, **lì** and **là**. **Qui** and **qua** both mean *here*, **qui** with the meaning of *here, at this spot* and **qua** *over here*. The same difference underlies **lì** *there, at that spot*, and **là** *over there*.

Note also **qui dentro** *in here*, **là fuori** *out there*, etc, where the order of words is the reverse of the order in English.

**68** Certain adverbs can be modified by another adverb, like **più**, **meno**, **molto**, **poco**, to produce comparative forms: **più tardi** *later*; **meno tardi** *not so late*; **molto tardi** *very late*; **poco tardi** *not very late* (see the comparison of adjectives, paragraphs 32, 33).

And to be more emphatic still you can use the suffix **-issimo**: **molto tardi** *very late*, **tardissimo** *very very late*; similarly **molto poco**, **pochissimo**.

**Molto** and **tanto** have only the emphatic form: **moltissimo**, **tantissimo**.

**69** **Bene** *well* and **male** *badly* cannot be used with **più**: there are the special forms **meglio** *better*, **peggio** *worse*.

---

## PREPOSITIONS

**70** Most Italian prepositions closely match their equivalents in English in meaning and usage: **con** limone *with lemon*, **senza** zucchero *without sugar*, **per** tutti e quattro *for all four of us*, **sulla** tavola *on the table*, etc.

A few very common prepositions, though, have a variety of usages and are best learned with the words they accompany. The most important uses of these common prepositions are set out below.

*NB The most frequently used prepositions combine with the various forms of the definite article to form one word. The full table is given in paragraph 6.*

**71** **a**
Place (1) – with names of towns where English uses *to*, *in*, *at* or nothing at all: vado **a** Firenze; abito **a** Firenze; devo cambiare **a** Firenze; vorrei telefonare **a** Firenze.

Place (2) – in certain expressions without an article: vado **a casa**; andiamo **a scuola**.

Time – *at, when, until*: **alle** due, **alle** tre, etc; **alle** sette e cinque; **al** mattino, **alla** mattina; **a** che ora . . .? dalle nove **alle** diciannove.

Distance – **a** cento metri; **a** due passi.

Unit cost and frequency – where English uses *a*, *an* or *per*: settecento lire **all'**etto; millesettecento **alla** bottiglia; due volte **alla** settimana; una volta **all'**anno; un litro **al** giorno.

Cooked in, served with, or prepared in a certain style, in names of dishes, etc – un tè **al** latte, **al** limone; spinaci **all'**agro; ravioli **al** ragù; cotoletta **alla** parmigiana; bistecca **ai** ferri; lasagne **al** forno.

Working by means of – fornello **a** gas; carrozza **a** cavalli; tram **a** vapore.

+ noun, to form adverbs – **a** destra, **a** sinistra, **a** piedi, **a** parte, **a** rovescio, **a** volte, **a** posto.

+ adjective, to form adverbs: **a** lungo, **a** poco **a** poco.

**a** often changes to **ad** before a word beginning with a vowel, especially if the vowel is **a**: anche **ad** altre persone; la stazione è **ad** Orvieto Scalo.

72 **da**

From a place – è lontano **da** qui?; posso telefonare **da** qui?; è in arrivo il treno **da** Venezia . . .

To somebody's place – vado **da** Giovanni; sono andate **dal** macellaio; ci siamo fermati **da** un antiquario; **da** noi . . .

Time since – **da** molti anni; **da** anni.

Value – un biglietto **da** cinquemila lire; due francobolli **da** cento e venti.

Capacity – una caffettiera **da** tre tazze; un servizio **da** sei; una pellicola **da** dodici pose.

Usage – what for: una tazza **da** caffè; un servizio **da** tè; where for: un orologio **da** polso, **da** tavolo, **da** muro; who for: un orologio **da** uomo; un paio di scarpe **da** donna; cappelli **da** uomo.

+ noun or adjective – **da** bambina; **da** ragazzo; **da** giovane; **da** solo.

+ verb – cosa c'è **da** vedere?; ha i bagagli **da** prendere?; prendiamo qualcosa **da** bere; abbiamo fatto (qualcosa) **da** mangiare.

73 **di**

**Di** has a variety of uses. It can express:
Possession – il negozio **del** signor Balzarin; l'amico **di** Giovanni; i monumenti **della** città.

Provenance – sono **di** Venezia; **di** dov'è?; è **di** qui, **della** zona?

Contents – un bicchiere **di** vino; un elenco **degli** alberghi; una guida **di** Stresa; una mappa **della** città.

Time when – d'estate, d'inverno; **di** mattina, **di** notte.

Another use of **di** is that of linking two nouns when the second qualifies the first and is therefore rather like an adjective: un biglietto **di** andata; un giorno **di** riposo; cinque minuti **di** ritardo; una casa **di** montagna; l'Italia **del** Sud.

Note the expression **cosa** + **di** + adjective: cos'ha mangiato **di** buono?; che cosa hai visto **di** bello?; qualche cosa **di** simpatico.

**Di** is also used in the sense of *than* when making comparisons: la gente era molto più numerosa **di** ora; queste scarpe sono più comode **di** quelle.

**Di** is also used in the sense of *in* in sentences like: il negozio più vecchio **della** piazza; la città più grande d'Italia.
For the partitive use of **di**, see paragraph 7.

**Di** is often shortened to **d'** before a word beginning with a vowel, especially if the vowel is **i**: **d'**inverno.

**74  in**

As in English, the typical use of **in** is in expressions of time and place.

It is used with names of countries, where English uses *in*, *to*, or nothing: vado **in** Italia; devo telefonare **in** Svizzera; abito **in** Scozia.

It is also used in a number of expressions without the definite article where English would use *in*, *at*, *to*, or nothing, + *the*:

|        | centro, piazza, città, campagna, montagna |
|--------|-------------------------------------------|
| **in** | camera, albergo, farmacia, banca          |
|        | ufficio, fabbrica, negozio, vetrina       |

Time – **in** inverno; **in** stagione; **in** che giorno?

Means of transport – vado **in** treno, **in** macchina, **in** aereo.

Note the expressions: essere **in** vacanza *to be on holiday*; **in** arrivo *now arriving*; essere **in** orario *to be on time*: siamo **in** due, tre, nove . . . *there are two, three, nine of us . . .*

**75**   As in English, prepositions are sometimes needed to introduce an object after a verb: parlare **a**, *or* **con** qualcuno *to speak to, or with someone*.

But English and Italian do often differ: telefonare **a** qualcuno *to ring someone up*; dipende **dai** posti e **dai** concerti *it depends on the seats and on the concerts*; ricordarsi **di** qualcosa *to remember something*. It is best to learn which preposition goes with a verb when you first learn it.

---

CONJUNCTIONS

**76**   The Italian conjunctions **e**, **ma**, **o**, **però**, **oppure**, etc, are reasonably matched by the equivalent words in English. **E** *and* can change to **ed** before a word beginning with a vowel, especially if the vowel is **e**: francese, tedesco **ed** inglese. **O** *or* can be reinforced to **oppure**: **oppure** nei paesi limitrofi. *Either . . . or . . .* is **o** . . . **o** . . .: **o** la mia **o** quella delle mie amiche.

---

SOME BASIC CONSTRUCTIONS

**Negative statements**

**77**   A statement is made negative by placing **non** before the verb: **non** è qui; **non sono** molto comodi; **non costa** molto.

When there is an unstressed object pronoun, this is placed between **non** and the verb: mi dispiace, ma non **le** prendo; non **lo** so; non **lo** conosco.

**78**   Unlike English, **non** is still required when negatives like **mai**, *never*, are used: Capri, **non** l'ho **mai** visitata; no, **non** ci sono **mai** stato.

**Questions**

**79**   Yes/no questions (ie questions that can be answered by *yes*, *no*, *perhaps*, etc): the order of words can remain the same as that for statements, but the query is expressed in the tone of voice: **è lontano** —→**è lontano?**; **c'è una banca qui vicino** —→ **c'è una banca qui vicino?**; **lei cura tutto il giardino** —→ **lei cura tutto il giardino?**

It is also quite common to change the order of words by placing the subject at the end of the sentence: **Binda** è lontana —→è lontana **Binda?**; **questa porchetta** è buona —→è buona **questa porchetta?**; **il treno** è diretto —→è diretto **il treno?**

When you're sure of the answer and you're simply asking for confirmation, you add **no?** or **vero?** to your statement: voi siete di Venezia, **no?** il vino è caro, **vero?**

80    For questions starting with words like *who*, *what*, *where* (which can't be answered with *yes*, *no*, etc), the most common words in Italian are:

**chi?** *who?* chi paga per loro?

**che?** *what?* che desidera?

**cosa?** *what?* cosa desidera?

**che cosa?** *what?*: che cosa impari qui?

**quale?** *which?* (**qual** before **è**): qual è il suo lavoro?; in quali ore della giornata . . .?

**dove?** *where?* (**dov'** before **è**): dov'è l'imbarcadero?

**quando?** *when?*: quando parte il pullman?

**quanto?** *how much?*, *how many?* (**quant'** before **è**) quant'è?; quanto costa il biglietto?; quante classi ci sono?

**come?** *how?*: come sta?

**perché?** *why?*: perché preferisci dare del tu?

Notice that in questions of this kind, the subject of the verb, if expressed at all, comes after the verb: quando parte **il pullman?**; che lavoro fa **lei?**

81    **Putting the object first**

A frequent trick in spoken Italian is to change the normal word order of a sentence and put the grammatical object at the front of the whole sentence. A normal sentence like **serviamo la colazione dalle 7.30 alle 10** thus becomes **la colazione la serviamo dalle 7.30 alle 10**. When this is done, the object is repeated by the appropriate pronoun, in the above example: . . . **la serviamo** . . .

Other examples are: **il rosso lo consiglio con delle carni rosse**; **Capri non l'ho mai visitata**; **l'Italia la conosco molto bene**.

Note also: **di gatti ce ne sono diverse qualità**, where the normal order would be: **ci sono diverse qualità di gatti**.

**Special constructions**

82    The **si** construction. The pronoun **si** is used with a verb in the 3rd person with the meaning of the English *one* as in *one can't breathe in here* (see Ch. 18, p. 212). The odd thing about this construction is that the verb becomes plural if there's a plural direct object; otherwise the verb is always singular: **si andava** a sciare in montagna (no direct object); per andare a Padova **si prende** l'autobus (singular direct object); **si andavano** a fare delle belle passeggiate (plural direct object).

83    **Mi piace**: questa borsa **mi piace** *I like this bag* is literally *this bag pleases me*; queste scarpe **mi piacciono** *I like these shoes* is literally *these shoes please me*. Similarly, **le piace** . . .? *does* . . . *please you?*; **le piacciono** . . .? *do* . . . *please you?*

An emphatic way of saying **mi piace, le piace** is to say **a me piace, a lei piace**: **a me piace** e vengo per quello *I like it and that's why I come here* (literally *it is pleasing to me*).

**84** **Possession**. When several possessors own one item each, the noun for the item is in the singular in Italian, unlike English: un'inchiesta sugli italiani e **la loro casa** *a survey on the Italians and their homes*. A plural in Italian (. . . e le loro case) would imply that each person owned more than one home.

**85** **Times, days, seasons**, etc. Note how the following constructions differ from their equivalents in English:

all'una, alle due, alle tre . . . *at one, at two, at three o'clock* . . .: la *or* alla mattina, la *or* alla sera *in the morning, in the evening*; in *or* d'estate, in *or* d'inverno *in summer, in winter*; la domenica, il lunedì . . . *on Sundays, on Mondays* . . .; domenica, lunedì . . . *on Sunday, on Monday* . . .

## SPELLING CONVENTIONS

**86** Adjectives and nouns of nationality are spelt with a small initial letter in Italian: una scuola italiana; lavoro con degli inglesi. The same applies to languages: parlo inglese; studio l'italiano

**87** The names of the days of the week and of the months of the year are usually spelt with a small initial letter: il lunedì, il martedì, etc; gennaio, febbraio, etc.

**88** A number of expressions made up of several words are often spelt as one: **buongiorno, buonasera, buonanotte; centoventi** lire; **millesettecento** lire, etc. However, they are sometimes spelt as two or more words: **buon giorno**, etc; **cento venti** lire, etc.

With numerals, multiples of hundreds and thousands (**duecento, tremila**, etc) are never split.

# CHIAVE ESERCIZI
## KEY TO THE EXERCISES

Words which are optional are shown in brackets, eg: E' lontano (da qui)?
Alternative answers are shown thus: in (*or* nella) macchina; Quant'è (*or*
Quanto costa) la camera?

### Chapter 1

**1**  1 telefono  2 pasta  3 una  4 bicchiere/bianco  5 banca
6 aranciata  7 agenzia di viaggio  8 guida

**2**  Scusi, c'è un bar qui vicino? Grazie.
Buongiorno. Una birra, per favore. Grazie.
Scusi, c'è una banca qui vicino? Grazie.

**3**  tè; o; limone; scusi/c'è/qui; una/Piazza; grazie

**4**  1 banca  2 supermercato  3 telefono  4 ristorante  5 bar  6 chiesa
7 agenzia  8 albergo  9 farmacia  10 buonasera

### Chapter 2

**1**  1 dov'è il duomo?/E' lontano (da qui)?
2 Scusi, dov'è la stazione?/E' lontana (da qui)?/Dov'è la fermata?
3 Scusi, dov'è il Teatro dell'Opera?/E' lontano (da qui)?

**2**  1 Scusi, c'è una banca qui vicino?
2 Scusi, c'è un bar qui vicino?
3 Scusi, c'è un telefono qui?
4 Dov'è (il Caffè Greco)?
5 E' lontano (da qui)?
6 Scusi, dov'è la fermata dell'autobus?
7 Scusi, dov'è il Caffè Greco?
8 Un caffè, per favore.

**3**  1 L'Albergo Venezia  2 Il Teatro Nuovo  3 La stazione (ferroviaria)
4 L'Azienda di Turismo  5 La fermata dell'autobus

**4**  1 Scusi, dov'è l'Albergo Venezia?
2 Scusi, c'è un bar qui vicino?
3 Scusi, dov'è il Teatro Olimpico?
4 Scusi, dov'è l'Azienda di Turismo?
5 Scusi, c'è una toilette qui?
6 Scusi, dov'è la stazione?
7 Scusi, dov'è Corso Palladio?
8 Scusi, dov'è il Bar Gigi?
9 Scusi, c'è una banca qui vicino?
10 Scusi, c'è una piantina di Vicenza?

### Chapter 3

**1**  1 grandi  2 italiana  3 piccole; grandi  4 inglesi  5 rossi italiani
6 questa  7 questo  8 italiana, inglese, irlandese, tedesca

**2**  1 fragole  2 francobolli  3 borsa  4 cartoline  5 vino rosso
6 pomodori  7 francobollo  8 biglietto

**3**  1  Quanto costa questo ombrello? / Questo costa ventimila lire. (e)
2  Quanto costa questa borsa? / Quarantamila. (c)
3  Quanto costa questa piantina? / Questa è gratuita. (a)
4  Quanto costano le cartoline? / Costano 100 lire l'una. (g)
5  Quanto costano queste mele? / Queste costano mille lire al chilo. (b)
6  Quanto costano le fragole? / 400 lire al cestino. (h)
7  Quanto costano i pomodori? / Questi costano 800 lire al chilo. (d)
8  Quanto costa questo pompelmo? / Questo? 200 lire. (f)

**4**  Buongiorno. / Buongiorno. Desidera? / Quanto costano le cartoline? /
Cento lire l'una. / Allora, queste tre e tre francobolli, per favore. / Per
l'Italia? / No, per la Francia. / Allora tre da centocinquanta. / Grazie.
Quant'è? / Settecentocinquanta in tutto. / Ecco mille lire. / E 250 di resto. /
Grazie. Buongiorno. / Grazie a lei. Buongiorno.

**5**  Buongiorno. / Mi dà un chilo di pomodori, per favore? / Quanto costano? /
Quanto costano le mele? / Mi dà un chilo di queste, per favore? / Un
pompelmo, per favore? / No, grazie. Quant'è? / Ecco duemila (lire). /
Arrivederla, buongiorno.

## Chapter 4

**1**  1 Non mi piace molto questo vino bianco.  2 Non mi piacciono molto
queste scarpe.  3 Non mi piace molto l'ombrello verde.  4 Mi
piacciono i sandali blu.  5 Mi piace la porchetta.  6 Mi piace Stresa.
7 Mi piace molto la borsa ma è un po' troppo cara.  8 Mi piacciono
molto le fragole ma sono un po' troppo care.  9 Mi piace molto questo
ristorante ma è un po' troppo caro.  10 Mi piacciono moltissimo queste
scarpe nere.  11 Mi piace moltissimo l'Italia.  12 Mi piace moltissimo
*Buongiorno Italia!*

**2**  paio; scarpe; nere; queste; mi piacciono; comode; comode; strette;
quarantacinque; comode; abbastanza; mi piacciono; nero

**3**  Buongiorno. / Vorrei una borsa. / Marrone. / Di pelle. / Non mi piace.
E' troppo grande. / Quanto costa? / Cinquantaseimila? E' un po'
cara! / Quanto costa quella borsa (lì)? / Si, questa mi piace molto. La
prendo. / Si, grazie. Ecco cinquantamila (lire).

**4**  una borsa di pelle; due etti di porchetta; un paio di scarpe; un cestino di
fragole; un'agenzia di viaggio; tre chili di pomodori; un professore di francese; un biglietto di entrata; cento lire di resto; una bottiglia di vino bianco

**5**  Buongiorno. / Un cappuccino, per favore. / Con zucchero, grazie. / E una
di queste paste. / Scusi, di dov'è (lei)? / Le piace Londra? / (Io) sono
gallese ma Londra mi piace molto. / Grazie. Quant'è? / Ecco (a lei).

## Chapter 5
In this chapter page references are given so that you can look up and
revise anything you're not too sure about.

**1**  1 un (p12)  2 lo (p43)  3 strette (p32)  4 piacciono (p42)  5 quel (p42)
6 l' (p22)  7 sono (p43)  8 costano (p31)  9 piacciono (p42)
10 Queste (p31)  11 tu? (p23)  12 è (p23)

**2**  1 duomo   2 arrivederla   3 borsa   4 chiesa   5 prosciutto   6 stretto
7 funivia   8 fruttivendolo   9 bene, grazie   10 scarpe   11 uno scozzese
12 porchetta

**3**  a) Mi chiamo . . . (**or** sono . . .) (p22)
b) Sono inglese e sono di Norwich. (p22)
c) Sono qui in vacanza. (p22)
d) Mi piace molto questo ristorante. (p31/42)
e) Quella borsa in vetrina è molto pratica. (p42/43)
f) Mi piace il bar in via Verdi. (p42)
g) C'è una farmacia in Piazza Garibaldi. (p12)
h) Vorrei vedere Capri. (p42)
i) Mi dispiace. (p53)
j) Scusi! (p53)

**4**  a) Di dov'è (lei)? (p22)
b) Qual è il suo lavoro? (*or* che lavoro fa?) (p43)
c) E' qui in vacanza o per lavoro? (p19)
d) Le piace il suo lavoro? (p42/43)
e) Le piace questo ristorante? (p31/42)
f) Le piacciono i vini francesi? (p32/42)
g) E' buono questo vino rosso? (p32/37)
h) Le scarpe italiane sono care? (*or* sono care le scarpe italiane?) (p32/43)

**5**  1a) Scusi, c'è una banca qui vicino? (p12)
Scusi, c'è un tabaccaio qui vicino? (p12)
Scusi, c'è una farmacia qui vicino? (p12)
1b) Scusi, dov'è la fermata dell'autobus? (p22)
Scusi, dov'è il mercato? (p22)
Scusi, dov'è l'Azienda di Turismo? (p22)

2a) Mi dà un francobollo per l'Italia, per favore? (p31/32)
Mi dà due francobolli da centocinquanta (lire), per favore? (p31/32)
Mi dà tre francobolli per la Gran Bretagna, per favore? (p31/32)
2b) Mi dà mezzo chilo di mele, per favore? (p31/34)
Mi dà tre cestini di fragole, per favore? (p31/34)
Mi dà quattro banane, per favore? (p31)
2c) Mi dà cento grammi (*or* un etto) di burro, per favore? (p34)
Mi dà 150 grammi (*or* un etto e mezzo) di porchetta, per favore? (p34)
Mi dà 200 grammi (*or* due etti) di prosciutto cotto, per favore? (p34)

3) Quanto costa un etto di prosciutto crudo? (p31/34)
Quanto costa questa guida di Orvieto? (p31)
Quanto costano quelle scarpe nere in vetrina? (p31/32/42)

4) Vorrei provare i sandali blu. (p42)
Sono molto comodi. (p43)
Li prendo. (p43)
Mi piace quella borsa di pelle. (p42)
Ma è troppo cara. (p43)
Non la prendo. (p43)

## Chapter 6

**1**  ora/prossimo/Alle/Quanto/un'ora/a/alle/biglietto/Andata/Prima/
mi dà/di/per/Ecco/a lei

**2** 1 Venice. 2 No. 3 Verona. 4 Yes. 5 Change at Verona. 6 No. 7 Platform two. 8 No, it's about 10 minutes late.

**3** A che ora parte il primo treno per Firenze la mattina? / No, sabato. / No, quello va bene. A che ora arriva a Firenze? / Sì, grazie: andata e ritorno, seconda. / Sì, uno solo. Quant'è? / Grazie. Arrivederla.

**4** Scusi. / Questa fermata è Bassano? / E' lontano? / No, sono scozzese. / Abito a Londra. / Sì, ma lavoro a Londra. / Ci sono molti ristoranti italiani a Londra. / Sì, mi piace moltissimo. Lei di dov'è? (*or* Di dov'è lei?) / Sì, per due settimane. / Grazie mille. Arrivederla.

## Chapter 7

**1** 1 di 2 della 3 degli 4 delle 5 dei 6 dei 7 del 8 di 9 degli 10 di

**2** avete / piantina / elenco / questo / principali / vedere / ore / Pozzo / quartiere / interessante / lontano / macchina / aperto / pomeriggio / mille

**3** 1 No. 2 10 o'clock Wednesday morning. 3 Yes. 4 It's open only from 11.00 – 13.00. 5 For restoration. 6 No, it's closed. 7 Friday morning. 8 12.30.

**4** Avete una pianta (*or* piantina) della città? / C'è un elenco dei ristoranti? / Oh, sì! Cosa c'è da vedere? / Dov'è la Fontana Maggiore? / E' lontana (*or* lontano)? / Vorrei vedere gli affreschi del Perugino. / E' aperto adesso? / Va bene. Grazie mille. / Arrivederla.

**5** 1d; 2i; 3e; 4h; 5a; 6j; 7b; 8f; 9c; 10g

## Chapter 8

**1** 1 No, it's noisy. 2 Very small. 3 Heavy traffic. 4 A baby crying all night. 5 No, they're hard. 6 At the bar opposite. 7 It's too expensive in the hotel. 8 Quite good. 9 The rooms are clean. 10 Nothing. 11 Yes, and go to the Hotel Milano.

**2** 1 telefonare 2 provare 3 lasciare 4 prenotare 5 pagare 6 chiudere 7 parlare 8 prendere 9 partire 10 aprire

**3** Buonasera. Prego? / Ha una camera, per favore? / Sì, come la desidera? / Matrimoniale. / Con bagno o con doccia? / Va bene con doccia. / Benissimo. Per quante notti? / Per due notti. / Va bene, sì. Camera 240 al secondo piano. / Quanto costa la camera? / Quarantamila per notte. / La colazione è compresa? / No, la colazione è a parte. / Benissimo. / Mi favorisce i documenti, per favore? / Sì, certo. / Grazie. Ha i bagagli da prendere? / Sì, sono in macchina. / Giuseppe!

**4** Avete una camera, per favore? / Sì, per una notte. / Doppia / Quanto costa la camera? / Va bene una camera con doccia. / Vuole i due passaporti? / Posso telefonare in Inghilterra da qui? / Qual è il prefisso? / Sì, ma (io) devo telefonare a Manchester. / Grazie. Dov'è la cabina? / Sì, sono in (*or* nella) macchina.

## Chapter 9

**1** petti di pollo / zuppa di verdura / spaghetti al ragù / pecorino stagionato / pizza al piatto / spinaci all'agro / frutta assortita / agnello arrosto / cotoletta alla milanese / patate fritte

**2** 1 del 2 dei 3 dei 4 del 5 del 6 del 7 del 8 delle 9 di
10 dello

**3** 1 La Grotta. 2 Il Canarino. 3 Il Canarino. 4 Da Peppe has a view
over the lake. 5 It's 5 kms away. 6 Da Mario – they have a
discotheque. 7 La Grotta – they take credit cards. 8 Tuscan
specialities. 9 La Taverna. 10 It's closed from October to March.
11 Da Mario – they're open only in the evening. 12 Moretti – they
have rooms.

**4** 1 Ham with melon. 2 Mixed hors d'oeuvres. 3 Yes, the tagliatelle.
4 They're fresh and homemade. 5 No, only the man. 6 It's off.
7 Lamb with herbs. 8 On the grill. 9 No, he's only having spinach,
she's having a mixed salad. 10 No. 11 Courgettes. 12 No – he
uses *lei* when speaking to her.

**5** Ha delle tagliatelle, oggi? / Va bene. Delle tagliatelle al ragù. / Avete una
cotoletta alla milanese? / Eh . . . zucchini . . .? No, degli spinaci al
burro. / Mezza bottiglia di vino rosso. / No, grazie, vino della casa. / Mezza
bottiglia. / Benissimo, grazie / No, grazie. Un caffè . . . e il conto,
per favore.

## Chapter 10

As before, page references are given so that you can look up and revise
anything you're not certain of.

**1** 1 all' (p72) 2 parte (p72) 3 c'è (p82) 4 Ha (p94) 5 nella (p83/250)
6 Io (p106) 7 Questi (p31/107) 8 dell' (p107) 9 degli (p107)
10 prende (p72) 11 lavoro (p72) 12 pagare (p95)

**2** 1 pollo 2 zucchini 3 tortellini 4 gassata 5 maiale 6 tavolo
7 ascensore 8 forno 9 alla brace 10 patente 11 aliscafo
12 antipasto

**3** 1a) C'è un treno per Milano alle dieci (della mattina)? (p72/73)
    C'è un treno per Milano alle tredici? (p72/73)
    C'è un treno per Milano alle diciassette? (p72/73)
1b) A che ora parte il prossimo treno per Roma? (p72/73)
    A che ora arriva a Roma? (p72/73)
    C'è (la) vettura ristorante? (p72/73)
1c) A che ora parte il prossimo aliscafo per Locarno? (p72)
    Quanto (tempo) ci mette (*or* vuole)? (p72)
    Devo prenotare i posti? (p82)
2a) Vorrei una camera singola con doccia. (p90/94)
    Vorrei una camera a due letti con bagno. (p90/94)
    Vorrei una camera matrimoniale con bagno o doccia. (p90/94)
2b) Quant'è (*or* Quanto costa) la camera? (p95)
    La (prima) colazione è compresa? (p95)
    Avete (il) garage? (p94)
2c) Posso avere una camera (*or* stanza) tranquilla? (p95)
    C'è (il) telefono in camera? (Grammatica para 4)
    Posso pagare con la (*or* una) carta di credito? (p95)
3a) Per primo, le tagliatelle. (p106)
    Per secondo, una bistecca ai ferri (*or* alla griglia) (p101/106)
    E come contorno, delle patate fritte e dei fagiolini. (p106)

3b)  Posso avere un'insalata mista? (p95)
Avete delle fragole? (p107)
Il ristorante è aperto domani? (p81)

4)  Quali sono le chiese più interessanti da vedere? (p82)
A che ora (in)comincia a lavorare la mattina? (p72)
Le piacciono i ravioli? (p42)

4  *Across*  1 difficile  4 pratico  9 interessante  10 buono  11 bianco
13 comodo  14 necessario
*Down*  2 inglese  3 facile  5 rosso  6 ottimo  7 caro  8 bello
12 nero


## Chapter 11

1  1 Tu.  2 To go to Maria's house.  3 Her hair.  4 Carlo, her husband.
5 It's good to get away from the children.  6 Waiting for Anna to arrive.
7 Friday.

2  a)  Scusi, (signora,) c'è un autobus per andare in (*or* al) centro? / Dov'è
la fermata? / Grazie. Quanto (tempo) ci mette l'autobus? / Bene.
E l'Albergo Italia è lì in centro? / Grazie (signora).
b)  Scusi, per andare in Piazza della Repubblica? / E' questa la fermata? /
Ma quando arriva il prossimo autobus? / Quanto costa (*or* Quant'è) il
biglietto? / Posso comp(e)rare il biglietto sull'autobus? / Una moneta da
cento (lire) no, ma ho due monete da cinquanta (lire).
c)  Sì. / Senta, l'Albergo Italia, è vicino alla piazza? / Grazie. / No, sono
inglese. / Di Leeds. / Sono qui per lavoro. / Ho un negozio a Leeds. / Un
negozio di scarpe. E lei che lavoro fa? (*or* Che lavoro fa lei? *or* Qual è il
suo lavoro?) / Le piace fare niente?
d)  Buonasera. / Il signor Mazzetti è qui in questo albergo? / Sono il
signor Searle. / Benissimo. Vorrei una camera, per favore. / (Una) singola
con doccia. / Per una notte. Parto domani pomeriggio. / Quanto costa la
camera? / E la prima colazione? / Quant'è? / Va bene, grazie. / Certo. Posso
lasciare qui il bagaglio (*or* i bagagli) domani mattina? / Sì, certo. E posso
pagare con la (*or* una) carta di credito? / Sì, ho soltanto (*or* solo *or*
solamente) questa valigia.

3  *Across*  2 espresso  4 binario  7 vettura  10 ristorante  11 treno
13 nove  14 rapido  17 seconda  18 orario  19 arrivare
*Down*  1 prima  3 stazione  4 biglietto  5 ritardo  6 parte  7 via
8 ritorno  9 arrivo  12 fermata  15 andata  16 linea


## Chapter 12

1  comprare; amico; Posso; taglia; colore; beige; vedere; mi; Vuole; Le; di;
per; cara; Mi può; prezzi; prendo; Posso; lei

2  1 Mi può dare un numero a Roma?  2 Mi può dare il sale?  3 Mi può
dare la chiave?  4 Mi può lavare questi pantaloni?  5 Può farmi uno
sconto?  6 Mi può prestare ventimila lire?  7 Mi può controllare l'olio?
8 Mi può fare un pacchetto?  9 Mi può portare il conto?  10 Può
comprarmi un pacchetto di sigarette?  11 Mi può cambiare mille lire?
12 Può dirmi dove arriva il pullman da Venezia?

3  1 puoi  2 possono  3 posso  4 può  5 potete  6 possiamo
7 possono  8 possiamo (*or* può)

**4** Buongiorno. Cerco una maglia. / Quarantaquattro. / Blu o marrone. / E' (di) pura lana? / E' molto bella, mi piace molto. Quanto costa? / Oh, è un po' cara! / Posso vedere una maglia marrone? / Il colore mi piace ed è molto morbida. Quanto costa? / Quanto? / Va bene. La prendo. / Sì, grazie. Ecco (le) quarantamila.

## Chapter 13

**1** 1 aperti   2 chiusi   3 aperti   4 aperte   5 chiuse   6 chiusi   7 aperti   8 aperta   9 aperti   10 aperti   11 chiusi   12 aperto

**2** 1 venduti   2 conosciuti; apprezzati   3 lasciato; bevuti   4 servito; bevuto   5 serviti; consigliati   6 imbottigliati

**3** 1 lavoro   2 torno   3 resto   4 vado   5 prendo   6 parlo (*or* parliamo)   7 sono   8 vado   9 compro   10 prendo   11 arrivo   12 mangiamo   13 lasciamo   14 andiamo   15 vengono   16 prendiamo   17 andiamo   18 ceniamo   19 torniamo

**4** Ha un vino rosso della regione? / Va bene. E' secco? / Perché 'classico'? / L'Orvieto Classico viene (*or* è) bevuto giovane? / Sì, ma non so se prendiamo il secco o l'abboccato. / Molto bene. Prendiamo mezza bottiglia di abboccato subito. / E poi una bottiglia di secco.

## Chapter 14

**1** 1 ho   2 ho   3 sono   4 ho   5 ho   6 sono   7 ho   8 sono   9 è   10 è   11 ho   12 ha   13 ha

**2** scusi; fatto; comprato; andata; ho; sono; del; dei; degli; tutto; panettiere; torta; vino; casa; speso; trova; cara; abbastanza; carne; carissimo

**3** 1 No.   2 Yes, quite well.   3 To learn English.   4 No.   5 No, never.   6 No.   7 About thirty thousand lire.   8 More.   9 Yes, almost.   10 Yes.

**4** Molto bene, grazie, e lei? / Otto francobolli per la Gran Bretagna. / Sì, ho comp(e)rato dei regali. / Sì. Sono andata al mercato. / E ho comp(e)rato una bella borsa per un'amica. Le piace? / Lo so. Ma oggi ho comp(e)rato una borsa, una sciarpa e un paio di sandali e ho speso solo (*or* soltanto *or* solamente) cinquantamila lire. / Anche in Inghilterra. / Mamma mia! / La vita è diventata molto cara anche in Inghilterra. / Non (lo) so. Quant'è? / Almeno i francobolli non sono troppo cari! Arrivederci.

## Chapter 15

**1a** 1 abbiamo visitato   2 abbiamo visto   3 abbiamo camminato   4 siamo andati   5 abbiamo comprato   6 abbiamo speso   7 siamo tornati   8 sono alzato   9 sono andato   10 ha dormito   11 è arrivata

**1b** 1 hanno visitato   2 hanno visto   3 hanno camminato   4 sono andate   5 hanno comprato   6 hanno speso   7 sono tornate   8 è alzata   9 è andata   10 ha dormito   11 è arrivata

**2**

| 1a) f | 2a) v | 3a) f | 4a) v | 5a) f | 6a) f |
|-------|-------|-------|-------|-------|-------|
| 1b) f | 2b) f | 3b) v | 4b) f | 5b) f | 6b) v |
| 1c) v | 2c) v | 3c) f | 4c) f | 5c) v | 6c) f |

**3** 1 Sono qui da due giorni.   2 Sono arrivato martedì.   3 Sono andato al cinema.   4 No, sono andato con Enrico e Antonella.   5 No, siamo

tornati dopo mezzanotte.    6 Mi sono alzato presto e sono andato a fare
la spesa.    7 Ho comp(e)rato del pane, burro e latte fresco.    8 No, l'ha
preparato Antonella.    9 Ottimo!    10 Iole e Valeria, due ragazze molto
simpatiche.    11 Le ho incontrate in spiaggia.    12 Sì, tutto il giorno.
13 No, abbiamo comp(e)rato delle pizze e del vino e abbiamo mangiato
in spiaggia.    14 Sì, è arrivato più tardi da Roma.    15 Abbiamo
mangiato tutti insieme alla Trattoria dei Pescatori.    16 Abbiamo
mangiato spaghetti alle vongole, pesce con insalata e frutta fresca.
17 Abbiamo bevuto del buon vino locale.    18 No, stamattina ho dormito
fino alle undici!

4    Certamente (or certo) / No, sono inglese. / No, questa è la prima volta. /
Moltissimo. / Vado sempre in vacanza in settembre perché non c'è troppa
gente. / No, sono con mio marito . . . / . . . ma è andato a comp(e)rare un
gelato. / Da ragazza, ho visitato Firenze con la scuola. / No, non la
conosco. Siamo arrivati ieri sera a Fiumicino . . . / . . . e da lì siamo venuti
qui in macchina. / Mio marito è venuto a Roma l'anno scorso. / No, in
vacanza. / No, è venuto con un amico. / No, io sono andata in Scozia con
un'amica. / Questo è Bob. / Bob non parla italiano. / Ci siamo sposati la
settimana scorsa.

## Chapter 16

1    1 vado (p154)    2 stata (p175)    3 vi (p176)    4 siamo (p165)    5 venite
(p154)    6 andiamo (p154)    7 trovato (p165)    8 Posso (p146)    9 servite
(p154)    10 faccio; fai (p176)    11 ci (p176)    12 ci siamo (p176)
13 fatti (p154)    14 ha (p165)    15 può (p145)

2    1 pesce    2 pila    3 funghi    4 gelato    5 parcheggiare    6 agricoltore
7 tegame    8 celeste    9 sposarsi    10 aceto    11 biglietti da diecimila
12 Mi può controllare l'olio?

3    1a)  Può aiutarmi (or Mi può aiutare) con le valigie? (p145)
     1b)  Può prestarmi (or Mi può prestare) una piantina della città? (p145)
     1c)  Può comp(e)rarmi (or Mi può comp(e)rare) dei francobolli? (p145)
     1d)  Può darmi (or Mi può dare) il giornale? (p145)
     2a)  Cerco una cravatta rossa e blu per un amico. (p145)
     2b)  Cerco una borsa per la moglie di un amico. (p145)
     2c)  Cerco una camicia per me. (p145)
     3a)  Ha una taglia più grande? (p146)
     3b)  Ha una taglia più piccola? (p146)
     3c)  Ha una camicia meno cara? (p146)
     3d)  Avete altri colori? (p146)
     3e)  Avete altri tipi? (p146)
     3f)  Avete questo colore, ma in cotone?
     4a)  La maglia è fatta a mano? (p154)
     4b)  La camicia va lavata a mano? (p154)
     4c)  I ravioli sono fatti in casa? (p154)

4    1a)  Questa mattina mi sono alzato (or alzata) alle otto. (p176)
     1b)  Ho fatto colazione alle otto e mezzo (or mezza). (p165)
     1c)  Sono andato (or andata) a fare una bella passeggiata. (p165)
     1d)  Ho visitato tre chiese. (p176)
     2a)  Questo pomeriggio sono andato (or andata) in centro. (p165)
     2b)  Ho cercato una sciarpa. (p165)

2c)  Ho comp(e)rato una camicia. (p165)

2d)  Sono ritornato (*or* ritornata/tornato/tornata) in autobus. (p165)

3a)  Non sono mai stato (*or* stata) a Palermo. (p175)

3b)  Sono stato (*or* stata) a Firenze tre volte. (p175)

3c)  Vengo spesso in Italia. (p154)

3d)  Ma non conosco Roma molto bene. (p175)

## Chapter 17

1   1 ci   2 ne   3 conoscerla   4 le   5 la   6 ci   7 li   8 ci   9 ne   10 ne   11 la   12 lo

2   sua; mia; suo; Mia; sua; suoi; Mia; Mio; suo; suoi; sua; Mia; sua; sue; sua

3   1 Lavora in un'agenzia di viaggio.   2 A Vicenza, in centro.   3 No, abita in campagna.   4 No, abita in una villetta.   5 Sì, c'è.   6 Ha una sorella. 7 Perché è sposata.   8 Vive con la famiglia (con suo padre e sua madre).   9 Ne hanno due.   10 Sì.   11 Con la piccola.

4   quanti; aperta; classi; insegna; mia; volte; gli; vengono; troppo; corso; pochino; cominciato; ballare; essere; è; ho;
Meglio un uovo oggi che la gallina domani.

5   Abito in città. / Ho un appartamento. / Al terzo piano. / No, è piccolo. / (Ci sono) due camere da letto, un piccolo soggiorno (*or* un salotto), cucina e bagno. / Siamo in tre: io, mia moglie e mio figlio. / No, in un appartamento in città non è possibile. / No, ma c'è un parco vicino. / Be', sì, abbastanza. / No, di notte è abbastanza tranquillo. / No, non molto. / Ci devo abitare per il mio lavoro.

## Chapter 18

1   1 abitava   2 faceva   3 andava   4 prendeva   5 erano   6 viaggiava 7 guadagnava   8 costava   9 permetteva   10 facevano   11 andavano 12 usava   13 aveva   14 permetteva   15 era

2   1 so   2 conosco   3 conosco; so   4 so; so; conosco   5 conosco   6 so 7 conosco; so   8 conosco   9 conosco; so   10 so

3   1 mi alzavo   2 andavo   3 facevo   4 era   5 arrivavano   6 stavo 7 prendevo   8 mi vestivo   9 andavo   10 andavo   11 dormivo 12 leggevo   13 era   14 erano   15 andavamo   16 prendevamo 17 restavamo   18 guardavamo

4   Nella mia ditta si lavora dalle nove fino alle cinque e mezzo (*or* mezza). / No, non tutti i giorni. Non si lavora il sabato. / Dipende. Si prende la macchina e si va in campagna. Oppure si rimane (*or* si resta) a casa. Si legge il giornale, oppure, se il tempo è bello, si lavora nel (*or* in) giardino, si lava la macchina. ... E la domenica a mezzogiorno si va al *pub* e si chiacchiera con gli amici. / E' un tipo di bar. / Si beve molta birra ma si può anche bere whisky, vino o semplicemente un'aranciata. / No, non si può bere il tè in un *pub!* / No, non è vero. E in Inghilterra si dice che gli italiani mangiano spaghetti mattina, mezzogiorno e sera!!

## Chapter 19

1   1 da   2 di   3 di; della   4 da   5 di   6 da   7 del   8 di; da   9 dal 10 da 11 di   12 della; del   13 della; dei; da   14 dei; di   15 da   16 di; di   17 del; della   18 dei; di   19 da   20 da

**2** 1 siamo arrivati   2 avete fatto   3 è andato   4 siete stati   5 era   6 ci
siamo divertiti   7 era   8 era   9 giocavano   10 era   11 è   12 abbiamo
fatto   13 abbiamo parlato   14 siete rimasti   15 avete visto
16 abbiamo visitato   17 siamo stati   18 erano (*or* sono)

**3**  1 lui                6 loro
   2 io; loro           7 lei; lui
   3 voi; noi           8 io; lei
   4 io; lui            9 noi; voi
   5 lui               10 loro; noi

**4**  descrivere; sua; abito; mia; molto; città; chilometri; autobus; guido;
marito; ragazzo; anni; bambina; vanno; incominciato; abbastanza;
ci sono; camere; sala; soggiorno; cucina; due; sempre; fare; congelatore;
lavastoviglie; gatto; chiama

**5**  Cerco una tee shirt. / Quarantaquattro. / No, non mi piacciono questi
colori. / Che tipo di rosso è? / E' puro cotone? / Sì, è bella, il colore è molto
bello, mi piace molto. Posso provarla? (*or* la posso provare?) / Sì, la
prendo. Quanto costa? / Oh! Ho lasciato i soldi in albergo (*or* nell'
albergo). / Grazie. A che ora chiudete stasera (*or* questa sera)? /
Bene, grazie.

## Chapter 20
**1**  1 E' l'Albergo Miramare? / Buongiorno. Sono il signor Robinson. / Sono
partito stamattina verso le otto. / E ho lasciato una borsa nell' (*or* in)
albergo. / Non (lo) so. Forse nel ristorante quando ho fatto colazione. /
Forse l'ho lasciata in camera. / Centocinquantadue. / Allora (*or* Be'), è una
borsa nera, abbastanza piccola. E' di plastica, non di pelle. / Ci sono una
macchina fotografica, un paio di sandali da donna, . . . il mio passaporto e
. . . oh! del prosciutto! / Dov'era? / Sì, (ri)torno subito. / No, sono quasi a
Ventimiglia. / Sì, grazie mille. Arrivederci.

**2**  Sì, sono stato in vacanza. / In Italia. / No, con mia moglie e i bambini. /
No, siamo andati in macchina. / La prima notte abbiamo dormito a
Milano. / Sì, ma è una città grande e è un po' (*or* abbastanza) cara. / No,
solo una notte. La mattina dopo abbiamo visitato il duomo e poi siamo
partiti per Venezia. / Sì, ma abbiamo preso l'autostrada. Siamo partiti da
Milano alle undici e siamo arrivati a Venezia verso le quattro. / No, ci
siamo fermati una volta per prendere un panino e un caffè. / Cosa (**or**
Che cosa) posso dire? E' meravigliosa. Ci siamo rimasti tre giorni. / No,
siamo andati in un piccolo paese (*or* villaggio) che si chiama Ripe, vicino
a Senigallia. / No, è a dieci chilometri dal mare ma siamo andati al mare
tutti i giorni. / Perché abbiamo degli amici che hanno una casa a Ripe. /
No, sono italiani. / No, gli amici sono (ri)tornati a Vicenza, dove vivono
(*or* abitano) e noi siamo andati a Santa Margherita. / Sì, ma era troppo
lontano (*or* lontana). Non abbiamo avuto il tempo. / Abbiamo mangiato e
bevuto molto bene e i bambini hanno passato tutto il giorno nell'acqua. /
Da lì, siamo andati a Genova per una notte e poi siamo (ri)tornati in
Inghilterra. / Mia moglie ha lasciato una borsa in (*or* nell') albergo a
Genova. / Ho telefonato da Ventimiglia e siamo (ri)tornati a prenderla. /
Grazie. C'erano delle trasmissioni alla televisione e alla radio. / Certo. Ho
visto tutte le trasmissioni alla televisione e quasi tutte le trasmissioni alla
radio, e ho comp(e)rato il libro. / Un cappuccino, per favore.

# VOCABOLARIO
## VOCABULARY

**Notes**

1  The English translations given apply to the words as they are used in this book.

2  Abbreviations: (f) feminine (m) masculine (s) singular (pl) plural (pp) past participle.

3  Verbs shown thus: partire*, usually form the past with **essere**.

4  Irregular past participles are shown thus: bere (pp bevuto).

5  A letter in bold type indicates where to stress the word when it does not follow the pattern given on p248.

6  Verbs marked † are irregular; a page reference is given for those set out in more detail.

7  Verbs that perform like capire (rather than servire – see p 258) are shown thus: preferire (-isco) *to prefer*

---

**A**

a *to, at, in* (*see* Grammatica, *para 71*)

abbandonato *abandoned, deserted*

abbastanza *fairly, quite, enough*

abbia: che abbia fatto *that it reached (lit. made)*

abbiamo *see* avere

l'abbigliamento *clothing* negozio di abbigliamento *clothes shop*

abboccato . *sweet (of wine)*

l'abete (m) *fir*

l'abitante (m *or* f) *inhabitant*

abitare *to live*

abitato *inhabited* una città abitata *a town that's lived in*

l'abitazione (f) *house*

l'abito *costume, dress*

abituare *to accustom*

l'accademia *academy, art gallery*

accadere* *to happen*

accanto *next door, just here*

accendere *to light*

l'accento *accent*

accomodarsi* *to make oneself comfortable* s'accomodi *please go ahead, please do, do sit down* s'accomodi alla cassa *please pay at the cash desk*

accompagnare *to accompany*

l'accordo *agreement* d'accordo *fine* essere* d'accordo *to agree*

l'aceto *vinegar*

l'acqua *water* minerale *mineral water*

ad *to, at, in (form of a when followed by a word beginning with a vowel)*

addirittura *really*

adesso *now, nowadays*

l'adorazione (f) *adoration*

l'adulto *adult*

l'aereo *plane*

l'aeroplano *aeroplane*

l'aeroporto *airport*

gli affari (pl) *business*

affascinante *fascinating*

affermarsi* *to become established*

l'affetto *affection*

l'affresco *fresco*

affumicato *smoked*

l'agente (m *or* f) *agent*

l'agenzia *agency* agenzia di viaggi(o) *travel agency*

agio: a suo agio *comfortable, at ease*

agli *see* al

l'aglio *garlic*

l'agnello *lamb*

gli agnolotti *stuffed pasta shapes*

agosto *August*

agricolo *agricultural*

l'agricoltore (m) *farmer*

agro: all'agro *with oil and lemon*

ai *see* al

l'aiutante (m *or* f) *assistant*

aiutare *to help*

al, all', alla, *etc.* *to / at / in the; with*

alato *winged*

l'albergatore (m) *hotelier*

l'albergo *hotel*
l'albero *tree* albero da frutta *fruit tree*
alcuni *some*
l'aliscafo *hydrofoil*
allacciarsi* *to tie, to do up*
allegro *merry, happy*
allevare *to raise, to breed*
allora *so, then, right then, well now*
almeno *at least*
l'alpaca *alpaca*
alto *high* in alto *high up*
altro *other* altro? *anything else?*
   non . . . altro *nothing else*
   qualcosa d'altro *something else*
   senz'altro *certainly, of course*
l'altro *the other (one)*
altrove *elsewhere*
alzarsi* *to get up*
amabile *sweet (of wine)*
amare *to love*
l'amaro *after-dinner liqueur*
ambientale: temperatura ambientale
   *room temperature*
l'ambiente (m) *environment*
ambulante: venditore ambulante
   *travelling street-vendor*
l'amenità (f) *amenity*
americano *American*
l'amica *friend (f)*
l'amicizia *friendship* fare amicizia *to
   make friends*
l'amico (pl gli amici) *friend (m)*
ammazzarsi* *to kill oneself*
analcolico *non-alcoholic*
anche *also, too, as well, even*
ancora *again, yet, more* ancora meno
   *less still*
andare*† *to go (see p 259)* andare a
   casa *to go home* andare a vedere
   *to go and see, have a look*
andarsene* *to go away, to be off*
l'andata *single (ticket)* andata e
   ritorno *return (ticket)*
l'angelo *angel*
l'animale (m) *animal*
animarsi* *to come to life*
l'annata *year (eg of crop)*
l'anniversario *anniversary*
l'anno *year* anno scolastico *school
   year* all'anno *per year*
   l'altr'anno, l'anno passato *last year*
   quanti anni ha? *how old are you?*

l'antichità (f) *thing of the distant past*
antico *old, ancient*
l'antipasto *hors d'oeuvre*
l'antiquario *antique dealer*
anzi *as a matter of fact*
anziano *elderly*
gli anziani (pl) *the aged, elderly*
l'ape (f) *bee*
l'aperitivo *aperitif*
aperto *open*
l'apertura *friendliness, openness, opening*
apparentemente *apparently*
l'appartamento *flat*
appartenenza: di appartenenza *that
   they belong to*
appartenere* *to belong*
appena *as soon as, barely* appena
   appena *only just*
l'appetito *appetite* buon appetito!
   *enjoy your meal!*
apposta *specially*
l'apprendista (m *or* f) *apprentice*
apprezzare *to appreciate, to enjoy*
appunto *in fact* per l'appunto *as a
   matter of fact*
aprile (m) *April*
aprire (pp aperto) *to open*
aprirsi* *to open, to give on to*
l'arancia *orange*
l'aranciata *orange squash*
l'arazzo *tapestry*
archeologico *archaeological*
l'architetto *architect*
l'arco *arch*
l'area *area*
l'argento *silver*
l'aria *air* aria condizionata *air
   conditioning*
l'aritmetica *arithmetic*
Arlecchino *Harlequin*
armato *armed*
l'armonium (m) *harmonium*
arrabbiarsi* *to get angry*
l'arredamento *furniture, interior design*
arredato *furnished*
arrivare* *to arrive*
arrivederci, arrivederla *goodbye*
l'arrivo *arrival* in arrivo *(now)
   arriving*
arrosto *roast*
arrotolato *rolled*
l'articolo *item*

artificiale *artificial*
artigianale *craft-type (of work, industry)*
l'artigiano *craftsman*
l'artista (m or f) *artist*
artistico *artistic*
l'ascensore (m) *lift*
asfaltato *asphalted*
aspettare *to wait*
l'aspetto *aspect*
l'aspirapolvere (m) *vacuum cleaner*
assaggiare *to taste*
assai *very much, a lot*
assieme *together*
l'assistente (m or f) *assistant*
l'assistenza *assistance*
l'associazione (f) *association*
assolutamente *absolutely*
assortito *mixed*
l'atmosfera *atmosphere*
l'attenzione (f) *attention* attenzione! *attention please!*
attesa: la lista d'attesa *waiting list*
attico *Attic (ie of Athens)*
l'attimo *moment* un attimo *just a moment*
l'attività (f) *activity*
l'atto *act, action*
attraversando *crossing*
attraversare *to cross*
attraverso *through*
attuale *present day, current*
attualmente *at present*
Augusto *Augustus*
aumentare* *to go up*
l'Austria *Austria*
l'auto (f) (pl le auto) *car*
l'autobus (m) (pl gli autobus) *bùs*
automatico *automatic*
l'automobile (f) *car*
l'automobilista (m or f) *driver*
l'autorità (f) *authority*
l'autostrada *motorway*
l'autunno *Autumn*
avanti: avanti Cristo *before Christ (AD)*
avere† *to have (see p 258)* avere bisogno di *to need* avere paura *to be afraid* avere ragione *to be right*
avete, avevi *see* avere
l'avorio *ivory*
avremo: avremo tutto ottobre *we'll be at it the whole of October*

avvenire*† (pp avvenuto) *to occur, to happen*
avviato *established*
l'avvocato *lawyer*
l'azalea *azalea*
l'azienda *business, firm* Azienda Autonoma di Soggiorno e Turismo *State Tourist Office*
azzurro *pale blue*

---

B

la babysitter *babysitter*
il baccano *noise, row*
il bagaglio *luggage*
il bagno *bathroom*
ballare *to dance*
la ballerina, il ballerino *dancer (m or f)*
la bambina *little girl* da bambina *as a little girl*
il bambino *child, little boy*
la bambola *doll*
la banana *banana*
la banca *bank*
il banchetto *banquet*
la banda *band*
il bar (pl i bar) *bar*
il barbaro *barbarian*
la barca *boat*
il barman (pl i barman) *bartender*
barocco *baroque*
la base *base*
la basilica *basilica*
il basilico *basil*
Bassano *small town north of Vicenza*
basso *low* in basso *down below*
il bassorilievo *bas relief*
bassotto: cane bassotto *basset hound*
bastare* *to be enough* basta! *(that's) enough!* basta così *that's all, enough* basta così? *is that all?*
il battello *boat*
la batteria *(car) battery*
battezzare *to christen*
be' *well*
beige *beige*
bel *see* bello
il belga (pl i belgi) *Belgian*
il Belgio *Belgium*
bello *beautiful, lovely* cosa avete fatto/visto di bello? *did you do/see anything nice?*

bene *right, fine, well*   ben caldo *nice and hot*   ben cotto *well done, well-cooked*   va bene *fine, certainly, all right*

benedettino *Benedictine*

la beneficenza *charity*

beneficio: a beneficio di *in support of*

la benzina *petrol*

il benzinaio *petrol-pump attendant*

bere† (pp bevuto) *to drink*   (qualcosa) da bere? *(something) to drink?*

il bestiame *cattle*

la bevanda *drink (usually hot)*

beve, bevete *see* bere†

bianco *white*   bianco e nero *black and white*   in bianco *with butter*

la bibita *(soft) drink*

il bicchiere *glass*

la bicicletta *bicycle*

la bigliettaia, il bigliettaio *ticket clerk (m or f)*

la biglietteria automatica *ticket machine*

il biglietto *ticket; banknote*

il binario *(railway stn) platform, track*

biondo *fair, blond*

la birra *beer*

il bisnonno *great grandfather*

bisogna *you've got to, one must*

bisogno *see* avere; quando c'è bisogno *when necessary*

bisognoso *poor, needy*

la bistecca *steak*

il bitter (pl i bitter) *bitter (type of aperitif)*

il bivio *fork (in road)*

il blocco *block*

blu (pl blu) *blue*

bollente *boiling*

bollire *to boil*

il bollito *boiled meat dish*

bordeaux *claret (colour)*

la borsa *handbag*

il bosco *wood*

botanico *botanical*

la bottega *workshop*

la bottiglia *bottle*

la brace: bistecca alla brace *barbecued steak*

la braciola *chop*

bravo! *very good!, well done!, good for you!*

breve *short*

brillante *brilliant*

il brindisi (pl i brindisi) *toast (drink)*

la brioche *plain bun or croissant*

il brodo *broth, stock*

bucato *full of holes*

buon *see* buono

buonanotte *good night*

buonasera *good evening*

buongiorno *good morning/afternoon*

buono *good*   a buon prezzo *cheap*   buon appetito! *enjoy your meal!*   buon divertimento! *enjoy yourself!*   buon lavoro! *hope the work goes well!*   buona vacanza! *have a good holiday!*   cosa ha mangiato di buono? *had anything nice to eat?*

il burro *butter*

## C

la cabina *telephone booth*

la cacciagione *game (of food)*

il caffè *coffee; café*

la caffettiera *coffee machine, coffee pot*

il calamaro *squid*

caldo *hot*   ben caldo *nice and hot*   tavola calda *self-service snack bar/restaurant*

calmo *quiet*

la calza *sock, stocking*

calzare *to wear, to put on (footwear)*

il calzolaio *shoemender*

cambiare *to change*

il cambio *exchange (rate)*   Collegio del Cambio *medieval Exchange Bank*

la camelia *camellia*

la camera *(bed)room*   camera da letto *bedroom*   camera da pranzo *dining-room*

la cameriera *waitress*   il cameriere *waiter*

il camerino *fitting room*

la camicia *shirt*

il caminetto *fireplace*

il camino *fireplace*

camminare *to walk*

il cammino *walk*

il camoscio *Alpine chamois, antelope*

la campagna *country(side)*   in campagna *in/to the country, on the farm*

la campana *bell*

il campeggio *camp site*

il campo *field* campo da gioco
*playground* campo da tennis
*tennis court*

il Canadà *Canada*
canadese *Canadian*

il canale *canal* Canal Grande *Grand
Canal, Venice*

il canarino *canary*

il cane *dog*

i cannelloni *stuffed rolls of pasta (see also
p 100)*

la cantina *cellar*

il capannone *shed*

il capitano *captain*
capire (-isco) *to understand* ho capito
*I see, I've understood* far capire *to
make people understand*

il Capitano del Popolo *military governor
of medieval commune*
Capodimonte *district of Naples*

il capogiardiniere *head gardener*

la cappella *chapel*

il cappello *hat*

il cappero *caper*

il cappuccino *white coffee*

la capra *goat*
Capua *small town north of Naples*
carbonara: spaghetti alla carbonara
*spaghetti dish (see also p 100)*

il carciofo *artichoke*

il cardellino *goldfinch*
caricare *to load*
carico *heavy*
carino *pretty, attractive*

la carne *meat*
caro *dear, expensive*

la carota *carrot*

la carrozza *carriage* carrozza a cavalli
*horse-drawn carriage*

la carta *paper* carta di credito *credit
card*

la cartolina *postcard*
caruccio *lovable; rather expensive*

la casa *home, house, firm* a casa *(at)
home* fatto in casa *homemade* in
casa *at home* casa di riposo *old
people's home*
casareccio *homemade (eg bread)*

la cascata *waterfall*

il caso *case* per caso *by chance*

la cassa *cash desk*

la cassiera, il cassiere *cashier (m or f)*

il castello *castle*

la categoria *class (of hotel), category*
causa *owing to, because of*
causando *causing*

il cavaliere *knight, hon. title (see also
p 187)*

il cavallo *horse*

la cavità *cavity*
ce *see* ci

il cedro *cedar* cedro atlantico *Atlantic
cedar*
celeste *pale blue*

la cena *dinner, supper*
cenare *to have dinner/supper*

il centesimo *cent, hundredth*
cento *hundred* cento per cento
*hundred per cent*

il centro *centre* centro storico *old part
of city* in centro *in/to the centre
(of town)*

la ceramica *pottery*

il ceramista *potter*
cercare *to look for; to try*
certamente *certainly*
certo *certainly*

un certo *a certain (kind of)* certe, certi
*certain, some*
certosino *Carthusian*

il cervo *stag*

il cestino *punnet*
che *which, that*
che . . .? che cosa . . .? *what . . .?*
a che ora? *at what time?* che ora
è?/che ore sono? *what's the time?*
che *than* più che *more than*

lo chef *chef*
chi(?) *who(?)* chi va . . . *some go . . .*
chiacchierare *to talk, to chat*
chiamare *to call*
chiamarsi* *to be called* come si
chiama? *what is your name? what is
he/she/it called?* come ti chiami?
*what is your name?* mi chiamo. . .
*my name is . . .*

il Chianti *Chianti (wine)*

la chiave *key*
chiedere (pp chiesto) *to ask*

la chiesa *church* Chiesa dei Frari,
Chiesa della Madonna della Salute
*famous churches in Venice*

il chilo *kilo*

il chilometro *kilometre -*
il chiostro *cloister*
  chiudere (pp chiuso) *to close*
  chiuso *shut, closed* chiuso per turno
    *closed (by rota)*
  ci *here, there* c'è *there is* ce n'è
    *there is (one, some)* ce l'abbiamo
    *we've got one* ce n'abbiamo *we've*
    *got some* ce ne sono *there are*
    *(some)* ci sono *there are* ci
    stanno *there are* non ci sono mai
    stato *I've never been there* ci
    vogliono *you need (lit. are needed)*
    ci vuole *you need (lit. is needed)*
  ci *us, ourselves, each other* ci può
    portare . . .? *could you bring us . . .?*
    ci siamo divertiti *we enjoyed*
    *ourselves* ci siamo sposati *we got*
    *married* ci vediamo dopo *see you*
    *later*
  ciao *hello, goodbye*
  ciascuno *each*
il Cile *Chile*
il cimitero *cemetery*
il cinema (pl i cinema) *cinema*
il cinghiale *boar*
  cinquanta *fifty*
  cinque *five*
  cinquecento *five hundred*
il Cinquecento *16th century*
  cioè *that is, in other words*
la cipolla *onion*
  circa *about, around*
  circondare *to surround*
il circondario *surrounding area*
  circostante *surrounding*
la città *town, city*
la cittadina *small town*
il ciuffo *tuft*
  civile *civic*
la civiltà *civilization*
la classe *form, class*
  classico *classic*
il cliente *customer*
la clientela *clientèle, customers*
il cognato *brother in law*
il cognome *surname, family name*
  col *with the*
la colazione *breakfast, lunch* prima
    colazione *breakfast (see also p 95)*
il colle *hill*
il collega, la collega *colleague (m or f)*

il collegio *college*
la collezione *collection*
la collina *hill*
il colombo *pigeon*
  colonizzare *to colonize*
la colonna *column*
il colore *colour* a colori *colour (of film,*
    *television, etc)*
il colpo: deve avere fatto colpo *he must*
    *have been quite a hit*
  coltivare *to cultivate*
il coltivatore *farmer*
la coltura *crop, cultivation*
  come *as, like, how*
  come? *what?, how?*
  cominciare *to begin*
  commerciale *commercial*
il commerciante *dealer, businessman*
il commercio *commerce* portare al
    commercio *to put on the market*
la commessa, il commesso *shop assistant*
    *(m or f)*
  comodo *comfortable; convenient*
la compagnia *company*
il compenso *fee*
  comperare *to buy*
le compere (pl) *shopping*
il compleanno *birthday*
  completamente *completely*
  completare *to complete*
  completo *full*
  complimenti! *congratulations!*
  composto: è composto di *(it) consists*
    *of*
  comprare *to buy*
  comprendere (pp compreso) *to include*
il comprensorio *administrative district*
  comunale *municipal, of the commune*
il comune *local authority, commune*
  comunicare *to communicate, to let*
    *someone know*
  comunque *however* comunque c'è
    *but at least there is one*
  con *with*
  concentrico *concentric*
il concerto *concert*
  conclamato *celebrated, famous*
la concorrenza *competition*
  condizionato: aria condizionata *air*
    *conditioning*
  confezionare *to parcel up*
la confidenza *familiarity*

confronto: in confronto a *compared to*
la confusione *confusion*
il congelatore *freezer*
il congresso *conference* Palazzo dei
    Congressi *Conference Centre*
il conoscente *acquaintance*
  conoscere (pp conosciuto) *to know*
  conquistare *to conquer*
  conservare *to preserve*
la conservazione *preservation*
  consigliare *to recommend*
  consolarsi\* *to cheer oneself up*
il consumatore *consumer*
il consumo *consumption* mettere/
    portare al consumo *to put/place on*
    *the market*
il contadino *peasant farmer*
  contenere† *to contain*
  contento *happy*
la contessa *countess*
  contiene *see* contenere
  continuare *to continue*
  continuo *constant, continuous*
il conto *bill, account* per conto loro *on*
    *their own*
il contorno *vegetables accompanying a*
    *main dish* di contorno *for*
    *vegetables*
  contrario *contrary* al contrario *on*
    *the contrary*
  contribuire *to contribute*
  contro *(as) against, opposed to*
  controllare *to check*
il controllo *control*
il convento *convent*
la cooperativa *cooperative (see also p 166)*
  copiare *to copy*
la coppia *couple*
la corazza *breastplate, armour*
il corpo *body*
il Corporale *cloth on which the chalice is*
    *stood during mass*
  correre (pp corso) *to run*
la corriera *coach, country bus*
il corso *avenue; course (of study)*
il corteo *procession* Corteo Storico
    *procession in medieval costume (see*
    *also p 118)*
la cortesia *courtesy* per cortesia *please*
il cortile *courtyard*
la cosa *thing* una cosa del genere *that*
    *sort of thing* una cosa normale

*nothing out of the ordinary* prima
  cosa *first of all*
cosa?/che cosa? *what* cosa c'è . . .?
  *what is there . . .?* cosa ci possiamo
  fare? *what can we do about it?*
così *so, like this, so to speak* così si
  crede *so they say* così così *so so*
cosiddetto *so-called*
costante *constant*
costare *to cost*
costeggiare *to skirt*
costringere (pp costretto) *to constrict,*
  *to limit*
la costrizione *constriction*
  costruendo *making, building*
  costruire (-isco) *to build, to make*
la costruzione *construction*
il costume *costume, dress*
la cotoletta *cutlet, escalope*
il cotone *cotton*
  cotto *cooked* ben cotto *well done*
la cottura *firing (of pottery)*
il cratere *crater*
la cravatta *tie*
  creare *to create*
  credere *to believe*
il credito *credit*
la crepa *crack*
  crescere\* (pp cresciuto) *to grow up*
la crisi (pl le crisi) *crisis*
  Cristo *Christ* Cristo Redentore
    *Christ the Redeemer* avanti Cristo
    *before Christ (BC)* dopo Cristo
    *anno Domini (AD)*
il crocefisso *cross, crucifix*
  crollare *to collapse*
il crollo *collapse*
il crostino *fried bread*
  crudo *raw* prosciutto crudo *smoked*
  *ham (see also p 53)*
la cucina *cooking; kitchen* cucina
    casalinga *family cooking*
  cucinare *to cook*
  cui *whom* con cui *with whom* per
    cui *therefore* tra cui *amongst*
    *whom, which*
la cultura *culture*
  culturale *cultural*
il cunicolo *underground passage*
la cuoca, il cuoco *cook (m or f)*
  cuocere (pp cotto) *to cook*
il cuore *heart*

cupo *dark*
la cura *care*
  curare *to look after*
il curato *curate*
il custode *caretaker, attendant*

---

## D

da *from, at, to, by, for, of (see*
  Grammatica, *para 72)*
dà, dai, danno, *etc see* dare
dal, dall', dalla, dai, *etc from the, at the,*
  *by the, to the*
il damasco *damask*
dando: dando del 'tu' *using 'tu' (lit.*
  *giving)*
danneggiato *damaged*
la danza *dance* danza classica *ballet*
dare† *to give (see p 258)* dare da
  mangiare *to feed* dare su . . . *to*
  *give on to . . .* dare del 'lei'/'tu' *to*
  *use 'lei'/'tu'*
dato: dato che *since, as*
davanti *in front*
davvero? *really?*
la dea *goddess*
  debbono *see* dovere
  decidere (pp deciso) *to decide*
  decorativo *decorative*
  decorato *decorated*
la decorazione *decoration*
  dedicato *dedicated*
  del, dell', della, dei, *etc of the, some, any*
  delicato *delicate, mild (of flavour)*
  delizioso *delightful*
il denaro *money*
  dentro *inside*
la dépendance *annexe*
il dépliant *leaflet*
  descrivere (pp descritto) *to describe*
  desiderare *to wish, to desire*
    desidera?, desiderano?, *etc what*
    *would you like?*
il dessert *dessert, sweet, pudding*
la destra *right* a/ sulla destra *to/ on the*
  *right*
il detersivo *detergent*
il dettaglio *detail*
  detto *see* dire
  devo, devi, deve, devono *see* dovere
  di *of, from, than, in (see* Grammatica,
  *para 73)*

diamo *see* dare†
la diapositiva *transparency, slide*
  dica, mi dica *yes? (lit. tell me)*
  dicembre (m) *December*
  dico, dice, diciamo *see* dire†
  dieci *ten*
  dietro *behind*
  difficile *difficult*
la difficoltà *difficulty*
la diga *dam*
  digerire *to digest*
  dimmi *tell me*
la dinastia *dynasty*
  Dio *God* oh Dio! *oh dear! my*
    *goodness!*
  dipendere *to depend*
il diplomato *graduate*
  dire† *to say (see p 259)* come si può
    dire? *how can I put it?*
  direi *I'd say*
  direttamente *directly*
il direttissimo *fast, express train*
  diretto *direct* diretto a *en route to*
il diretto *average speed stopping train*
il direttore *director (m), manager*
la direzione *management*
  diritto *straight (on)*
la disciplina *discipline*
il discjockey *disc jockey*
il disco *record*
la discoteca *discoteque*
  discutere *to discuss*
  disegnare *to design*
il disegnatore *designer, draughtsman*
il disegno *design* dietro disegni di
  *based on drawings by*
  disorganizzato *disorganised*
  dispiace: mi dispiace *I'm sorry*
  dispiacersi*† *to be upset, to mind*
la disposizione *disposition*
  disposto *set out, arranged*
la distinzione *distinction*
  distruggere (pp distrutto) *to destroy*
la ditta *firm* la ditta Pinchi *Pinchi & Co*
  diventare* *to become*
  diverso *different* diversi *several,*
    *quite a few, various, all sorts*
  divertente *amusing*
il divertimento *entertainment* buon
    divertimento! *have a good time!*
  divertirsi* *to enjoy oneself, to have a*
    *good time*

dividere (pp diviso) *to divide*
do *see* dare
DOC *a wine classification (see also p 116)*
la doccia *shower*
documentario *documentary*
il documento *document*
il dolce *dessert, sweet, pudding*
la dolcezza *sweetness, warmth*
la domanda *question*
domandare *to ask*
domani *tomorrow*
la domenica *Sunday*
dominare *to dominate*
il dominio *dominion*
la donna *woman*  da donna *woman's*
dopo *after, then*  dopo di che *after which*
doppio *double*
dormire *to sleep*
dove? *where?*  dov'è? *where is (it)?*  di dov'è? *where are you (is he/she/it) from?*
dovere† *(see p 259) to have to*
drammatico *dramatic*
dritto *straight (on)*
il dubbio *doubt*
ducale *ducal*
due *two*  duemila *two thousand*  del duemila *futuristic (of the year 2000)*
dunque *well, so*
il duomo *cathedral*
durante *during*
durare *to last*
duro *hard*

---

## E

e *and*
è *see* essere
eccetto *except*
eccezionale *exceptional*
ecco *here (it) is, here (they) are, there, well, that's what I mean*  eccoci *here we are*  eccolo,-a *here he/she/it is*
l'economia *economy*
economico *economic*
ed *and (form of e, when followed by a word beg. with a vowel)*
l'edificio *building*
l'effetto *effect*

l'Egitto *Egypt*
elegante *elegant, smart*
elementare *elementary, primary*
l'elemento *element*
l'elenco *list*
l'elettrodomestico (pl gli elettrodomestici) *household appliance*
l'elmetto *helmet*
embè *well (regional)*
emblematico *emblematic*
l'entrata *entrance*
entro *within, by*
l'episodio *episode*
l'epoca *period, era*
era, eravamo, eravate *see* essere
l'erba *herb*  alle erbe *(cooked) with herbs*
l'erosione (f) *erosion*
l'esame (m) *exam*
esatto *exact, exactly, that's right*
esce, esci, *etc. see* uscire
esclusivamente *exclusively*
escluso *except, excluding*
l'escursione (f) *excursion*
eseguire *to execute, to carry out*
l'esempio *example*  per esempio *for example*
esercitare *to practise, to exercise*
l'esercizio *exercise*
esistente *existing*
esistere* (pp esistito) *to exist*
l'esperienza *experience*
l'esperto *expert*
esplorare *to explore*
esposto *exposed*
espressamente *specially, specifically*
l'espresso *fast, express train (see also p 74)*
esprimere (pp espresso) *to express*
essenziale *essential*
essere*† (pp stato) *to be (see p 258)*  c'è *there is*  ce n'è *there is (some)*  ci sono *there are*  ce ne sono *there are (some)*  ce ne sono stati *there have been*
esso,-a *he, she, it*
l'est (m) *east*
l'estate (f) *summer*  d'estate *in, during the summer*
estemporaneo *extempory, improvised*
estendere (pp esteso) *to extend*  nell'estendere *in extending*

l'esterno *outside*
  estero: all'estero *abroad*
  esteso *extensive*
  estivo: nel periodo estivo *during the summer*
  l'età (f) *age*   che età hanno . . .? *how old are . . .?*
  etrusco *Etruscan*   all'etrusca *in the Etruscan style*
  l'ettaro *hectare ( 10,000m²)*
  l'etto *hectogram ( 100 grams)*   all'etto *per 100 grams*
  l'ettolitro *hectolitre ( 100 litres)*
  l'eucaristia *eucharist*
  l'Europa *Europe*
  europeo *European*
  extra *extra*

---

**F**

  fa *see* fare   un anno fa *a year ago, last year*
la fabbrica *factory*
la faccia (pl le facce) *face*
la facciata *facade*
  facendo: stiamo facendo *we are making*
  faccio, facciamo, facevo, facevamo, facevano *see* fare
  facile *easy*
il fagiolino *green bean*
il fagiolo *bean*
  fai *see* fare
il falegname *carpenter*
la famiglia *family*
  familiare *as (it is) at home; intimate, friendly*
  familiari: i miei familiari *my family*
  famoso *famous*
  fanno *see* fare
la fantasia *fantasy*
  fare† (pp fatto) *to do, to make (see p 258)*   fare benzina *to get some petrol*   fare il biglietto *to buy/get your ticket*   fare colazione *to have breakfast*   fare dei viaggi *to travel*   fare dello sci *to ski*   fare un esame *to take an exam*   fare fotografie *to take photos*   fare il cuoco, l'insegnante *to work as a cook, a teacher*   fare la valigia *to pack*   far parte di *to be part of*   fare ragioneria *to study accountancy*

  fare riposo *to take a day off/a rest*   fare una passeggiata *to go for a walk*   fare uno sconto *to give a discount*   cosa ci possiamo fare? *what can we do about it?*
la farmacia *chemist's*
la fascia (pl le fasce) *band; bandage*
  fate *see* fare
  faticoso *tiring*
  fatto *see* fare   fatto a mano *handmade*   fatto in casa *homemade*   fatto cucinare *left to cook*
il favore *favour*   per favore *please*
  favorire (-isco) *to favour*   mi favorisce . . .? *would you be good enough to give me . . .?*
  febbraio *February*
il fegato *liver*   fegato alla veneziana *liver cooked with onions (see also p 101)*
  femminile *female*
le ferie (pl) *holidays*
  fermare *to stop*
  fermarsi* *to stop (oneself)*
la fermata *stop*
la fermentazione *fermentation*
il ferro *iron*   ai ferri *grilled*   ferro battuto *wrought iron*
  ferroviario: stazione ferroviaria *railway station*
il ferroviere *railway worker*
la festa *fête, party*
  festeggiare *to celebrate*
la fetta *slice*
  fiammingo *Flemish*
  fianco: a fianco *beside, next to*
il fico *fig*
la fidanzata, il fidanzato *fiancé(e)*
  fidanzato *engaged*
  Fiesole *hill town near Florence*
il figlio *son*   i figli *sons, sons and daughters*
la figura *figure*
  figurati! *it's no trouble!*
la filodiffusione *ringmain/cable radio*
il filoncino *long-shaped loaf of bread*
la filosofia *philosophy*
  finale *final*
la fine *end*
il finesettimana *weekend*
la finestra *window*
  finire (-isco) *to finish*

fino a *until, up to*  fino a che è
    necessario *as long as it's necessary*
il finocchio *fennel*
    finora *up to now*
il fioraio *florist*
il fiore *flower*
    fiorente *flourishing*
    fiorire (-isco) *to flower*
    Firenze *Florence*
la fisarmonica *accordion*
    fisico (pl fisici) *physical*
    fisso *fixed*  prezzi fissi *fixed prices*
la foglia *leaf*
il foglio *sheet (of paper)*
la fogna *sewer*
    fognaria: rete fognaria *sewerage system*
    Foligno *town in Umbria famous for the*
      *manufacture of keyboard instruments*
    fondamentale *fundamental*
    fondare *to found, to set up*
    fondazione: alla fondazione *when we*
      *started*
    fondo: in fondo *at the end/bottom, at*
      *the far end*  là in fondo *down there*
il fondo *background; fund*
la fontana *fountain*
la forma *shape, type; whole cheese*  una
    forma di *a kind of*
il formaggio *cheese*
    formare *to shape, to throw (of*
      *pottery)*
il fornello (a gas) *(gas) cooker*
il forno *oven*  messo/cotto al forno
    *baked*
il foro *forum*
    forse *perhaps, maybe*
la fortuna *fortune*  per fortuna
    *fortunately, luckily*
    fortunato *fortunate, lucky*
la fotografia *photograph, print*
    fra *between*
la fragola *strawberry*
la frana *landslide*
    francescano *Franciscan*
    francese *French*
la Francia *France*
il francobollo *stamp*
il fratello *brother*
la frazione *village, part of a country*
    *district*
    freddo *cold*
il freezer *freezer*

frequentare *to frequent, to be with, to*
    *know*
    frequentato *popular*
    fresco *fresh, chilled, cold*
    fretta: in fretta *quickly, in a hurry*
il frigo *fridge*
il frigorifero *refrigerator*
    fritto *fried*
    fronte: di fronte *opposite*  di fronte a
      *in front of*
la frutta *fruit*  albero da frutta *fruit tree*
il fruttivendolo, la fruttivendola
    *greengrocer (m or f)*
    fruttuoso *fruitful*
la fuga *flight, escape*
    fumare *to smoke*
il fungo *mushroom*
la funivia *cable car*
il fuoco *fire*
    fuori *out, outside*  al di fuori di
      *outside, beyond*

---

## G

la galleria *gallery*  Galleria degli Uffizi
    *Uffizi Gallery, Florence*
    gallese *Welsh*
la gallina *chicken*
il gallo *cockerel*
il garage *garage*
il gas *gas*
    gassato *sparkling, fizzy*  non gassato
      *non-fizzy (of drinks)*
il gatto *cat*
il gelato *ice-cream*
    generale *general*  in generale
      *generally*
    generalmente *generally, usually*
il genere *kind, type*  cosa del genere
      *this/that sort of thing*  in genere
      *generally*
il genitore *parent*
    gennaio *January*
    Genova *Genoa*
la gente *people*  le genti *peoples, tribes*
    gentile *kind*  molto gentile! *very kind*
      *of you!*
la gentilezza *kindness*  per gentilezza
    *please*
la geografia *geography*
la Germania *Germany*
    gestire (-isco) *to run, to manage*

già *already*  già in piedi? *up already?*
  già, è vero  *yes, that's true*
giallo *yellow*
il giardiniere *gardener*
il giardino *garden*  giardino all'italiana
  *Italian-style garden*
Ginevra *Geneva*
giocare *to play*
il gioco *game, play*
la gioia *joy*
il giornale *newspaper*
la giornata *day*
il giorno *day*  al giorno *per day*  tutti i
  giorni *every day*
giovane *young*  da giovane *as a young
  man*
il giovane *young man*
il giovedì *Thursday*
girare *to turn*
il girarrosto *spit (for roasting)*
giri *turn*
il giro *tour, trip*  in giro *around, out and
  about*
la gita *trip*
giù *down*  giù di qui *down here*
giudiziario *judicial*
giugno *June*
la giustizia *justice*
giusto *right*
il gladiolo (*or* gladiolo) *gladiola*
gli *the*
gli *to him*  gli dica *tell him*
glielo: glielo incarto? *shall I wrap it for
  you?*
globale *global*
gli gnocchi *gnocchi*
la gondola *gondola*
il gonfaloniere *standard bearer*
  Gonfaloniere di Giustizia *chief
  magistrate of medieval commune*
il gorgonzola *gorgonzola cheese*
gotico-francese *French Gothic*
il governatore *governor*
graffito *sgraffito*  tutto graffito *all
  decorated in sgraffito (incised)*
il grafico (pl i grafici) *graphic artist*
la grammatica *grammar*
il grammo *gram*
gran *see* grande
la Gran Bretagna *Great Britain*
grande *big, large*
grandino *fairly large*

il granito *granite*
il grano *wheat*
il grappolo *bunch (eg of grapes)*
gratuitamente *free of charge*
gratuito (*or* gratuito) *free*
grazie *thank you*  grazie mille *many
  thanks*
grazioso *charming*
greco (pl greci) *Greek*
grigio *grey*
la griglia *grill*  alla griglia *grilled*
grosso *large, big*  il lavoro più grosso
  *the most work; the busiest time*
la grotta *cave*
la groviera *gruyère cheese*
il gruppo *group*
guadagnare *to earn*
il guanto *glove*
guardare *to look*  guardi! *you know!,
  look!*  mi guarda . . .? *will you
  check . . . for me?*
la guerra *war*
il guerriero *warrior*
il gufo *owl*
la guida *guide*
guidare *to drive; to guide*  visita
  guidata *guided tour*

---

**H**

ho, hai, ha, hanno *see* avere
l'hobby (m) *hobby*
l'hotel (m) *hotel*

---

**I**

i *the*
l'idea *idea*
ideale *ideal*
il *the*
illustrato *illustrated*
imballare *to pack, to package*
l'imbarcadero *landing stage*
imbottigliare *to bottle*
immaginare *to imagine*  s'immagini!
  *not at all!, don't mention it!*
immenso *huge*
immodestamente *immodestly*
imparare *to learn*
l'imperatore (m) *emperor*
imperiale *imperial*

impiegare *to employ*

l'impiegata, l'impiegato *clerk, employee (m or f)*

importante *important*

imprevisto *unexpected*

imprigionato *imprisoned*

improvvisare *to improvise*

in *in, to (see* Grammatica, *para 74)*

incartare *to wrap* glielo incarto? *shall I wrap it up for you?*

l'inchiesta *survey*

incirca *about* all'incirca *round about*

incluso *included*

incominciare *to begin*

incompleto *incomplete*

incontrare *to meet*

incredibile *incredible, unbelievable*

l'incrocio *crossroads, junction*

indicare *to indicate, to direct*

indipendente *independent*

indubbiamente *undoubtedly*

l'industria *industry*

industriale *industrial*

l'inesattezza *inaccuracy*

l'inesperienza *lack of experience*

infatti *as a matter of fact, in fact*

infilare *to thread* infilare allo spiedo *to skewer*

infine *finally*

l'inflazione (f) *inflation*

l'informazione (f) *(piece of) information*

l'Inghilterra *England*

inglese *English*

l'ingrediente (m) *ingredient*

l'ingresso *entrance*

iniziare *to begin, to start*

gli innamorati *people in love, lovers*

l'insalata *salad*

l'insegna *standard*

l'insegnante (m or f) *teacher*

insegnare *to teach*

inseparabile *inseparable*

insieme *together*

insomma *in other words*

l'intaglio *carving*

intanto *to begin with, in the meantime*

l'intarsio *inlay, marquetry*

integrato *made up, subsidised*

l'intelligenza *intelligence* intelligenza pronta *lively intelligence*

intendere (pp inteso) *to mean*

interamente *entirely*

interessante *interesting*

l'interesse (m) *interest*

internazionale *international*

interno *interior, inside*

interrato *underground*

l'intervento *intervention, repair*

intorno *around*

intricato *intricate*

l'intuito *intuition*

invalido *disabled*

invecchiare *to age*

invece *on the other hand, instead*

l'inverno *winter* d'inverno *in winter*

invitare *to invite*

l'invitato *guest*

io *I*

irlandese *Irish*

l'iscrizione (f) *inscription*

l'isola *island, isle*

isolato *isolated* villetta isolata *small detached house*

ispirare *to inspire*

l'Italia *Italy* l'Italia del Sud *Southern Italy*

italiano *Italian*

## J

il jazz *jazz*

## L

la, l' *the; you, her, it*

là *there* là in fondo *down there, at the end*

il laboratorio *workshop*

il lago *lake*

la lana *wool* di lana *woollen*

le lasagne *baked pasta dish (see also p155)*

lasciare *to leave* lasciare libero *to vacate* se mi può lasciare ... *if you could just leave ... with me*

latino *Latin*

il lato *side, aspect*

il latte *milk*

la lavanderia *laundry* lavanderia a secco *dry cleaners*

lavare *to wash*

lavarsi* *to wash (oneself)*

la lavastoviglie *dishwasher*

la lavatrice *washing machine*

lavorare *to work*

il lavoratore *worker*

la lavorazione: – delle ceramiche *pottery* – del ferro *ironwork* – del legno *woodwork* – del metallo *metalwork*

il lavoro *work, job* buon lavoro! *hope the work goes well!* che lavoro fa? *what (work) do you do?* qual è il suo lavoro? *what's your job?*

le *the;* le *to/for you* le piace? *do you like it?* le piacciono? *do you like them?*

legato *connected, tied*

la legge *law*

leggere (pp letto) *to read*

il legno *wood*

lei *you (sing.), she, her* e lei? *and for you (sing.)?*

lentamente *slowly*

il leone *lion*

il letto *bed* camera da letto *bedroom*

levar: il levar del sole *sunrise*

levigare *to (make) smooth*

li *them*

lì *there* è lì *it's (over) there*

libero *free*

la libreria *bookcase*

limitato *limited*

limitrofo *neighbouring*

il limone *lemon*

la linea *line*

la lingua *language*

il liquore *liqueur*

la lira *lira*

la lista *list* lista d'attesa *waiting list*

il litro *litre*

lo *the; him, it*

locale *local*

la località *locality, area*

la locanda *small hotel, boarding house*

la loggia *loggia* Loggia Bernarda (*or* del Capitanio) *civic building in Vicenza*

Londra *London*

lontano *far, far away, distant*

loro *you (pl), they, them* il loro, la loro, *etc* *your, yours (pl), their, theirs* loro stessi, -e *they themselves*

il loto *lotus*

lucidare *to polish*

la lucidatrice *floor polisher*

luglio *July*

lui *he, him*

il lunedì *Monday*

lungo *long* caffè lungo *diluted black coffee* a lungo *a long time*

il lungolago *lakefront*

il lungomare *seafront*

il luogo *place*

la lupa *she-wolf* Lupa di Roma *mythical she-wolf of Rome*

il lusso *luxury*

---

## M

ma *but, well*

la macchina *car, machine* in macchina *by car, in the car* macchina fotografica *camera*

la macedonia *fruit salad*

il macellaio *butcher*

la madre *mother* madre superiora *mother superior*

il maestro *teacher*

magari! *I'd love to, that would be lovely*

maggio *May*

la maggiorana *marjoram*

maggiore *elder, eldest, major* in maggior modo *above all* in maggior parte *for the most part*

maggiormente *above all, mostly*

i magi *the 3 kings, the magi*

la maglia *jumper*

magnifico *splendid*

magro *lean* di magro *pasta filling of cheese and spinach (see also p 155)*

mai *never; ever*

il maiale *pork* maialino da latte *sucking pig*

la maionese *mayonnaise*

la majorette *majorette*

la malattia *disease, illness*

la mamma *mummy* mamma mia! *goodness me!*

manca: manca un po' *it's a bit low*

mancare *to be lacking, missing*

mandare *to send*

mangiare *to eat*

la mano (pl le mani) *hand* fatto a mano *handmade*

il mantello *mantle, cloak*

mantenere† *to maintain, to retain*

il manzo *beef*

la mappa *map*

il mare *sea*

la marea *tide*
la marionetta *puppet*
il marito *husband*
il marmo *marble*
  marrone *brown*
il marsala *marsala wine (see also p 116)*
il martedì *Tuesday*
  marzo *March*
  maschile *male*
  massimo *maximum, at the most*
il masso *rock, mass*
la matematica *mathematics*
la materia *subject*
il materiale *material*
  matrimoniale *matrimonial* camera
    matrimoniale *hotel room with
    double bed*
il matrimonio *wedding* anniversario di
    matrimonio *wedding anniversary*
la mattina *morning* la mattina/alla
    mattina *in the morning*
  mattinata: che mattinata! *what a
    morning!*
il mattino *morning* al mattino *in the
    morning*
il mattone *brick*
  maturo *ripe*
il mazzo *bunch (of flowers)*
  me *me, for me* a me piace *I like it*
il meccanico *mechanic*
  media: in media *on average*
il medico (pl i medici) *doctor*
  medievale *medieval*
il Medioevo *Middle Ages*
  meglio *better* in meglio *for the better*
la mela *apple*
la melanzana *aubergine*
il melone *melon*
il membro *member*
  meno *less, fewer, least* ancora meno
    *less still* più o meno *more or less*
  mentale *mental*
  mentre *while*
il menù *menu*
  meraviglioso *wonderful*
il mercato *market*
il mercoledì *Wednesday*
il merletto *lace*
  mescolare *to stir*
il mese *month*
il messaggio *message*
  messicano *Mexican*

il mestiere *craft, job*
  Mestre *industrial town near Venice*
la metà *half*
la metafora *metaphor*
il metallo *metal*
il metro *metre*
  mettere (pp messo) *to put* mettere al
    forno *to bake* mettere da parte *to
    put aside* quanto ci mette? *how
    long does it take?*
  mettersi* *to put on (of clothing), to wear*
il meublé *hotel without restaurant service*
la mezzanotte *midnight*
  mezzo *half* in mezzo *in the middle*
    mezzo chilo *half a kilo*
il mezzogiorno *midday*
  mi *me, to/for me, myself*
il miele *honey*
  milanese *Milanese* cotoletta alla
    milanese *veal escalope in egg and
    breadcrumbs*
  Milano *Milan*
il miliardo *one thousand million*
  militare *military*
  mille (pl mila) *thousand* grazie mille
    *many thanks*
il Millecento *twelfth century*
  minerale *mineral*
il minestrone *minestrone*
  minimo *at the very least, minimal*
il minore *youngest (of children), minor*
il minuto *minute*
  mio, mia, *etc my, mine*
il miracolo *miracle*
  misto *mixed*
la misura *size (of clothing)*
il mobile *piece of furniture*
la mobilia *furniture*
la moda *fashion* di moda *fashionable*
il modello *type*
  moderatamente *in moderation*
  moderno *modern*
  modesto *modest*
il modo *manner* in modo particolare
    *particularly* in maggior modo
    *above all*
la moglie *wife*
  molto *a lot (of), many, very, very much*
il momento *moment*
il monastero *monastery*
il mondo *world* in tutto il mondo *all
    over the world*

la moneta *coin*

la montagna *mountain(s)*

il monte *mountain, mount*   Monte di
   Pietà *pawnshop*

il monumento *monument*

  morbido *soft*

  morto *dead*   stanco morto *dead tired*

  morire*† (pp morto) *to die*

il mosaico (pl mosaici) *mosaic*

il mosto *must, unfermented new wine*

la mostra *exhibition*

il motivo *reason*

la moto *motorbike*

la motocicletta *motorcycle*

il movimento *movement, exercise*

la mozzarella *type of cheese (see also p 53)*

il municipio *town hall*

  muoversi* (pp mosso) *to move
   (oneself)*

  Murano *island near Venice, famous for
   its glass*

il muro *wall*   orologio da muro
   *wall-clock*   le mura (pl) *city walls*

il museo *museum*

la musica *music*

il mutamento *change*

nessuno *no, none*

niente *nothing, anything, no . . .*
  nient'altro? *nothing else?*

no *no*

la noce *nut, walnut*

noi *we*   da noi *at our place, in our
  part of the world*

noioso *boring*

il nome *name*

non *not*   non più *not any more*   non
  proprio *not exactly*   non tanto
  *not particularly*

nonché *as well as*

il nonno *grandfather*

il nord *north*   nord-ovest *north-west*

normale *normal*

normalmente *all the time, usually*

nostro *our, ours*

la notte *night*

nove *nine*

novembre (m) *November*

nudo *naked*

nulla *anything, nothing*

il numero *number; size (of shoes)*

numeroso *numerous*

nuovo *new*   di nuovo *again*

---

## N

Napoli *Naples*

nascere* (pp nato) *to be born*

la nascita *birth*

il Natale *Christmas*

naturalmente *of course, naturally*

nazionale *national*

ne *some/any (of it/them)*   ce n'è *there
  is*   ce ne sono *there are*

né . . . né *neither . . . nor*

neanche *neither, not either, not even*

la nebbia *fog*

necessario *necessary*

la necessità *necessity*

la necropoli (pl le necropoli) *necropolis,
  burial place*

negativo *negative*

il negoziante *shopkeeper, dealer*

il negozio *shop*

nel, nella, nei, *etc in the*

nemmeno *neither, not either, not even*

neppure *neither, not either, not even*

nero *black*   bianco e nero *black and
  white*

---

## O

o *or*

l'obelisco *obelisk*

occasionalmente *occasionally*

occupare *to occupy*

occuparsi* *to look after, to take care of*

offrire (pp offerto) *to offer*

l'oggetto *thing, object*

oggi *today, these days*   oggi
  pomeriggio *this afternoon*

ogni *every*

olimpico *olympic, olympian*

l'olio *oil*   olio d'oliva *olive oil*

l'oliva *olive*

oltre a *besides, as well as*

l'ombrello *umbrella*

l'opera *opera, work*

l'operaio *worker, employee*

oppure *or else*

l'opuscolo *booklet*

ora *now*

l'ora *hour*   a che ora? *at what time?*
  che ora è?, che ore sono? *what's the
  time?*

oralmente *orally*
l'orario *timetable* in orario *on time*
orario di visita *opening times*
l'orchestra *orchestra*
l'orefice (m) *goldsmith*
l'oreficeria *jeweller's shop*
l'organista (m *or* f) *organist*
organizzare *to organise*
l'organo *organ*
orgoglioso *proud*
originariamente *originally*
l'origine (f) *origin*
l'oro *gold*
l'orologio *watch, clock* -da muro
*wall-clock* -da polso *wrist-*
*watch* -da tavolo *mantel clock*
orvietaño *of|from Orvieto*
Orvieto *town in Umbria, in Central*
*Italy*
oscuro *obscure*
l'ospedale *hospital*
ospitare *to put up*
l'ospite (m *or* f) *guest*
osservare *to watch, to observe*
ossia *that is, in other words*
l'osso *bone* (pl le ossa *human bones:*
gli ossi *animal bones*)
ottimo *excellent, superb*
otto *eight*
ottobre (m) *October*
l'Ottocento *19th century*
ovest *west*

## P

il pacchetto *parcel*
Padova *Padua*
il padre *father*
il paesaggio *landscape, scenery*
il paese *country, village*
la paga *pay*
pagare *to pay*
il paggio *page boy*
la pagnotta *large round loaf of bread*
il paio (pl le paia) *pair*
il palazzo *palace*
il palcoscenico *stage*
Palladio, Andrea *Italian architect*
(*see also p 23*)
palladiano *Palladian* Basilica
Palladiana *civic building in Vicenza*
(*see also p 225*)

la palma *palm tree*
la panca *bench*
il pane *bread*
il panettiere *baker*
il panino *bread roll*
la panna *cream* alla panna *with cream*
il panorama *view*
i pantaloni *trousers*
il papa *pope* Palazzo dei Papi *Papal*
*Palace*
parallelo *parallel*
il parasole *parasol*
parcheggiare *to park*
il parcheggio *car park*
il parco *park* parco zoologico
*zoological gardens*
parecchio *quite a lot, several*
il parente *relative, relation*
Parigi *Paris*
parlare *to speak, to talk*
il parmigiano *parmesan cheese* alla
parmigiana *with parmesan cheese*
*sauce*
la parrocchia *parish*
la parrucca *wig*
il parrucchiere *hairdresser*
la parte *part* a parte *separately* da
parte di *on the part of* in gran/
maggior parte *for the most part* in
parte *partly, some (of them)*
mettere da parte *to put to one side*
la partenza *departure; start-up (of a*
*business)*
particolare *particular, special*
particolarmente *particularly*
partire* *to leave, to depart* a partire
da ... *from as early as ...*
passaggio: zona di passaggio *place*
*with a lot of passing trade*
il passante *passer-by*
il passaporto *passport*
passare *to spend (time), to transfer*
passare* *to pass, to pass through, to*
*call by*
il passeggero *passenger*
passeggiare *to walk, to go for a walk*
la passeggiata *walk*
la passione *passion, enthusiasm*
il passo *step* (a) due passi *very near*
la pasta *cake, pastry; pasta* pasta
verde *pasta made with spinach*
il pasto *meal*

la patata *potato*
la patente *driving licence*
il patrimonio *heritage*   patrimonio
    artistico *artistic heritage*
la paura *fear*
il pavimento *floor*
il pavone *peacock*
la pazienza *patience*
la pazzia *madness*
    peccato: che peccato! *what a pity!*
la pecora *sheep*
il pecorino *sheep's cheese (see also p 107)*
    pedonale *pedestrian*
    peggio *worse*   in peggio *for the worse*
la pelle *leather*
la pellicola *film*
    pena: vale la pena *it's worth (it)*
    pensare *to think*
il pensionato *pensioner*
la pensione *small hotel, boarding house;
    pension*
il pepe *pepper (spice)*
il peperone *pepper (vegetable)*
    per *for*
la pera *pear*
    perché *because*   perché? *why?*
    perciò *therefore*
    perdere (pp perduto *or* perso) *to lose*
    perfetto *perfect*
    perfezionare *to perfect, improve*
    pericoloso *dangerous*
la periferia *outskirts, suburbs*
il periodo *period*
    permettere (pp permesso) *to allow, to
    permit*
    però *but, however*
    persino *even*
la persona *person*   le persone *people*
il personaggio *figure, personality*
    personale *personal*
    personalmente *personally*
    Perugia *cap. city of Umbria*
    pesante *heavy*
    pesare *to weigh*
la pesca *peach; fishing*
    pescare *to fish*
il pescatore *fisherman*
il pesce *fish*   pesce d'acqua dolce *fresh-
    water fish*
il petto *chest, breast*
il pezzo *piece*
    piace, piacciono *see* piacere

piacere*† *to please*   le/ti piace?/
    piacciono? *do you like it/them?*
    mi piace/piacciono *I like it/them*
    a me piace *I like it*
il piacere *pleasure*   per piacere *please*
    piacere! *pleased to meet you!*
    piacevole *pleasant*
    piallare *to plane (carpentry)*
    piangere† (pp pianto) *to cry*
    piano: piano piano *little by little*
il piano *floor, storey*   piano urbanistico
    *town plan*
il pianoforte *piano*
la pianta *plant; (town) map*
la piantagione *plantation*
    piantare *to plant*
la piantina *small map, map of small town*
il piatto *plate, dish*   primo/secondo piatto
    *first/second course*
la piazza *square*
il piazzale *square*
    piccante *strong (of flavour)*
    piccolissimo *tiny*
    piccolo *small*
il piede *foot*   in piedi *up and about*
la pietà *pity*   Monte di Pietà *pawnshop*
la pietra *stone*
la pila *battery*
la pinacoteca *art gallery*
il pino *pine tree*
il Pinot grigio *type of white wine (see also
    p 116)*
la pioggia *rain*
    piovere* (*or* piovere) *to rain*
la piscina *swimming pool*
il pisello *pea*
    Pitti: Palazzo Pitti *Pitti Palace, art
    gallery in Florence*
il pittore *painter*
    pittoresco *picturesque*
la pittura *painting*
    più *more, most*   di più *most of all*   in
    più *more, extra, in addition*   non
    più *not any more*   più che *more
    than*   più o meno *more or less*
    piuttosto *rather*
la pizza *pizza*
il pizzaiolo *pizza cook*
la pizzeria *snack-bar, pizza shop*
il pizzo *lace*
la plastica *plastic*
il Po *River Po*

po': un po' *a little (bit)* un po' di
più *a little more* un po' di tutto *a
bit of everything* è un po' di più
*it's a bit over*
pochi *not many, few*
pochino: un pochino *a little bit*
poco: un poco *a little* a poco a poco
*little by little* non poco! *not a
little!*
il podere *farm, small-holding*
il podestà *mayor (medieval)*
poi *then*
la polenta *dish made with maize
(see also p 178)*
la politica *politics*
politico *political*
il pollo *chicken* pollo alla cacciatora
*chicken chasseur* petti di pollo
*chicken breasts*
il polso *wrist* orologio da polso
*wrist-watch*
il pomeriggio *afternoon* oggi
pomeriggio *this afternoon*
il pomodoro *tomato*
Pompei *site of Roman city south of
Naples*
il pompelmo *grapefruit*
il pompiere *fireman*
il ponte *bridge* Ponte dei Sospiri
*Bridge of Sighs*
popolare *popular*
la popolazione *population*
il popolo *the people*
la porchetta *whole roast pig
(see also p 44)*
porpora *purple*
la porta *door*
il portabagagli *porter*
portare *to bring, to take, to carry* – al
consumo *to put on the market*
il portiere *(hotel) porter, receptionist*
la posa *exposure (of film)*
possibile *possible*
la possibilità *possibility*
posso, possiamo *see* potere
il posto *place, seat* a posto *in order, OK*
non c'è posto *there's no room*
potente *powerful*
potere† *to be able to (see p 259)*
povero *poor* poveri noi! *poor us!*
il pozzo *well* Pozzo di San Patrizio *St
Patrick's Well in Orvieto*

pranzare *to have lunch, to dine*
il pranzo *lunch* camera/sala da pranzo
*dining room*
praticamente *practically*
pratico *practical*
il prato *meadow, field*
la precarietà *precariousness*
precisamente *precisely*
preciso *precise*
la predilezione *predilection, liking*
preferenziale *preferential*
preferire (-isco) *to prefer*
preferito *favourite*
il prefisso *dialling code*
pregiato *exceptional, outstanding*
prego *that's all right, not at all, don't
mention it*
prego? *what would you like?, yes?*
prenda *take*
prendere (pp preso) *to take, to have, to
fetch, to catch* prendere
moglie/marito *to get married*
prenotare *to book*
preparare *to prepare*
i preparativi *preparations*
presentare *to present, to offer (for sale)*
il presidente *president*
pressappoco *roughly*
prestare *to lend*
presto *early, soon*
la pretesa *pretension*
prevalentemente *mainly*
previsto *expected*
prezioso *precious*
il prezzemolo *parsley*
il prezzo *price* a buon prezzo *cheap*
la prigionia *imprisonment*
prima (di) *before*
la primavera *Spring*
primo *first* dai primi del secolo *since
the beginning of the century* i primi
di luglio *early July* per primo *to
start with (first course)* prima
cosa *first of all*
principale *main*

il/la principiante *beginner*
il priore *prior* Palazzo dei Priori
*Prior's Palace*
privato *private*
probabilmente *probably*
la processione *procession*

il processo *process*
il prodotto *product*
produco, produce *see* produrre
produrre† (pp prodotto) *to produce*
il produttore *producer, grower*
produttrice: casa produttrice *firm, production company, grower*
la produzione *production*
professionale *professional*
la professione *profession*
il professionista *professional person*
il professore *teacher*
il profiterole *profiterole (pastry)*
il programma *programme*
il progresso *progress*
proibito *forbidden*
pronto *ready* pronto! *certainly! ready! here it is!; hello! (on phone only)*
la pronuncia *pronunciation*
il proprietario *owner*
proprio: proprio dietro *just behind* proprio qui/lì *just here/there* non proprio *not exactly*
proprio: il proprio *one's own*
il prosciutto *ham*
il prospetto *leaflet, prospectus*
prossimo *next*
la prova *evidence, proof*
provare *to try, to try on* prova un po'* have a go, give it a try*
la provincia *province*
provvedere (pp provvisto) *to provide*
lo psicologo (pl gli psicologi) *psychologist*
la pubblicità *advertisement, advertising*
il pubblico *public*
pulito *clean*
il pullman (pl i pullman) *coach, bus*
la punta *point* a punta *pointed* scarpette da punta *ballet shoes*
può, puoi *see* potere
pure *too, also*
puro *pure*
purtroppo *unfortunately, sadly*

## Q

qua *here*
il quadro *picture*
qual . . . ? *see* quale
qualche *some* qualche cosa *something, anything* qualche volta *sometimes*

qualcosa *something* qualcosa d'altro *something else*
qualcuno *someone*
il quale, la quale, *etc, which* qual . . . ? quale . . . ? *what?, which (one)?*
qualificato *qualified*
la qualità *quality*
quando *when* da quando *since*
quanto, -a, -i, -e? *how much?, how many?* quant'è? *how much does that come to?* da quanto? *what value?* in quanti siete? *how many of you are there?*
il quartiere *district, part of a town*
il quarto *quarter* quarto d'ora *quarter of an hour*
quasi *nearly, almost*
quattro *four*
il Quattrocento *15th century*
quel, quell', quella, quei, *etc that, those*
quello, quella, quelli, quelle *that (one), those (ones)*
questo, questa, questi, queste *this (one), these (ones)*
qui *here* giù di qui *down here* qui vicino *near here*
quindi *so, well, therefore*
il quintale *100 kilos*
quinto *fifth*
quotidianamente *every day, daily*
quotidiano *daily*

## R

raccogliere† (pp raccolto) *to pick up*
la raccolta *harvest*
la radio (pl le radio) *radio*
la ragazza *girl* da ragazza *as a girl*
il ragazzo *boy* da ragazzo *as a boy* da ragazzino *as a little boy*
raggiungere (pp raggiunto) *to get to, to reach*
ragione: avere ragione *to be right*
la ragioneria *accountancy*
il ragioniere *accountant*
il ragù *meat sauce*
randagio *stray*
rapido *fast*
il rapido *very fast inter city train (see also p 74)*
il rapporto *relationship*
rappresentando *representing*

rappresentare *to represent*
i ravioli *ravioli*
la razza *race*
  realizzare *to carry out*
  recente *recent*
  regalare *to give (as a present)*
il regalo *present*
la regione *region*
  regolarsi\* *to work something out (for oneself)*
  religioso *religious*
il reliquiario *reliquiary*
  Remo *Remus, twin brother of Romulus, mythical founders of Rome*
  rendere (pp reso) *to pay, to be profitable*
la rendita *income*
il reparto *department*   reparto macchine *machine shop*
il repertorio *repertory*
la repubblica *republic*
il residente *resident*
il respiro *breath, breathing*
  restare\* *to stay, to remain*
  restaurare *to restore*
il restauro *restoration work*
i resti *ruins, remains*
il resto *change, rest*
la rete *net*   rete fognaria *sewerage system*
il retro *back*   dà sul retro *it gives onto the back*
il Rialto *bridge on Grand Canal, Venice*
il ricamo *embroidery*
  ricco *rich*
la ricetta *recipe*
  ricevere *to receive*
il ricevimento *reception*
  richiamare *to recall, to call back*
  richiedere (pp richiesto) *to require*
  ricominciare *to start again*
  ricoprire (pp ricoperto) *to cover up again*
  ricordare *to remember, to commemorate*
  ricordarsi\* *to remember*
il ricordo *memory*
  ricostruire (-isco) *to rebuild*
  riesco *see* riuscire
  rifinire *to finish off*
la riga *line*
il rimanente *rest*
la rimanenza *change, remainder*

rimanere\*† (pp rimasto) *to remain, to stay (see p 259)*
  rimangono *see* rimanere†
  rimodernato *modernised*
  rinascimentale *of the Renaissance*
il Rinascimento *Renaissance*
il rintocco *chime*
  riparare *to repair*
  ripartire\* *to leave (again)*
  ripido *steep*
  ripieno *stuffed*
il ripieno *filling, stuffing*
  riportare *to transfer, to reproduce*
  riposarsi\* *to (have a) rest*
il riposo *rest*   giorno di riposo *day off*
la riproduzione *reproduction*
  ripulire *to clean up*
  risalire a\*† *to date back to*
  risanare *to repair*
  riscavare *to re-dig*
  riservato *reserved*
il riso *rice*   risi e bisi *rice and peas dish*
il risotto *risotto*
  rispetto a *compared with*
  rispondere (pp risposto) *to reply*
la risposta *answer*
il ristorante *restaurant*
  ristrutturato *restored, re-built*
il risultato *result*
il ritardo *delay, lateness*   in ritardo *late*
  ritenere† *to think, to believe (see p 259)*
  ritirare *to take in*
il ritmo *rhythm*
  ritornare\* *to come/go back, to return*
il ritorno *return*   andata e ritorno *return ticket*
  ritrovare *to find, to meet*   ti ritrovo? *shall we meet up?*
  riuscire\*† *to succeed, to be able to (see* uscire *p 259)*
la riva *shore*
  rivediamo: rivediamo un po' *let's have another look*
la roccia *rock*
il rododendro *rhododendron*
  Roma *Rome*
  romanico-lombardo *Lombard-Romanesque*
  romano *Roman*   alla romana *Roman style*
  Romolo *Romulus (see* Remo)
  rosa *pink*

la rosa *rose*
rosato *rosé*
il rosmarino *rosemary*
il rosone *rose window (eg of cathedral)*
rosso *red*
la Rotonda *Palladian villa, Vicenza*
rotondo *round*
rovescio: a rovescio *inside out*
rovina: in rovina *in ruins*
rullare *to roll (of drums)*
il rumore *noise*
la rupe *mound, steep rock*
rustico *rustic, country-style*

## S

sa? *you know?* sa, sai *see* sapere
il sabato *Saturday*
Sabaudia *seaside resort south of Rome*
il saccheggio *pillage*
il sacchetto *carrier bag*
il sacrificio *sacrifice*
sacro *sacred*
la sala *sitting-room* sala da pranzo
*dining-room* sala da ballo
*ballroom*
il salame *salami*
salato *salted*
il sale *salt*
salire*† *to go up*
il salmone *salmon* salmone affumicato
*smoked salmon*
il salone *large reception room*
il salotto *drawing-room*
la salsa *sauce* Salsa del Curato *Curate's
Sauce*
il saltimbocca alla romana *veal cooked in
white wine (see also p 101)*
il salumiere *grocer*
salute! *cheers!*
la salvia *sage*
il sandalo *sandal*
San Marco *St. Mark's, Venice*
San Miniato *Romanesque church near
Florence*
sano *healthy*
Santa Marinella *seaside resort north of
Rome*
santo *holy*
sapere† *to know (see p 259)*
sappiamo *see* sapere

il sarcofago *sarcophagus*
la scaloppina *escalope*
gli scampi (pl) *scampi*
la scarpa *shoe*
scarpetta: le scarpette da punta *ballet
shoes*
la scatola *box*
lo scatto *unit (of telephone call)*
scavare *to dig*
lo scavo *excavation*
la scena *scene*
scendere* (pp sceso) *to get off*
lo scherzo *joke*
schiacciato *crushed, squashed*
lo sci *ski* sci nautico *water-skiing*
sciare *to ski*
la sciarpa *scarf*
la scienza *science*
lo scienziato *scientist*
la scimmia *monkey*
sciogliere† (pp sciolto) *to melt*
sciogliersi*† (pp sciolto) *to loosen
(oneself) up*
scolastico: anno scolastico *school year*
scolpito *engraved, sculpted*
scommettere (pp scommesso) *to bet*
lo sconto *discount* fare uno sconto *to
give a discount (see also p 146)*
lo scontrino *bill, receipt*
lo scopo *purpose, aim*
scorso *last* l'anno scorso *last year*
la scorta *escort*
la Scozia *Scotland*
scozzese *Scottish*
la scrittura *notation, written form*
scrivere (pp scritto) *to write*
lo scudiero *foot-soldier*
lo scudo *shield*
lo scultore *sculptor*
la scultura *sculpture*
la scuola *school* scuola alberghiera
*hotel school*
scusa! *excuse me! I'm sorry (tu form)*
scusi! *excuse me (please)! I beg your
pardon (lei form)*
se *if, unless* se no ... *otherwise ...*
sé *yourself, himself, herself, itself*
seccare *to dry*
secco *dry*
il secolo *century*
secondo *second* il secondo (piatto)
*main course*

secondo *depending on, according to*
 secondo lui *in his opinion*
la sede *head office*
 sedicesimo *sixteenth*
la segnalazione *(road) sign*
il segno *sign*
la segretaria, il segretario *secretary (m or f)*
il segreto *secret*
 seguente *following*
 seguire *to follow*
 sei *see* essere
 sei *six*
il Seicento *17th century*
 selvatico *wild*
 sembrare\* *to seem* mi sembra *I think, I believe (lit. it seems to me)*
 seminare *to sow*
 semplice *simple, single*
 semplicemente *simply*
 sempre *always*
la sensazione *feeling*
il senso *sense*
 senta!, senti!, sentite! *listen!*
 sentirsi\* *to feel*
 senza *without* senz'altro *certainly*
la sera *evening* di sera *in the evening*
la serie (pl le serie) *series*
 servire *to serve*
il servizio *service, set*
la seta *silk*
 sette *seven*
 settembre (m) *September*
 settentrionale *northern*
la settimana *week*
 si *oneself, yourself, yourselves, herself, himself, themselves; one (you, we, they)* si spera *one hopes, we hope, it is hoped* si lavora male *you can't work properly*
 sì *yes*
 sia: penso che sia *I think it is*
 siamo *see* essere
la Sicilia *Sicily*
 siete *see* essere
la sigaretta *cigarette*
il significato *meaning, intention*
la signora *lady, Mrs, madam*
il signor(e) *gentleman, Mr, sir* Piazza dei Signori *Palladian square in the centre of Vicenza*
la signorina *young lady, Miss*

 silenzioso *quiet*
il simbolo *symbol*
 simpatico (pl simpatici) *nice, likeable, friendly, pleasant*
il sindaco (pl i sindaci) *mayor*
 singola *single*
 sinistra *left* a/sulla sinistra *to on the left*
 situato *situated*
 smettere (pp smesso) *to stop (doing something)*
 so *see* sapere
 so' = sono *see* essere
il Soave *dry white wine (see also p 116)*
 sobrio *sober*
il socio *partner*
 soddisfatto *satisfied*
la soddisfazione *satisfaction*
la soffitta *attic, loft*
il soggiorno *living room; stay*
 solamente *only*
i soldi (pl) *money*
il sole *sun*
 solito *usual* di per solito *usually*
 solo *only; alone* da solo *on one's own* uno solo *just one*
 soltanto *only*
il sommelier *wine waiter*
 sono *see* essere
 sopra *above*
 soprattutto *above all, especially*
 sorgere\* (pp sorto) *to rise*
la sorella *sister*
il sostegno *support*
 sostenere† *to maintain (see p 259)*
 sotto *under, beneath*
 spaccato *half and half, split*
la spada *sword*
gli spaghetti (pl) *spaghetti*
lo spago *string*
lo spazio *space, room*
 spazioso *spacious*
lo specchio *mirror, glass*
 speciale *special*
la specialità *speciality*
 specializzato *specialized*
la specie: una specie di *a sort of*
 spendere (pp speso) *to spend*
 sperare *to hope*
la spesa *shopping*
 spesso *often*
la spiaggia *beach*

spiegare *to explain*
gli spinaci (pl) *spinach*
la sponda *shore*
spontaneamente *spontaneously*
lo sport *sport*
sposarsi* *to get married*
spruzzare *to spray*
sta, stai *see* stare
staccare *to detach*
stagionato *matured, seasoned*
la stagione *season*
la stalla *stable*
stamattina *this morning*
stancarsi* *to get tired*
stanco *tired* stanco morto *dead tired*
stanno *see* stare
la stanza *room* stanza da letto *bedroom*
stanziare *to assign*
stare*† (pp stato) *to be (when referring to health or place), to stay (see p 258)* come sta?/stai? *how are you?* sono stato a *I've been to, I went to*
stasera *this evening*
statale *of the state, national*
gli Stati Uniti *United States*
stato *see* stare
la statua *statue*
la stazione *station*
la sterlina *pound sterling*
stesso *myself, yourself, etc*
lo stesso *(the) same*
stiamo *see* stare
lo stile *style*
lo stipendio *salary*
lo stivale *boot*
sto *see* stare
la stoffa *material*
la storia *story, history*
storico *historical, ancient*
la strada *road*
lo straniero *foreigner*
strano *strange* che strano! *how strange!*
lo strato *layer* a strati *in layers*
stressante *stressful*
stretto *tight, narrow*
lo strumento *instrument*
lo studente *student*
studiare *to study*
lo studio *office, studio, study*
lo stufato *stew*

stupendo *wonderful*
su *on, up*
subito *right away, immediately*
succedere* (pp successo) *to happen*
il sud *south* Italia del sud *Southern Italy*
sufficiente *sufficient*
il sugo *sauce*
sul, sulla, sui, *etc on the*
suo, sua, suoi, sue *your/yours, his, her/hers, its*
la suocera *mother in law*
suonare *to play (music)*
la suora *nun*
superiore *superior* madre superiora *mother superior*
il supermercato *supermarket*
surgelato *frozen (food)*
svegliarsi* *to wake up*
sviluppare *to develop*
svilupparsi* *to develop (oneself)*
lo sviluppo *development*
la Svizzera *Switzerland*
svizzero *Swiss*

## T

la tabaccaia, il tabaccaio *tobacconist (m or f)*
il tabacco *tobacco*
il tacchino *turkey*
la taglia *size (of clothes)*
tagliare *to cut*
le tagliatelle (pl) *tagliatelle*
i tagliolini (pl) *very fine tagliatelle*
il tamburo *drum*
tanto, *a lot, lots (of)* non tanto *not much, not particularly*
tardi *late* più tardi *later*
la taverna *tavern*
il tavolino *small table, café table*
il tavolo, la tavola *table* tavola calda *self-service snack bar/restaurant*
la tazza *cup*
la tazzina *coffee-cup, small cup*
te *you*
il tè *tea*
il teatro *theatre* Teatro Olimpico *Palladio's Olympic Theatre in Vicenza*
la tecnica *technique*
tedesco *German*

il tegame *saucepan*
la tela *linen, cloth*
    telefonare (a . . .) *to telephone, to*
        *ring ( . . .)*
la telefonata *telephone call*
il telefono *telephone*
la televisione *television*
la temperatura *temperature*
        temperatura ambientale *room*
        *temperature*
il tempio *temple*   Tempio del Belvedere
    *remains of Etruscan temple in*
    *Orvieto*
il tempo *time*   in questi ultimi tempi
    *recently*   più vivace di un tempo
    *livelier than it used to be*   quanto
    tempo ci mette/ci vuole? *how long*
    *does it take?*
la tendenza *tendency*
    tenere† *to keep, to have (see p 259)*
        tengo moltissimo a che . . . *I'm*
        *very keen that . . .*
    tenersi*: tenersi per mano *to hold*
        *hands*
    tengo, tengono *see* tenere
la tenuta *(country) estate, farm*
le terme (pl) *spa, baths*
la terra *land, earth*
la terrazza *terrace*
il terreno *land*
    terribile *terrible*
il territorio *territory*
    terzo *third*
la tessitura *weaving*
la testa *head*
il tetto *roof*
il Tevere *Tiber (river)*
    ti *you, to/for you, yourself*   ti sei
        divertito? *did you enjoy yourself?*
    tiene *see* tenere
    tipico (pl tipici) *typical*
il tipo *type, kind*   tipo artigianale/
        industriale *on a craft/mass*
        *production scale*
il toast *toasted sandwich*
il Tocai *white wine (see also p 116)*
il tocco *touch*
la toilette *toilet, lavatory*
la tomba *tomb, grave*
    tondo *round*
il tonno *tuna fish*
    Torino *Turin*

tornando *going back, coming back*
tornare* *to come/go back, to return*
il toro *bull*
la torre *tower*
la torta *gateau, cake*   torta della casa
        *homemade gateau (in restaurant)*
i tortellini (pl) *small stuffed pasta shapes*
i tortelloni (pl) *large stuffed pasta shapes*
        tortelloni di magro *as above, with*
        *spinach and cheese filling*
la Toscana *Tuscany*
    toscano *Tuscan*
il totale *total*   in totale *in all*
    tra *amongst*
la traccia *trace*
    tradizionale *traditional*
la tradizione *tradition*
il traffico *traffic*
il tram (pl i tram) *tram*
    tramandare *to pass on*
    tranne *except*
    tranquillamente *quite happily/easily*
    tranquillo *quiet*
    trasferirsi* *to move (away)*
    trasformato *transformed*
la trasmissione *transmission*
    trasportare *to transport*
    trattare *to treat, to deal with*   è stato
        trattato bene? *were you treated*
        *well?*
il trattore *tractor*
la trattoria *restaurant, country inn*
    tre *three*
il Trecento *14th century*
il treno *train*   in treno *by train*
    trequarti *threequarters*
    triste *sad*
il tritacarne *mincer*
la tromba *trumpet*
il trombettiere *trumpeter*
    troppo *too, too much*
la trota *trout*
    trovare *to find*
    trovarsi* *to find oneself, to be situated*
    tu *you (sing.)*
il tufo *rock of volcanic origin*
    tuo, tua, tuoi, tue *your/yours*
il turismo *tourism, tourist trade*
la turista, il turista *tourist (m or f)*
    turistico (pl turistici) *tourist*
    turno: a turno *in turn*   chiuso per
        turno *closed by rota*

tutti, -e *all, everyone* tutti e due *both*
 per tutti e quattro *for all four of us*
tutto *all, everything* in tutto *in all*
 tutto quanto *the whole lot* tutto a
 posto *all in order* a tutt'oggi *up
 till now*
tutto, *every, all; everything* tutti i
 giorni *every day* tutta la
 settimana *all week*

## U

ubriacarsi* *to get drunk*
l'uccello *bird*
l'ufficio *office* ufficio postale *post office*
ugualmente *equally*
l'ulivo *olive*
ultimo *last*
umano *human*
le umbrichelle (pl) *long, thick pasta*
umbro *Umbrian, of the region of
 Umbria*
un, un', uno, una *a, an, one* all'una
 *at one o'clock* l'uno, -a *each* uno
 solo *just one*
l'uncinetto *crochet*
unico *just one, only*
l'uomo (pl gli uomini) *man* da uomo
 *man's*
l'uovo (m) (pl le uova f) *egg*
l'urbanista (m *or* f) *town-planner*
usare *to use*
uscendo: sta uscendo *it's coming on*
uscire*† *to go out, to come out*
l'uso *usage*
l'utensile (m) *tool*
l'uva (s) *grapes*

## V

va *see* andare va bene *fine, OK,
 certainly* va bene così? *is that all
 right?* ma va! *go on with you!*
la vacanza *holiday* buona vacanza!
 *have a good holiday!* in vacanza
 *on holiday*
la vacca *cow*
vada *go*
vado, vai *see* andare
vale: vale la pena *it's worth (the effort)*
la valigia *suitcase*

la valle *valley* Valle del Po *Po Valley*
il valore *value*
vanno *see* andare come vanno? *how
 are they?, do they fit?* come vanno
 le cose? *how are things?* vanno
 bene? *are they all right?*
il vapore *steam*
il vaporetto *small steamboat*
vaporizzare *to vaporize*
vari *several* vario *varied, different*
il vaso *vase*
la vecchietta, il vecchietto *little old lady,
 man*
vecchio *old* Palazzo Vecchio *palace
 in the centre of Florence*
vedere (pp veduto *or* visto) *to see*
 vediamo . . . *let's see . . .* ci
 vediamo! *see you later!* era bello a
 vedersi *it was lovely to see*
la vedova/il vedovo *widow/widower*
il velluto *velvet*
la vendemmia *grape harvest, vintage*
vendere *to sell*
la vendita *sale*
venditore: il venditore ambulante
 *travelling street vendor*
venendo *coming*
il venerdì *Friday*
il Veneto *region of North-East Italy*
Venezia *Venice*
veneziano *Venetian*
vengo, veniamo, vengono *see* venire
venire*† (pp venuto) *to come (see
 p 259)*
venti *twenty*
il vento *wind*
venuto *see* venire
veramente *really*
verde *green*
il Verdicchio *dry white wine (see also
 p 116)*
la verdura *vegetable, vegetables*
vergine *virgin* olio di oliva extra
 vergine *olive oil obtained from first
 pressing*
il vermut (pl i vermut) *vermouth*
verniciare *to varnish*
vero *real, true* vero? *isn't it?, aren't
 they? etc isn't that so?*
veronese *from Verona*
verosimile *likely*
verso *about*

il vessillo *flag, standard*
vestirsi* *to get dressed*
il vestito *dress*
il Vesuvio *Vesuvius*
la vetrina *window*
vettura: la vettura ristorante *restaurant-car*
vi *yourselves* vi sono *there are*
via *away*
la via *street, route*
viaggiare *to travel*
il viaggio *travel, journey, trip* agenzia di viaggi(o) *travel agency* buon viaggio! *have a good journey!* viaggio di nozze *honeymoon*
vice *deputy*
vicino *near(by), close*
il vicino, la vicina *neighbour* (m *or* f)
viene, vieni *see* venire†
il vigile, la vigilessa *policeman/woman*
il vigneto *vineyard*
la villa *villa*
il villaggio *village*
la villetta *small house*
il vino *wine*
la violenza *violence*
la visita *visit* orario di visita *opening times (of museums, etc)*
visitare *to visit*
vissuto *see* vivere
la vista *view*
visto *see* vedere
la vita *life, living*
il vitello *veal* vitello tonnato *veal dish with tuna fish sauce*
vivace *lively*
vivendo *living*
vivere* (pp vissuto) *to live*
il vocabolario *vocabulary, dictionary* il vocabolarietto *little word list*
vogliamo, vogliono *see* volere
voi *you (pl)*
volere† *to want, to like (to have) (see p 259)* ci vuole *you need (lit. is needed)* ci vogliono *you need (lit. are needed)* cosa vuole/voleva? *what can I get you?* quanto ci vuole? *how long does it take?* voler bene a *to like, to be fond of (a person)*
voleva *see* volere cosa voleva? *what can I get you?*

la volontà *eagerness, enthusiasm*
il volt (pl i volt) *volt*
la volta *time, occasion* una volta *once* a/alcune volte *sometimes, occasionally* a sua volta *in (his/her/its) turn* qualche volta *sometimes* un po' per volta *bit by bit* una volta alla settimana *once a week*
il voltaggio *voltage*
la vongola *clam*
vorrei *I'd like*
vostro *your, yours*
vulcanico *volcanic*
vuoi, vuole *see* volere

---

## W

il weekend (pl i weekend) *weekend*

---

## Z

lo zabaglione *a dessert (see also p 101)*
zero *zero*
la zona *area, district* della zona *from this area, from around here* zona di passaggio *place having a lot of passing trade* zona pedonale *pedestrian area*
zoologico (pl zoologici) *zoological*
la zuccheriera *sugar bowl*
lo zucchero *sugar*
lo zucchino *courgette*
la zuppa *soup*
Zurigo *Zurich*

# ACKNOWLEDGEMENTS

**The course writer and BBC producers would like to thank the following for their contributions to this book:**
Glyn Davies for the design
Selwyn Hutchinson for cover illustration
Peter Bailey for text illustrations
Robin Jacques for maps on pages 24, 57, 80, 117
John Gilkes for all other maps and diagrams

**Acknowledgements are also due to:**
GIANNA ANDREOLI page 5 (top); RAFFAELLI ARMONI & MORETTI page 122; BARNABY'S PICTURE LIBRARY page 178; CAMERA PRESS (B. G. Silberstein) page 170; SUSANNA CAPON pages 29, 62, 70 & 129; MADDELENA CEINO page 5 (bot.); ELISABETH PHOTO LIBRARY page 172; MADDELENA FAGANDINI pages 13, 16, 18, 40, 58, 59, 61, 64, 65, 71, 118, 124, 153, 167, 173, 174, 183, 192, 194, 195, 209 (bot.), 214 (both), 215, 232, 233, 236, 242 (both), 243, 244 & 246; DR. TOMASO FRANCO pages 185 & 197; LIBBY HALLIDAY pages 86, 91, 128, 130 (both), 191, 200 & 222; JACK HILL page 235; ITALIAN STATE TOURIST AGENCY pages 23 & 225 (Foto Enit Roma); SIGNORA JOLLY page 207; ROBERT JULIAN page 245; A. F. KERSTING page 219; ORVIETO TOURIST OFFICE pages 126 & 127; JOHN PRITCHARD page 241 (bot.); NADA SEGOTA page 45; JOHN TOPHAM LTD page 229; LIVIO ORAZIO VALENTINI pages 240 & 241 (top); VICENZA TOURIST OFFICE pages 27 & 198 (Giorgio di Natale), pages 209 (top).

The photographs on pages 67, 93, 102, 142 & 161 were specially photographed by Dr. Zippo, Vicenza, and the one on page 33 was by A. C. Cooper. The photographs of hotels on pages 60 & 90 were provided by the proprietors.